哲学トレーニングブック

山口尚

平凡社

目次

まえがき

この本は哲学書なのですが、ひとつの特徴をもっています。それはこの本が〈哲学書を読む哲学書〉だという点です。もちろん世の哲学書の大半は、先行文献の読解のもとで書き上げられています。この意味で、一冊の哲学書の中で別の哲学書が解説されている、というのはあたり前のことです。とはいえ本書はいわば〈読む〉という営みを先鋭化します。〈読むこと〉を徹底的に行なう――これが本書に通底するスタンスです。

一般に哲学書を読むことはたいへん難しい。なぜかと言えば、その理由のひとつは哲学書のやろうとしている目標にかかわります。哲学書はどれも、ありきたりな見方から離れ、新たな「これまでにない」見方を提供することを目指します。その結果、哲学書の「結論」は読み始めの段階では未知なものになります。とはいえ目指す先の分からないテクストはきわめて読みづらい。各文が何かしらの言葉であることは分かるのだが、その意図するところが分からない。哲学書にかんしては、読もうとしたが、冒頭で躓いて挫折した、という経験をもつひとが多いのではないかと思います。

これは或る意味で「自然な」ことです。そして、実際のところ、多くの哲学書は前から順序通り読み進めることでおのずと理解されるようには書かれていません。むしろそれは作品の全体に宿る「精神」のようなものを伝えようとしており、その精神を一度把握した者は文章のどの箇所を読んでも書き手の意図が分かるようになります。そして、その精神を探し当てるためには、哲学書の読者はしばしば、まったく意図不明な文のつらなりのうえを行ったり来たりして「試行錯誤」せねばなりません。

本書は、以上のような〈哲学書を読むことに固有の困難〉の存在を踏まえたうえで、哲学書を読むという作業に取り組みます。すなわち、もっぱら「自由意志」と「思考」という哲学の古典的テーマに関わる重要作品を取り上げ、それをできる限り明快な仕方で読み解き、それを通じてこれらの話題に関する理解を深めることを目指します。本書で取り上げる作品の多くは、価値ある内容を含むにもかかわらず、容易に読みこなせるものではありません。本書は、そうした作品のいわば胡桃の堅い殻を砕いて実を取り出すことを目指して編まれました。

本書の成り立ちについて、別の角度からいま一度説明をしておきます。noteというSNSではアカウントの所有者が自由に自分の文章などを公開できるのですが、私は二〇一九年一二月から哲学のテクストの内容を紹介する文章をこのSNSにアップロードしていました。すると二〇二〇年五月の末に編集者の赤井茂樹氏から私に「noteの文章をまとめて本にしないか」という依頼がありました。私の文章で実践されている〈読む〉という作業が一冊の本にまとめられれば何かしらの意味があるだろうとのこと。これに応じて私は、noteの文章の中で〈平易なもの〉や〈深さをもつもの〉などを分類し、《徐々に深まっていく》という方針でそれらを再配列し、本書の構成を決定しました。

――この本はこうした経緯から出来上がったものですので、好きな箇所から読み始めることができます。なぜなら各章は、そもそもその成り立ちからして、独立して読めるよう書かれているからです。とはいえ同時に、第一章から順に読んでいくことも可能です。こうした読み方をする場合には、この本は「入門書的な」効果をもちうるでしょう。「自由意志」および「思考」について、初歩的な内容から、しだいにひねりのある内容へ、一歩ずつ進んでいくことができるはずです。

本書は叙述の平明さをできる限り追求しています。とはいえ内容的に難しい話題を避けるという安易な妥協も慎みました。本書で取り上げられたテーマ——すなわち自由意志と思考——に関しては、先行する諸文献という巨人たちの肩に乗りながら、類書にはない展望を開くに至っていると自負しています。

本書が前提する哲学的な立場は一種の「多元主義的形而上学」であり、そのもとで相矛盾する複数のテクストからもそれぞれの意義を抽出するよう努めています。〈読むこと〉は或る意味で〈寄り添うこと〉であり、テクストに寄り添うとはその中に何かしら有意義なものがあることを信じることです。この意味で、本書で行なわれていることは、哲学的な書き手たちへの私自身の信頼の表明でもあるのです。

第一章

読むこと・考えること・生きること

哲学は役に立つか
——ヤスパース『哲学入門』の第一講「哲学とは何ぞや*」を踏まえて

哲学とは何でしょうか。哲学は何の役に立つのでしょうか。私は何年も「哲学」と呼ばれる知的活動に携わっているのですが、これらの問いに対する確固たる答えを持ち合わせていません。そして——私は或る時からこう考えるようになりましたが——これは哲学の「欠陥的な」側面ではなく、むしろ積極的な側面です。すなわち、《哲学とは何か》を考えることもまた哲学の営みの一部であり、哲学とは、形式的に言えば、〈自己反省という側面をもつ知的活動〉の一種なのです。

それゆえ哲学者はしばしば、自らの仕事の重要な一部として、《哲学とは何か》をめぐる思索を展開します。本ノートではそうした営みのひとつであるカール・ヤスパースの『哲学入門』の第一講「哲学とは何ぞや」を読みます。はたしてドイツのこの哲学者は〈哲学の本質〉に関してどのような論を展開するのか。以下、彼の議論を追っていきましょう。——いや、正確に言えば、以下はどちらかと言えば、私の解釈がそれなりに加えられたヤスパースなのですが（それゆえ、どのあたりが私の解釈なのかを確認したいひとは、是非訳書を繙かれたい）。

はじめにヤスパースは、《哲学とは何か》に関しては一致した見解は存在しない、という事実を指

摘します。曰く、

哲学とは何ぞやとか、哲学にはどんな価値があるかなどという問題についてはいろいろの見解があって、一致していないのであります。（七頁）

それゆえ、これからヤスパースは《哲学とは何か》をめぐる自己の考えを展開するが、それは決して「一般的な同意のある」何かではありません。とはいえ——今から見ていく点ですが——ヤスパースはたんに「私的な」考えを提示するわけでもありません。むしろ彼は、敢えて言えば、普遍的に一致した答えの存在しない（あるいは存在しえない）問いに対して、たんに「ひとそれぞれでＯＫ」という具合の「趣味的な」考え以上の何かを提示する、という作業に取り組みます。相当に「微妙な」作業に取り組む、ということです。

——ではヤスパースは《哲学とは何か》へどう答えるのか。

彼は、「科学」と呼ばれる知的活動と対比する仕方で、「哲学」という営みへ輪郭を与えていきます。以下、二点見ます。

第一に、曰く、科学と違って「哲学は普遍妥当的な成果を全然もたない」（八頁）。例えば《遺伝を司る物質は、タンパク質ではなくて、ＤＮＡだ》という科学的発見は、いったん見いだされれば、みなが認める（そして認めうる）何かになります。他方で、プラトンのイデア論・デカルトの実体二元論・バークリの非物質主義・カントの超越論的観念論などのいろいろな哲学説を挙げればただちに気づかれるように、みなが認める（そして認めうる）ような哲学説は存在しなさそうです。かくしてヤスパースは「哲学には決定的に認識されたものの一致性というものがけっして存在しない」と指摘し

（八頁）、これを哲学と科学の第一の違いと見なします。

第二に、曰く、科学とちがって哲学には「進歩発達の過程という性格がない」（八頁）。例えば古代の天文学よりも現代の天文学のほうが実質的に進歩していると言えそうですが、他方で、もし《現代の倫理学がアリストテレスの倫理学よりも進歩しているか》と問われれば、適切な答えはどうも見当たらない。もちろん、個別の事柄の情報に関しては、私たちはアリストテレスよりも詳しい水準に達しているかもしれません（というかおそらくじっさいにそうでしょう）。とはいえ、〈哲学すること〉そのものに関しては、《私たちはアリストテレスよりも進歩している》などとは決して言えないのです。

――以上より何が言えるか。それはひとつには、哲学は科学とは異なる、ということ。たしかに哲学も科学も〈人間の行なう知的活動〉という点では同種のものです。とはいえ、少なくとも以上指摘した点――普遍的一致の不在や進歩の過程の欠如――に鑑みると、哲学は科学とは異なる何かです。あるいは、ヤスパースはそう考える、ということです。

ただし、念のためあらかじめ強調しておけば、以上の哲学の特徴（普遍的一致の不在と進歩の過程の欠如）もまた決して「欠陥的な」側面ではありません。この点は、ヤスパースが後で指摘する〈哲学の本質〉の内容から明らかになるでしょう。

さてここからどう話が進むか。ヤスパースは、《哲学と科学には相互に関わり合う側面もある》という点も認めつつ、以下のように論じます。

なるほど完全な哲学は科学と結合しており、またそれぞれの時代において到達された最高の状態にある科学を前提とするものではありますが、しかし哲学の意味はそれと異なったある別の根

源をもっています。哲学はあらゆる科学に先立って、人間が目ざめる場合に現われるのでありま
す。(九頁)

ここでは《哲学がどこから生まれるか》が指摘されています。じつに、ヤスパースによれば、哲学は「人間が目ざめる」ときに生まれる。そして、「人間が目ざめる」という根源的瞬間に生まれるがゆえに、哲学は「科学に先立」つ、とされています（あるいはそう読めます）。哲学はその起源に関しても科学と異なる、と言えます。

とはいえ「人間が目ざめる」とは何でしょうか。これはいかなる事態を指しているのか。この点がはっきりしなければ、ヤスパースが何を言いたいかはよく分かりません。彼は《「人間が目ざめる」とは……だ》と明示的に説明していないのですが、このフレーズの意味は議論の文脈から或る程度推察できます。すなわち、「人間が目ざめる」とは、乳幼児期（ひとによっては児童期・青年期）まで続く動物的な状態を脱して人間として生き始めることの謂いだ、と。じつに人間は、この意味で〈人間〉になった後では、つねに哲学に取り組んでいます。子どもはすでに哲学的問いを問うという事実――これをヤスパース自身が挙げている――は《人間は人間である限り、特別な科学的修練なしに、哲学に関わる》という点の証左になるでしょう。例えば、

またある子供が、はじめに神天と地を創りたまえり、という創世記の物語を聞いた。そうすると彼はすぐに『はじめの前にはいったい何があったのか』と問うたのであります。つまりこの少年は、問いには際限がないということ、知性を停止さすことはできないということ、完結した答えというものはけっして可能でないということを経験したのであります。(一一頁)

子どもはときに、両親や他の大人から教えられたわけではないのに、「哲学的」と形容されうる問いを発します。このことは――要点を繰り返せば――《人間は、人間として目ざめた後では、つねに哲学と関わっている》というヤスパースの指摘の証左になります。これに加えて哲学は、人間として目ざめたうえでは、「避けられないもの」でもあります（一五頁）。たしかに「自分は哲学などしない」と言うひともいるのですが、ヤスパースによれば、こうしたひとですら、人間である限り、何かしらのレベルで哲学に携わっています。なぜなら「哲学を拒否する者は、彼自らが一種の哲学を遂行しているのであって、ただ自分でそれを意識しないだけのこと」だからです（一五頁）。

ではこのような哲学――すなわち人間の目ざめとともに始まる知的活動たる「哲学」――の本質は何か。ヤスパースは以下のように論じます。

［…］哲学の本質は真理を所有することではなくて、真理を探究することなのであります。哲学とは途上にあることを意味します。哲学の問いはその答えよりもいっそう重要であり、またあらゆる答えは新しい問いとなるのであります。（一六頁）

ここでは、哲学の本質は「途上にあること（Auf-dem-Wege-sein）」だ、と言われています。英語で言えば“being-on-the-way”あるいは“being-on-a-journey”などとなるでしょうか。とはいえ《哲学の本質が途上にあることだ》とはどういうことか。

じつに〈途上にあること〉は人間の生の本質でもあります。人生の内部には終局点は無く、私たちはつねに歩み、そして必ずや何かしらの志をなかばにして死ぬ。この意味で、人生は決して〈どこかで完成に至る何か〉ではなく、むしろ途上性あるいは途中性をその本質としています。"Life is a journey" という言い方がありますが、これも或る意味で人生の途上性を表現していると言えます。以上を踏まえると《哲学の本質が途上にあることだ》という命題の意味がいっそう明らかになります。すなわちこれは、人生の本質である〈途上にあること〉が、それ自体で哲学の本質になっている、ということを意味するのです。これを煎じ詰めれば次のように言えます。すなわち、哲学とは人生のことだ、と。先にヤスパースが《哲学は避けがたい》と述べた所以はこのあたりにもあります。なぜなら、哲学が人生そのものであるならば、私たちは生きている限り哲学へ関わらざるをえないからです。また哲学の始まりが「人間の目ざめ」であることの理由もここです——すなわち人間としての歩みの開始点がそれ自体で哲学の開始点だということ。

少し前に哲学の特徴として〈普遍的一致の不在〉と〈進歩の過程の欠如〉の二点が指摘されました。いまやこれらが哲学の「積極的」特徴であることが説明できます。

第一に、哲学は〈途上にあること〉であるので、哲学は収斂を目標とも理想ともしません。むしろ——ヤスパース自身の表現を借りれば——「人間がそのつどおかれている状況のうちにこの現実をとらえること」が哲学の（そして生の根本的な）仕事なのです（一六頁）。それゆえ哲学においては真理が固定することがありません。結果として〈普遍的一致〉なども哲学にふさわしくない特性であることになります。

第二に、哲学は〈真理の所有〉ではないので、哲学に本質的な意味の「蓄積」はありません。むしろ「哲学は、行為であり、この行為について語ること」です（一七頁）。言ってみれば、そのつど「あらためて」行なうことが哲学という営みの核心部にあり、この意味で哲学には「進歩」も「蓄積」も無いわけです。

さて、「哲学」をヤスパースのような仕方で理解したとき、それは役に立つものでしょうか。すなわち、哲学は有用だと言えるでしょうか。この問いに関して押さえるべき点は以下です。すなわち――ヤスパースの捉え方においては――そもそも哲学は、役立つがゆえに取り組まれるべき（あるいは役立たないがゆえに避けられるべき）などと言われうるものの次元を超えている、と。じっさい、哲学が人生それ自体であるならば、《哲学は役立つのか》という問いは相当にナンセンスでしょう。むしろ哲学は、《役立つかどうか云々》が評価される以前に、つねに私たちに関わっているものであることになる。もちろん――蛇足を承知で付け加えると――「哲学」で個別の学科や理論を意味するときには、《哲学は役立つか》は十分に有意味な問いなのですが。

(2020/01/18)

＊　カール・ヤスパース『哲学入門』草薙正夫訳、新潮文庫、一九五四年、二〇〇五年改版

幸福のダークサイド
――アランの『幸福論』*とそれに対する中島義道の批判について少し

幸福になれるかどうかは根本的に個人のコントロールを超えている――と拙著[i]では繰り返し強調しました。これに対して《ひとは努力によって幸福になれる》と主張している（少なくともそのように見える）哲学者がいます。それはアランです。本ノートではアランの幸福論の一側面へ光を当ててみたい。彼の議論は私のそれとかなり性質を異にしますが、私は彼の議論も「深みがある」と考えています。アランの哲学はときに「浅薄」と言われることがありますが、私はどうもそうした評価に与したくないのです。要点を繰り返すと、アランが「浅薄」と言われることがある、という現状を踏まえて、本ノートは《それは必ずしもそうでない》と指摘することを目指します。

i　山口尚『幸福と人生の意味の哲学』トランスビュー、二〇一九年

アランの本名はエミール＝オーギュスト・シャルティエ。「アラン」というのは筆名です。彼は地方紙に定期的に短文を掲載していたのですが、この短文の中から「幸福（bonheur）」というテーマに関わるものを選んでまとめたのが彼の有名な著書『幸福論（Propos sur le bonheur）』です。以下

においては、この作品に即して、アランの幸福論（の私が是非とも紹介したい部分）を確認します。

1　外的条件がたまたま与えられたうえでの幸福

先にも触れたように、アランは《ひとは努力によって幸福になれる》と考えていますが、彼の考えを理解するには彼の語る「幸福」の意味を摑むのが重要です。以下、その意味の如何を考えながら、『幸福論』からの引用をひとつ読んでみましょう。

子供たちには、幸福になる技術をよく教えなければいけない。不幸が降りかかってきたときに幸福でいる技術のことではない。そちらはストア派におまかせしよう。私が言うのは、まあなんとかやっていける状況で、人生の辛さもせいぜいちょっとした退屈や不愉快というときに、幸福になる技術のことである。
そのための最大の決まりは、自分の不幸を絶対に人に言わないことである。現在の不幸も、過去の不幸も。頭痛、吐き気、胸焼け、腹痛のことを人に説明するのは、いくら言葉遣いに注意したところで、失礼なふるまいと見なされて当然である。不当な仕打ちをされたとか、落胆させられた、といったことも同じだ。子供にも若者にも、そして大人にも、愚痴をこぼすのは他人を不快にするだけだ、とよくよく言い聞かせなければならない。
［…］
なぜなら、悲しみは毒のようなものだからだ。［…］誰もが生きようとしている、死のうとはしていない。だから誰もが、生き生きと生きている人、つまり満足を口に出し、行動にも表す人を

求めている。めいめいが灰の上で不平を言っていないで薪を火にくべはじめたなら、社会はどんなに暖かくなるだろう。（五七六―五七七頁）

アランの言っていることは、ツイッターやフェイスブックなどのSNSを念頭に置くと、分かりやすいと思います。例えばツイッターで四六時中「つらい」や「しんどい」とつぶやいているアカウントを見ると、どうもこちらまで暗くなり、敬遠してしまう。アランの言っていることは《みんなが愚痴るのを止めればその分だけみんなの幸福は増す》などと表現できるかもしれません。

もちろん――アラン自身認めるように――こうしたやり方は愛するひとの死や極度の貧困などによる不幸に対処できるものではありません。例えばストア派の哲学者は意志の力で死の恐怖さえも克服しようとしますが、これは却って常軌を逸した努力だと言えるでしょう。とはいえ、幸福の外的な条件（それなりの健康や財産など）が与えられている場合には、〈不必要に不幸を増大させない〉という目的のためアランのやり方は役立ちます。けっきょく、アランの語るところの「幸福」は〈外的な条件がたまたま与えられたうえでの幸福〉というようなものです。こうしたものであれば、アランの考えるように、努力によって得られると言えるかもしれません。

アランの幸福論をもう少し見てみましょう。例えば彼は〈不幸になるのが簡単なこと〉について次のように書きます。

不幸になることや不機嫌になることはむずかしくない。楽しませてもらうのを待っている王族のように、ただ座っていればよい。幸福を待っていて品物のように値踏みする人には、すべてのものが退屈に見えてしまう。こう言うひとは、差し出されたものに片端からけちをつけるだけの権力を持っていて、威厳だけはたっぷりある。だがそこに焦りや怒りも潜んでいるのを、私は見逃さない。子供が花壇を作るように、ほんの少しのものから幸福を作り出すすべを知っている人々への焦りと怒りである。（五八二頁）

ここでは、幸福を待つ人間は、自分にやってくるものを値踏みして、却って積極的にそこに不満足な点や欠点を見出してしまい、その結果、不幸になる、ということが語られています。アランによれば、「待つ」という態度は幸福を排除しがちです。むしろ、「積極的に取り組む」という態度の方が幸福を呼び込みやすい、ということ（あるいは正確には、〈物事に積極的に取り組んで没頭すること〉それ自体が幸福なのだ、ということ）。これは例えば、アランの「やってもらうのではなく自分でやることが、喜びの本質である」という言葉に表現されているような事柄です（二九七頁）。アランにおいてはある種の没頭が幸福の条件だ、という点は後でふたたび取り上げるのでよく覚えておいて下さい。

2　アランに対する中島義道の批判

以上のようにアランは経験に合致するところの多い幸福論を展開している。とはいえ、彼の言葉には何かしら「うさんくささ」がある、と考えるひともいます。このように考えるひとの代表が中島義道であり、彼はアランの幸福論を「平板で常識的でまったくおもしろ味がない」と酷評します（『不幸論』[**] 七四頁）。以下では、アランに対する中島の批判を確認しましょう。

まず——問題の批判の話に進む前に押さえるべきこととして——中島は、彼の原理的なスタンスとして、幸福を素朴な仕方で大事にするひとを「害悪的」かつ「欺瞞的」と見なしている。すなわち彼は、幸福を素朴な仕方で大事にするひとを「幸福でありたい症候群の人々」と呼び、こうしたひとが次のような害悪をまき散らすと言います。曰く、

社会的に幸福ゲームを強要し、それに乗らない人を排斥し、真実を見ようとする眼を曇らせる。（八八頁）

具体例で説明すれば以下です。すなわち「幸福でありたい症候群の人々」は例えば《正社員になれないと不幸だ》や《遅くとも三〇代で結婚できないのは不幸だ》などと本気で信じており、それを実現するために他人の都合を顧みない仕方で行動する。そしてそうしたひとは、他人にもこの価値観を強要し、他人をこの仕方で幸福にしようとおせっかいをやき、こうした「幸福ゲーム」に参加しようとしないひとを非難したり排撃したりする。この点で彼ら・彼女らは「害悪的」だと言われます。

とはいえこれだけではない（と中島は言います）。ひとはみな何かしらの不幸を背負っている。例えば、幼いころに虐待を受けていたり、身体的なコンプレックスがあったり、将来の展望がない境遇にいたり、など。それなのに「幸福でありたい症候群の人々」は、自分の不幸から目を逸らし、自分を「幸福」と思い込もうとする。そのうえでこうしたひとは、不幸を邪悪なものと見なし、不幸に甘んじているひとを虚弱・怠惰・下劣と見なす。このように「幸福でありたい症候群の人々」は、人間の誰しもが背負う何らかの不幸を（とりわけ自分自身の不幸を）見ないという点で「欺瞞的」なのだ。

――と中島は考えます。

以上のような観点から中島はアランを批判します。先に、アランが愚痴を言うべきでないと主張していることを見ましたが、これについて中島は以下のように指摘します。

アランと私は世界の別の側面を見ている。アランは不平を言う人が嫌いである。その人はその場の雰囲気を暗くするが、そういう権利はだれにもない、とアランは信じている。だが、私は暗い状況なのに、あえて明るくふるまう人が嫌いである。彼は真実を見ないことを私に提案するからである。真実を見ないで、「幸福である」という錯覚に留まりつづけることを私にささやくからである。（九二頁）

引用の言葉を理解するためには、中島の独特の現実認識を押さえねばなりません。そしてここがなかなか難しいところなのです。中島は以下のように考えています。

じつに――先にも述べたとおり――ひとはみな何かしらの不幸を背負っており、自分を不幸だと思わずに生きているひとは何らかの仕方で自分の不幸から目を逸らすことに成功しているだけである（それゆえそうしたひとも、真実へ目を向ければ、自分の不幸に気づく）。例えば飲食チェーンのワタミ創業者である渡邉美樹は、二〇一四年の国会議員年収ランキングにおいて十二億円という桁違いの額で一位を獲得しており（二位は鳩山邦夫の約三億円）、ある意味で「幸福」だと言えるのだが、彼の幸福は例えば〈ワタミの子会社で過労自殺をしたひとのことに目を向けないこと〉によって成立しているとも言える。じっさい、自分が主導権を握っていた会社で過労自殺が起こったという事実に本気で目を向けるならば、自らの負い目の不幸を感じざるをえないだろう。一般的に、成功者には何らかの傷がある。絶対的に幸福なひとなどひとりもいない――これが中島の世界観です。

それゆえ〈人間の不幸な現実へ目を向けること〉を奨励しないアランは、中島にとって、欺瞞の推奨者の一種になります。そして中島は、真実を見ることを重視し、次のように書きます。

そして、――アランとは逆に――私は不平を言う人が嫌いではない。なぜなら、それは「正しい」のだから。この世のいかなることでも、それを直視する勇気をもてば、生きていく気力もなくなるほど理不尽であることは、自明なのであるから。（九二頁）

こうした引用を読むと今度は、中島の方は「非常識だ」という感想が生じるかもしれませんが（中島がアランを「平板で常識的」と評したことは先に確認しました）、これは彼自身の望むところである。実際、中島は次のように言う。

アランのような感受性のほうが一般的であることは百も承知である。［…］ただ、幸福教がわが世の春を謳歌している祖国で、きわめて少数ながら私と似かよった感受性の人が虐待され迫害されていることを見るにしのびず、そういう人にわずかにエールを送りたいだけである。厳密には、この世にはだれにとっても、幸福はないのだ。世の中でまかり通っている幸福とは、とりもなおさず「幸福であるという幻覚」なのだ。こういうことを漠然とでも感じている人に対して、「そう、その通りだよ」と言ってやりたいだけである。（九三頁）

中島の考えでは、日本には「幸福でありたい症候群の人々」が多数派です。ここでは大半のひとが、《私たちは幸福を目指すべきだ》と信じ込み、こうしたゲームに乗れない少数者を「奇人」だの「変人」だの非難して迫害しています。このバランスの悪さが我慢できない、というのが中島の立場だと言えます。多数者はいわば「幸福イデオロギー」の偏向性に気づくべきだ、と彼は主張しているわけです。

3　アランのひねり

中島によれば、幸福なひと（これは「自分は幸福だ」と思っているひとだが）は、自らの不幸に目を向けないことによって自らを誤って「幸福だなあ」と思いこんでいる。言いかえれば、《幸福には無知や欺瞞が伴う》というのが中島の指摘です。そして中島はこうした事実に目を向けない点でアランを「平板で常識的」と批判するのです。

とはいえ——面白いことに——「常識的」に見えるアランもまた幸福のこうした複雑な側面に気づいているかもしれません。ひょっとしたらアランは、一見そう見えるよりも複雑な人物であるかもしれないのです（と言いつつ私は、中島のアラン批判は十分面白いものだ、とも考えています）。以下、この点を確認しましょう。

アランは例えば次のように書きます。

私の好みで言うと、誰よりも幸福な人間は警察署長である。なぜなら、絶え間なく行動している身体。それも、絶えず変化する予測不能な状況の中で。火事もあれば水害もあり、地滑りもあれば建物の倒壊もある。敵は泥だったり、埃だったり、病気だったり、貧困だったりするし、ときには喧嘩やお祭り騒ぎに駆り出されることもある。

こうしてこの幸福な人物は、決然たる行動を必要とする明白な問題にひっきりなしに直面する。あれこれの規則などないし、無用な書類もなし。お役所的な報告書を書いて、誰かを非難したりなだめたりする必要もない。そんなことは役人に任せておけばよろしい。警察署長の仕事は、五感を総動員し、そして行動することである。知覚と行動という二つの水門が開かれているとき、生命の流れは軽やかな羽根のように心を運んで行く。(二七二頁)

現代の私たちにとっては「警察署長」を「政治家」と言い換えると分かりやすくなるかもしれません。面倒な事務作業はすべて秘書に任せて、判断と決定の現場に立ち続ける政治家(そんなひとは少数だろうが)は、自分のやっていることにつねに充実感を抱き、きわめて幸福な状態にあるでしょう。

さてここで生じうる問いがひとつ。なぜ「警察署長」は幸せなのか。これに対してはアランはどう答えるか。すでに述べたことと関連しますがアランは、ひっきりなしに仕事に追われる警察署長は行動に没頭できるからこそ幸福だ、と考えています。曰く、「行動は意識を消し去る」のだが(二七三頁)、このように〈ものを考えないこと〉が幸福の重要な条件なのです。

よくよく考えれば、この発想は中島の考え――ひとは、自らの不幸な現実へ目を向けないことによって、自らを「幸福」と思い込むという考え――に、ある点で似ています。すなわち中島とアランは《幸福の前提には無知や無視がある》と考える点で軌を一にしている。そしてアランもまた、このように考えることによって、幸福の悪しき側面を見据えていると言えます。

とはいえこれだけではありません。さらに注目すべきは、アランが先の引用の続きで次のように書いている点です。曰く、

人が戦争をするのは、そこでは行動に耽溺できるからだ。[…]行動の恐るべき力は、ここに由来する。行動は思考というランプを消してしまうので、何とでも自己正当化ができるのである。

行動が始まると、思考が生み出し膨らませたうすっぺらな情念、たとえば憂鬱、厭世観、策略、欺瞞、怨恨、あるいは芝居がかった愛情、巧みな悪徳などは消えていく。（二七三頁）

ここでアランは、行動に没頭しさえすれば、たとえそれが戦争であっても、良きものと感じられる、と指摘しています。これは或る意味で「とんでもない」考えですが、それでもよく分かる指摘だと言えます。じっさい、没頭は《こんなことをして良いのだろうか》という疑いを締め出す。そしてこのようにしていわゆる「行動のひと」は、何でも行なうことができ、何にでも幸福を見出すことができるのです。

だがそうであれば〈行動に没頭することによって幸福になること〉は危険なのではないか、と問うひとがいるかもしれません——この問いに対するアランの答えは「然り」でありえます。すなわち彼曰く、

こうしたわけだから、絶えず行動している警察署長が幸福な人間だとしても、有益な人間だと言うつもりはない。（二七四頁）

言い換えれば、個人として幸福な人間が社会にとって有益であるとは限らない、となるでしょうか。あるいは、幸福の追求は他者の迷惑になることがある、とも表現できるかもしれません。「幸福論」と名のつく文章は幸福のこうしたダークサイドへも目を向ける必要があるのですが（少なくとも私はそう考えます）、アランもそれを見過ごしてはいません。

以上を総合するとアランと中島が似たようなことを語っている可能性に気づかれます。そして、も

しこの可能性が現実なのであれば、どちらも同じ重要な事柄を指摘していると言えます。最後にこの点を説明すれば以下。

例えば、高杉良の小説『青年社長』――渡邉美樹の伝記――を読むと、渡邉美樹がバリバリの行動の人であることが分かります（フィクションが含まれていることを割り引いてもそうです）。他方で彼は、よく知られていることですが、そうした行動によって無視できない意味で〈社員を酷使する会社〉をつくり上げ、結果として平成二〇年にひとりの若者がマンションから投身自殺することになりました。ひとりの人間の行為への没頭――アランによればこれこそが「幸福」に他なりませんが――はこうした悲劇を引き起こしうる。一方で中島にとっては、他人を不幸に陥れている以上、渡邉は「幸福」でありえないのですが（これが中島の幸福の捉え方であり、この点については『不幸論』の四三頁以降を参照）、アランと中島の評価の違いは「幸福」という言葉の使い方の違いによるでしょう。というのも中島は、幸福の条件のうちに〈他人を不幸にしていないこと〉と含め入れているからです。他方で同時に注目すべき点は、中島もアランも《渡邉の行なったような行動への没頭が他者を苦しめうる》という同じ事態を見ている、というところだと言えます。要するに、両者はともに《或るひとの幸福の追求は他人の不幸を引き起こしうる》という事態を見ている、ということです。

（2020/01/17）

＊　アラン『幸福論』村井章子訳、日経BP、二〇一四年
＊＊　中島義道『不幸論』PHP新書、二〇〇二年

第二章

本を読む楽しみ

哲学書の「まえがき」散策

哲学書の「まえがき」や「はじめに」には、その本の内容を俯瞰するメタ的な指摘や著者のスタンスが表現されていて面白い。それは、書物の内容とは独立した仕方で、読者にとっての糧となるときがある。本ノートでは私の好きなパッセージをいくつか紹介したい。これをきっかけに、自分の好きな「まえがき」のことを思い起こして頂ければ幸いである。

まずはドゥルーズの『差異と反復』[i]の「はじめに」の冒頭部である。そこでは〈この本の読み方〉が説明されている。

書物に含まれる数々の弱点は、往々にして、実現されえなかった空しい意図の代償である。そうした意味からすれば、意図を宣言するということは、実現された書物は理想的な書物に比べて貧弱であると証言することに等しい。序文は最後に読むべきだ、とはよく言われることだ。逆に言えば、結論こそ最初に読まなければならないということであって、それは、結論を読むとそれ以外の部分の読解が無用になりかねないこのわたしたちの書物についても、真実なのである。（一

一頁）

そのまま読んでも意味が分からないところが面白いが、じっくり取り組むと以下の内容が見えてくる。「序文」において著作の意図が語られるときがあるが、この種の意図の表明は〈同書で実現できなかったことに関する「代償的」弁解〉である場合がある。そうなると「序文」には著書の本体は現われない。むしろ著書の現実的本体は「結論」において現われる——それゆえ読者は、その本の輪郭を知るために、「結論」こそを序論として読まねばならない。結局ドゥルーズは何が言いたいのかというと、彼の本の「はじめに」の部分は、あらかじめ同書の内容を知っていないと理解できないだろう、ということだ。さらに言えば、この本は「単線的に」ではなく「円環的に」読まれるべきだ、ということである。

このように理解すればドゥルーズが或る種の「解釈学的循環」について語っていることが分かる。ほとんどのひとが経験したことがあるように、ひととおり内容を知った後の方が書物の序盤の話も深いレベルで理解できる。とりわけ読者を知的に成長させる類の本はそうである。そうした本を読むさい、私たちは章や節のあいだを行ったり来たりしながら理解を形成することになる。ドゥルーズは、『差異と反復』にかんしてもそうした運動を行なうべし、と述べているのである。

次はノージックの『アナーキー・国家・ユートピア』[ii]の「序」の文章。これは哲学的理論の作られ方に関するメタフォリカルな指摘だ。曰く、

哲学的作業の一形態においては、特定された形をした何らかの既設の外枠に納まるように物事

を押し込むことが好まれる。色々なものがみんなそこにころがっており、それらははめ込まれねばならない。あなたが素材を、固定した領域内に押し込もうとして、片側を境界線内に入れると、別の側がふくれる。走り回ってはみ出しているふくらみを押し込むと、別の場所に新たな突出部ができてしまう。あなたは、押しつけ、押し込み、ぴったりするように角を摘み取り、遂にはほとんどすべてのものがどうにかこうにかその中に不安定に納まるようになるまで圧力を加える。それでも納まらないものは、ずっと遠くへ投げて、人の目にとまらぬようにする。（vii頁）

哲学者が理論を組み立てるとき《その理論に合致しそうにない個別的な事柄をどう処理するか》という問題が生じる。引用の文章は、この問題への哲学者の対処はそれほどスマートでない、という点を指摘している。すなわち哲学者は、理論をいったん凸凹にして何とか個別事例を取り込み、そのうえで圧力をかけてできるだけ形を整える。そして、どうしてもはみ出してしまう事柄については、放置したりさらには隠したりする。このようにすることで理論の見栄えをできるだけ良くしようとする。

ところでこのように言うノージックは哲学における理論化を単純に批判しているわけではない。むしろ彼の考えでは、《哲学の理論が、複雑な現実のいくつかの部分を無視しつつ、世界に関する単純な見方を提示する》という事実は、哲学的理論の重要な機能と表裏一体である。ではそれはどのような機能かと言えば、現実の特定の側面をいわば「尖らせる」ことによって、ふだんは目にとまらない事柄を見えるようにするというものだ。ノージックは自身の『アナーキー・国家・ユートピア』がこの種の本であると自負している。じっさいこの作品は、所有に関する個人の権利を「極端に」尊重することによって、いわば常識の目では見えない国家像を提示しようと試みるものである。

さて——よく知られているとおり——後にノージックは彼の哲学的スタンスをドラスティックに変

える。結果として、彼の文章は理論的というよりもエッセイ的になるのだが、そうした文体の文章は例えば『生のなかの螺旋――自己と人生のダイアローグ』[iii]で読むことができる。その「序」では例えば次のように論じられる。

> 成熟した人間――つまり十分に発達した誰か――が信じることのできる内容を述べてくれる本はごく少数しかない。アリストテレスの『倫理学』、マルクス・アウレリウスの『省察録』、モンテーニュの『随想録』、サミュエル・ジョンソンの随筆が念頭にのぼる。しかもこういう本の場合でさえも、言われていることのすべてを単純に受け入れるわけにはゆかない。著者の声は、たしかに決してわれわれ自身のではない。また著者の人生は決してわれわれ自身のではない。なにはともあれ、著者なる人物がまったくわれわれの見解と同じ見方を擁し、われわれ独自の感受性でもって反応し、まったく同一の重要な事柄を考えていることに気づくならば、当惑するばかりであろう。それでもなお、これらの本からわれわれはその著者たちの光の中で自己自身を測り探ることによって利益を得ることができる。（二七―一八頁）

私の感想を述べさせて頂くと、『アナーキー・国家・ユートピア』のころにあった「とんがった」ところが消えていまや諦念と余裕が文体の基調になっている。ノージック自身も成熟している、ということだ。

　加えて、引用された文章の内容についても、分かる点が多い。じっさい、「成熟」と呼ばれうる状態に至ると、信頼できる本がたいへん少なくなる。私淑できる本に出会いたいのだが、そんなものはめったに見つからない――というのが多くの大人の書物事情であろう。ここで引用した文章には、書き手ノージックのジレンマもまた見て取れる。彼は一方で、モンテーニュの書くもののような、成熟した人間が信頼しうる著作をものしたい。他方で、そうしたものがめったに書けないことも彼自身承知している。ノージックは実現不能な理想に悩まされているのだが、面白いことに、こうした苦悩の告白は却って彼の書物の「信頼度」を高めることになるのである。

難解な序文も楽しい。例えばネルソン・グッドマンの『世界制作の方法』[iv]の「まえがき」の冒頭部は、愉快な雰囲気を醸し出しているが、何を言っているのかよく分からないところが多い。同書で行なわれることの全体的な説明としてグッドマン曰く、

本書は、初めから終りまで、平坦な道を走るわけではない。本書は狩りをする。そしてこの狩りでは、ときどき別の木に住むおなじアライグマを攻撃したり、おなじ木に住む別々のアライグマを攻撃したりする。かと思えば、攻撃したものが、木に住むアライグマなどでは全然ないことが分ることさえある。一度ならず、おなじ障害物で足踏みをしたり、別の足跡を追って道を踏みはずしたのに気づくこともある。しばしばおなじ流れにのどを潤し、苛酷な土地をよろめきながら進む。そして、本書が数え上げるのは、獲物ではなく、踏査したテリトリーから学んだことなのである。(一三頁)

最大限粗っぽくまとめれば《本書は単純でないぞ》となるだろうか。例えば、章と章の間で矛盾があるかもしれないし、或る点の追求のために別の点をなおざりにするかもしれない。他方でこうした「複雑さ」はグッドマンの究極的なスタンスに合致している——なぜならこの哲学者は、存在論的多元主義あるいは存在論的相対主義と呼ばれうる、〈世界のあり方の複数性を認める理説〉を採用する

からである。グッドマンの本においても序論と本論が解釈学的に循環している。

とはいえなぜ「アライグマ」なのか。ひょっとしたらアメリカの害獣の代表として言及しているのかもしれない。そうであれば、グッドマンの本は哲学領域における害獣駆除を目指していると解釈されうる。とはいえ——前段落の指摘を繰り返すが——同書における害獣駆除作業は「平坦」ではない。そしてその成果は、駆除した考え方の数ではなく、駆除のためにうろうろと歩き回ったテリトリーで学んだ事柄で測られる。ちなみに、哲学的にはどうでもよい話だが、アライグマは木に住んでいるのか。Wikipediaで調べると「木の洞」などにも住むらしい。リスみたいですね。

バリー・ストラウドの『君はいま夢を見ていないとどうして言えるのか』の「序文」にも味がある。例えば次に引用する文章は学ぶところが多い——〈理解〉と〈解決〉の関係の話である。

> 実のところ、答えを得ることと理解などを得ることとは、互いに打ち消しあうように作用するかもしれない。何かをもってきて、それを哲学上の問題に対する答えとして受け入れられると見なしてしまうと、まさにそのことによって、その問題の起源をもっと深く理解すれば目にすることができるかもしれない教訓があっても、われわれはそれを学ぼうとするのをやめてしまうかもしれないのである。（七頁）

ここでは哲学の問題に関して〈答えを提示しようとすること〉それ自体の問題性が指摘されている。なぜなら——ストラウド自身が指摘するように——何かを答えと見なすことがさらなる探求の意欲を削ぐことがありうるからである。哲学の目標は解決ではなく理解だ、と言われることがある。ここで、

〈理解〉が「どんどんと深まる」ような何かしらの活動であるならば、探求の停止を引き起こす〈解決〉はその阻害要因以外の何物でもない。解決はあらゆる側面で有益だ、ということはないのである。

これまで翻訳書ばかりを取り上げてきたが、当然のことながら、日本語の哲学著作の「まえがき」にも糧となるものがある。例えば永井均の『マンガは哲学する』[vi]の「まえがき」の冒頭はパンチがきいていて面白く真似したくなる。

私はまじめな話がきらいである。この世の規範や約束事をこえた、途方もないくらいまじめな話ならいい。少なくともニーチェのような水準のまじめさなら、まあゆるせる。中途半端にまじめな話はだめだ。ところが、世の中はそうした中途半端にまじめな話でみちあふれている。(iii頁)

ふまじめがただちに卓越へ結びつくわけではないが、まじめは凡庸に流れやすい。そして、世間では、かかる凡庸なまじめこそが「まともな」ものとして受け入れられている。たいへんつまらないことだ。──永井はこのように述べたうえで、「発想の破天荒」に価値を見出す観点を提示し、《マンガはこの観点で卓越したジャンルのひとつだ》と指摘する。そして永井はマンガに「ある種の狂気」を求め(v頁)、それを楽しむのである。ちなみに永井は文庫化のさいに付け加えられた「あとがき」において「何度読んでも、やはり『寄生獣』は名作であると思った」と述べる。私はこれに反論しうる正当な理路をいまだ見たことがない。

「まえがき」は時代性を帯びることもあるが、浅田彰の『構造と力』[vii]の「序に代えて」の文章がそ

れにあたるだろう。曰く、

そもそも、みんな一体いつから、こんなにも学生らしく各々の分に応じて勉強するようになったのか。特に、目下の目的のために必要な勉強だけを要領よくやり終えると足早に「私生活」へと向かう現役の大学生たち。彼らは大学入試だけを目的として何年も空疎な勉強を強いられてきたはずだ。それなのに、まだ飽きないのだろうか。一体どんな風にして、これほど醒めた賢明《ワイズ》な処世術を身につけたというのだろう。それにしても、自らの未熟で生硬な「思想」に酔い、軽はずみで小生意気な議論をふっかけておとなたちを苦笑させるといった学生像は、もはや過去のものとなったのだろうか。「らしく」ないことこそが学生らしさだった時代は過ぎ去ってしまったのだろうか。（一一二頁）

『構造と力』の文体と思想に豊かな社会のイメージを結びつけるひとは多いだろう。そうしたひとが引用のような文章を読むと《良い時代であったなあ》というノスタルジーを抱きうる。何を隠そう、私自身がそう感じる。そして、浅田自身が否定的に語っている事態の一部が彼の文章を読むことで懐かしく想起される、というのは興味深い事柄である。ところで私は一九七八年生まれなので、八〇年代の大学の様子は観念的にしか知らないのだが。

とはいえ浅田の議論に「古びなさ」があるという点も強調しておきたい。じつに、世紀の変わり目以降——現象的なことを指摘すれば——経済的な悩みを抱える学生の数が増大し、その結果、《知へどのように向き合うか》などの「高等な」悩みはポピュラリティを失ってしまった。より切迫した問題（もっぱら経済的問題）によって、高踏的関心は脇に追いやられた、ということだ。とはいえシラケを除去する「有意義な」何かが見つかったわけでもない。〈虚しさ〉はいぜんとして現代人の向き合うべき問題である。この観点から言えば、人生にノレないことをめぐる浅田の議論はいまなおアクチュアリティがあると言える。

時代性以外にも「まえがき」に現われるものがあるのだが、例えば人柄や性格がそのひとつである。戸田山和久『哲学入門』[viii]の序論では彼の「軽い」キャラクターが前面に押し出されている。

> 『哲学入門』って本を書いてて忙しいんだよ、と言ったら、妻は「あんたいつの間にそんな偉そうな本を書く身分になったのよ」と答えた。じつにその通り。確かに偉そうだ。どうせ偉そうなんだから、ついでに言ってしまう。本書は、哲学の中核にみなさんをいきなり誘いこむことを目論んでいる。わっ。言ってしまった。そのために、本書では、ありそでなさそでやっぱりあるものの本性について考える。何だそれ、やっぱりふざけてるな。そうではない。**「ありそでなさそでやっぱりあるもの」こそ、哲学がずっと考え続けてきた中心主題だからだ。**（一一頁）

まずは内容を敷衍すれば以下のようになる。

第一に、自然科学的世界観を前提すれば、自由意志の存在や道徳の実在性は疑われうる。そして、人生に意味はあるのか、いっさいは物質の戯れに過ぎないのではないか、と問われうる。さらには、人間の心というのも幻のようなもので、私たちはたんなる物質の複雑な運動を人間の生と見なしているに過ぎない、ということが明らかになるかもしれない。この意味で、自然科学的世界観のもとでは、心・自由意志・道徳・人生の意味などは「なさそうなもの」である。

とはいえ——第二のステップだが——こうした「なさそうなもの」は、よくよく考えれば、人間にとって或る意味で「なくてはならぬ」ものである。そして、戸田山によると、こうしたものは「ある」と言えるのである。そして、この点を説明するために、彼の本では心・自由意志・道徳・人生の意味などの「なさそうなもの」を語る。自然科学的な世界観の中に心や自由意志や道徳や人生の意味を位置づける、というのが『哲学入門』の目標である。

——以上が戸田山の言っていることであるが、初読のさいに気になるのはむしろ文体の方だろう。《ふざけているのか》と疑われうる筆致である。ただし戸田山文体は——好き嫌いは別として——その意義を説明することが可能である。じつに、戸田山文体に対しては《文章が固すぎてよく分からない》と言い訳することができない。読み手は内容に向き合うことを強いられる、ということだ（とはいえ文体が気を散らしうる危険や一部の読者に拒否反応を引き起こす可能性は大いにあるのだが）。

戸田山の『哲学入門』のまえがきと或る意味で「真逆の」ものもある。それは極度に真剣な文体で書かれた序文であり、例えば古田武彦の『親鸞 人と思想8』[ix]のものがそれである。私はこれがかなり気に入っており、これまで繰り返し読んで楽しんでいるのだが（読むと軽く興奮する）、冒頭の文章は以下である。

> きみがこのページをめくったことによって、きみの人生の一端《いったん》は、わたしの人生と確かに触れ合った。一秒のち、きみがこの本を捨てるか、それとも、一生つづく触れ合いの、今がはじめのときか、まだ、だれも知らない。
> この本を閉じようと、読みつづけようと、それはいつでもきみの自由である。

わたしは青春の日以来、二十年以上の歳月《としつき》「親鸞とは、いったい、どんな人間だ？」と問いつづけた。そのために、わたしの二度とかえらぬ人生を使い、悔いることがなかった。そのために、くりかえし親鸞について論文を書き、一度もあきる日はなかった。
けれども今、親鸞の『人と思想』を書くためにペンをとり、これまでにない緊張を感じている。なぜなら学術論文の一つ一つなら、それぞれ親鸞の部分を切り取って、正確に証明すればいい。だが今は、親鸞の全体を、つまり、かれのいのちのすべてを描き出さねばならないからだ。これは、わたしの二十年の決算書である。（三頁）

古田はここで自らの姿勢を表明している。そしてそれによって読者を選別している。なぜなら、古田の考えでは、彼の本は必ずしもすべてのひとに受け入れられうるものではないからだ。とはいえなぜ万人に受け入れられるものではないのか。理由のひとつは、同書において古田が、自己の実存を賭けながら親鸞の全体像を描こうとしているからである。かくして、同書は古田における（キェルケゴール的な）「主観的真理」を開陳するものとなり、〈平均的な個人がみな受け入れうる普遍的真理〉を提示するものではなくなる。

私は引用した古田武彦の文章がかなり好きなのだが、その理由は「前のめりの」勢いがある点だ。もちろんこのテンションで文章を書き続ければ遅かれ早かれ独善に陥るだろうけど（かくして書き手にはアイロニーも必要である）、文筆家は人生で何度かは「寄らば斬る」くらいの張りつめた文章を書いた方がいいと思う。なぜなら強い緊張を知らない者は、深い弛緩も知ることがないだろうからだ。

古田は極端な例かもしれないが、いずれにせよ《まえがきにはある程度著者の実存が表現されている方がよい》というのはそれなりにコンセンサスの得られる事柄だと思う。例えば、哲学書の範疇を超えるが、中島岳志の思想史書『アジア主義』[x]にも著者自身の魂が注ぎ込まれた文章が見出される。イラク戦争について中島曰く、

> 大義を欠いた戦争。圧倒的な軍事力で一方的に暴力を加えるアメリカ。それをアメリカの側に立って支持する日本の首相――。
>
> 私は、徐々に約九〇年前の中野正剛と同化し、自らの体内から理性を超えた義憤が湧き出してくるのを感じました。
>
> ――同じアジア人が、根拠の希薄な情報に基づいて攻撃されている。それをなぜ日本の首相はとめようとしないのか。なぜ、アメリカの暴力に加担しようとするのか。イラク人は同じアジア人じゃないか!!（一五頁）

井筒俊彦を引くまでもなく、中東以東の地域に「アジア的」共通性を見出す思想家は多い。かかる観点に立てば、日本人はイラク人に同朋意識を感じうる。そして、イラク戦争に関しては、日本人はアメリカへ怒りのほこをさしむける理由を有している。なぜなら大国がアジアの小国を理不尽に苦しめていると考えうるからである。

もちろん政治的‐思想的立場を中島と異にするひともいるだろうが、ここで注目したいのは、まえがきに自らの精神を滑り込ませる手法の効能である――ここには左右の違いを超えて学ぶべきものがある。じつに、まえがきの言葉の中に著者自身のリアルな怒りが表現されることによって、読み手の側も《どっちつかず》でいられなくなる。著者に賛同するにせよ反発するにせよ、何かしらの態度決

定を迫られる、ということだ。これによって、同書で語られる問題は、読者自身の問題（他人事では済まされない問題）になるのである。

ちなみに中島岳志はこのタイプのまえがきを書くのがうまく、例えば『親鸞と日本主義』[xi]もこのやり方で読者を作品の世界へ引き込む。そこでは——手短に紹介すると——あるとき「親鸞は悪人正機を説きましたが、親鸞だったら麻原彰晃は往生できると言うでしょうか？」と吉本隆明に中島が質問をしたところ、この思想家は「間違いなく、往生できると言うでしょう」と答えた、というエピソードが紹介されている（『親鸞と日本主義』一〇—一一頁）。

だいぶ話が拡散してきたので次で切りにしよう。野矢茂樹が彼の編集した『子どもの難問』[xii]に付した「はじめに」の冒頭である。簡潔に二文。

> 私たちの多くは、たえず前に進むことを強いられている。そして哲学は、私たちを立ち止まらせようとする。（二頁）

この後、話は続くのだが、この二文だけ切り取って嚙みしめてもいろいろな味が染み出してくる。ただちに読み取れる内容は、世間的な価値基準と哲学的なそれのちがいである。世間は〈立ち止まらずに進むこと〉を良しとする。これに対して哲学は〈立ち止まらずに進むという没頭状態から離れて、進むにせよ進まないにせよ、いずれにせよ何かしらの仕方で立ち止まること〉を良しとする。哲学は、ひとを世俗から切り離すわけではないのだが、ひとが無反省的な埋没のうちにありつづけることを許さないのである。

文章も、何と言えばいいか、「立ち止まらせる」ようなものがいいです。それは、消費されてそれっきりになるような文ではなく、繰り返し読むにたえるような文である。そうした文は、書こうと意図して書けるものかどうか分からないけれど、いずれにせよ読み手はそこから何度も滋養を得る。いったん分かったと思っても、さらに分かるところがあるのではないかと期待させる文章――こうした文章は、あるにはあるのだが、やはり稀である。

（2020/05/03）

i　ジル・ドゥルーズ『差異と反復』上、財津理訳、河出文庫、二〇〇七年
ii　ロバート・ノージック『アナーキー・国家・ユートピア』嶋津格訳、木鐸社、第一版、一九九五年（第九刷二〇〇八年）
iii　ロバート・ノージック『生のなかの螺旋――自己と人生のダイアローグ』井上章子訳、青土社、一九九三年
iv　ネルソン・グッドマン『世界制作の方法』菅野盾樹訳、ちくま学芸文庫、二〇〇八年
v　バリー・ストラウド『君はいま夢を見ていないとどうして言えるのか』永井均監訳、春秋社、二〇〇六年
vi　永井均『マンガは哲学する』岩波現代文庫、二〇〇九年
vii　浅田彰『構造と力』勁草書房、一九八三年
viii　戸田山和久『哲学入門』ちくま新書、二〇一四年
ix　古田武彦『親鸞　人と思想8』清水書院、一九七〇年
x　中島岳志『アジア主義』潮文庫、二〇一七年
xi　中島岳志『親鸞と日本主義』新潮選書、二〇一七年
xii　野矢茂樹編『子どもの難問』中央公論新社、二〇一三年

思想家・哲学者の文体

——暇つぶしのためのクイズ

文体の話が好きである。じつを言えば、「文体」なるものが本当に存在しているかどうかは確信がもてないのだが、文体が存在する「かのように（als ob）」語るのが楽しい。本ノートも、文体実在論者のみならず、文体還元主義者や文体虚構論者にも楽しんでもらえることを意図して書く。私は文体の実在に関する不可知論者である。

「文体の話が好きだ」と言ったが、作為的な文体は好きでない。むしろ、何というか、長年の執筆の経験と実践の結果として「できあがってしまった」ような文体の方が好きである。本ノートでもそうしたものに絞って取りあげたい。それほど真面目な話にはならないが、できるかぎり「客観的な」ことを書きたい。

クイズ形式でいく。はじめに文体的特徴のある作家の文章を見る。読者におかれては《誰の文章か》を推理しながら読まれたい。順を追って難しくなるように配置した（つもりである）。対象となる作家は思想家・哲学者に限られる。おそらく分析哲学が好きなひとに有利なものになるだろう。ひとりめは簡単である。

問1

みなさん、こんにちは。内田樹です。
また本を出しました。
どうもすみません。
新刊の冒頭で「どうもすみません」と謝罪するというのも変ですけれど、新刊再発とりまぜて毎年一〇冊も本を出していれば、お買い上げのみなさんに「ありがとうございます」というよりは「ご迷惑をおかけしております」と言いたい気分になるのも無理からぬことです。[i]（引用箇所はあとでまとめて記述——先に見てしまうと後の問題の答えまで見えてしまうので注意）

冒頭に「内田樹」とあるので内田樹の文章だと確信できるが、おそらく「こんにちは。〇〇〇です」と伏せ字にしても、気づいたひとは多いのではないか。「みなさん、こんにちは」は一定の界隈では内田樹のエピセットのようになっていて、例えば「みなさん、こんにちは。渡邊二郎です」だと、いささか違和感がある。

文体の特徴は「軽い」ところ（けなし言葉ではない）だろうか。たしか「ドライブ感のある」文章だと言われていたことがあると思うが、同感である。軽さもあってスイスイ読める。

では次の問題。

問2

思想・文化史的に眺望するとき、われわれは目下〝世界観的枠組〟の更新期に当面しているように看ぜられる。この転換局面は、それがいつ何を以って始ったかを確言するのは困難であるとはいえ、ここ一世紀に垂《なんな》んとする期間継続していると言うことはできよう。――現状では、しかし、当の推転が渦動的情況にあるため、人はとかく方向を見失いがちであり、茲に哲学をはじめ諸学の〝昏迷〟〝閉塞〟が出来《しゅったい》している始末である。[ii]

ルビのふってある漢字はそのおかげで読めるが、私は漢和辞典を引くまで「茲」が読めなかった。内田樹と比すると文体特徴がヴィヴィッドになるが、けっこう「重い」文体である。いわば「漢字の多い」文章だ。誰が書いたかと言えば、分かるひとには分かると思う。廣松渉である。

パッと見た印象としては「作為的な」感じもするが、廣松がこの種の文体でたくさんの文章を書いているという事実に鑑みれば、《彼はどうしてもこういう書き方を選んでしまう性質であった》と言えるかもしれない。いずれにせよ少なからぬひとは「もう少し簡単に書いてくれればもっと読みたくなるのに」と遺憾に思っている――廣松の思想の深みは明らかであるので。とはいえ慣れればこれはこれでいいところもある。

それでは三問目。

問3

［…］近代経済学者は、A嬢・B夫人の選択行動をこう説明する。両名は等しい予算制約のもとで、現にAは（僅かのパンと）多くのミルクを選択し、Bは多くのパンと僅かな布を選択した。事実そのように選択した以上、それらは各自の選好を顕しており（顕示選好）、その選択の違いは、各自の「無差別曲線」で表される選好構造の差違を示したにすぎない。対等の立場で競りに

> 臨んだ以上、各人ともに、それぞれの選好にもとづく満足を最大化したのである、云々。この手の経済学者による「科学的な」（初等的な微分方程式を応用しうる程度の）「説明」によれば、チンコロ姐ちゃんの〝肌の健康〟も、母乳不足に悩む母に育てられる〝乳児の生命〟もミルクへの「ニーズ」としては無差別である（消費者主権、個人主義！）。後者がミルクを競り落とさなかったということは、要するに、後者のニーズがさほど切迫的ではなかった、ということでしかない。かくて、功利主義を騙る経済学者のいわく、市場とは、自己の選好にもとづく満足を最大化せんとする合理的個人の、合理的関係であり、「市場均衡すなわち主体均衡（パレート最適）、そしてその逆」。
>
> 　いくらなんでも、これは無茶すぎる。この実感こそが、古典的功利主義者の倫理学的問いを構成する。[iii]

三〇年以上前に書かれた文章であり、具体例がやや時代を感じさせるが、この著者の書いたパッセージの中で気に入っているものである。なぜなら（私が考えるところの）著者の特徴が現われているからだ。書き手は大庭健である。

　パッと見では「廣松的な」硬さを感じさせる文字面であるが、読むとなかなか「軽い」。理由はおそらく、ややつっぱったところがあるからだろう。本人もグレたところがあるひとだったのかもしれない（私は会ったことがないのだが）。

　もう少し客観的なことを指摘すれば以下のようになるだろうか。大庭の文体には〈硬い術語を書きたい〉と〈読者へ内容を平明に伝えたい〉という或る意味で「相容れない」欲求が見てとれる。両方を追求すればここで引いたような文章ができる、ということだろうか。

次に四問目。

問4

しかし、プロタゴラスは、再び反論するだろう。「「「誰々にとってではなく、端的に人間尺度説は偽である」はそう言う者にとっては真である」は私にとって真である」と。プロタゴラスによれば、「端的さ」もまた「……にとっての端的さ」であり、その限りでの「端的に人間尺度説は偽である」は、プロタゴラスも承認する。ただし、その場合の「端的に……」は、「私（Pr.）にとって」の外側ではなく、その内側にある。

さらにしかし、反対者は、そのような限定句つきの「端的さ」なども、そもそも「端的さ」ではないと言うだろう。[iv]

ここで展開されているロジックの運びは、業界ではときに、英語の動詞で“Irifuji”、動名詞（現在分詞）で“Irifujiing”と呼ばれている。すなわち、同型の論理によって事態がどんどんと高階化（あるいは低階化）していく、という理路が「イリフジング」である。文章の書き手は入不二基義。

おそらく入不二は現代の哲学者のうちで最も「抽象的な」議論を行なうひとのひとりである。私は彼の文章を読むと「発想を肉づけるような具体例が欲しい」と感じることもあるのだが、よりフェアに言えば、彼のやりたいことが彼の高度に抽象的な表現を招来するのだろう。全体として、読んで楽しく学ぶところも多いのは事実である。私は入不二のスタイルに「おおいに感心する」が、次の書き手も同意のようだ。

問5

私はこうした議論の立て方におおいに感心する。こういう論じ方は誰にでもできるものではない。少なくとも私のレパートリーにはない。だいたいにおいて、私が入不二の書くものに感じ入るひとつの理由は、いわば彼がもっている思考の「身体能力」とでも言うべきものにおいてである。例えば、私が体操選手だったとして、私にはできない動きを見せている選手がいれば、うらやましく、そしてくやしくもなるだろう、そんな感じである。私は、亀の最初の一歩を拒否することによって、キャロルのパラドクスを葬り去ろうとした。しかし、それで済ますわけにはいかない。私がめざした解決は、亀とアキレスの無限の対話への運動を前提にしているのである。入不二はそう論じ、私は「なるほど」と唸る。

だが、その思考の美技に見惚れる一方で、ふと我に返って、またあの声が聞こえる。（だけど、つまり、どういうことなんだろう。）

入不二の本の解説の文章である。書き手は、一方で入不二をけなそうとしないが（これは解説の慣例上当然だが）、他方で単純に称賛しようともしない。さらに言えば、解説ではひとはついつい"judgmental"（すなわち「上メセ」の評価を行ないがち）になるのだが、そうしたところがない。気を遣うタイプかな、と感じたりする。

字面を眺めれば《硬い言葉を避けるひとだろう》と推察できるが、書き手は野矢茂樹である。彼は――私のフィクションだが――文章を見返して、漢字をひらがなに開く作業をたまに行なうだろう。「悔しく」ではなく「くやしく」にしよう、など。野矢の文章を読んだ後ただちに廣松の文章へ目を移せば「漢文か!?」と思ってしまう（これは実話である）。

では次。

問6

私がその汚い店に入る理由は、とてもつまらなくなったとき、もっとつまらなくなるためである。人生にくたびれた男たちばかり周りにいると、予定通りずんずんつまらなくなってゆき、酒がよく回ってくる。[vi]

この理屈の運び方が特徴的である。〈つまらないときには、ますますつまらなくなることを目指す〉というのは不条理だが、こうした選択が似合うひとが哲学業界には存在する（おそらく複数人いる）。そのうちで最も有名なのは中島義道であり、引用の書き手もこのひとだ。

中島に関しては——いささか“judgmental”なことを言うが——じつのところそれほど文体的特徴はなく、むしろ「そつのない、バランスのとれた、いい」文章を書く。ときに内容がエキセントリックであるので、文を読むだけで「中島義道だな」と気づくことがある。

さて次の問いへ。

問7

しかし、ちょっと困ったことがある。「私は存在する」は、外部世界の存在を疑ったあとで発見されたものだ。だから、そこから他の知識を復元していくにあたって、デカルトは外部世界にある道具立て（たとえば、外在主義者が手を出すような因果連鎖）を用いることはできない。したがって、存在が確実になった「私」の中に見つけることのできるものだけを使って、外部世界についての深淵も正当化されていることを示していかなくてはならない。そんなことができるのか？　ごもっとも。まず無理でしょう。でもデカルトがどんなふうに頑張ったかを知ることには意味がある。そこで、デカルトがどのように方法論的懐疑のプロセスを逆行して、外部世界についての知識を回復しようとしたかを検討することにしよう。[vii]

いわゆる「語の選択」に特徴がある、と言えるかもしれない。「ちょっと困ったことがある」や「ごもっとも」や「まず無理でしょう」などの表現を見ると、とくに業界人（さらにとくに分析哲学に関わるひと）は《あのひとだろうな》と思いつく。

引用したのは二〇〇二年の『知識の哲学』のひとつのパッセージであり最近の「戸田山文体」にはまだ進化していない。そう、先の引用の書き手は戸田山和久だ。参考のため二〇一四年の『哲学入門』から適当に文章を引いておこう。

オレはやるぜ！　何を？　何かビッグなことを……。というわけで、この章には「機能」というたいへん地味なタイトルがついているけど、やることはかなりビッグだぜ。どうビッグなのかについて、少し解説してから始めよう。[viii]

哲学愛好家（私も或る意味でそのひとりだが）のうちには、この本を読みたいのだけど文体が耐えられないというひとがいる。それは分からなくもないのだが、戸田山がこうした文体を選択する理由に目を向けるのも大事である。じつにひとつ前のノートでも述べたが、『哲学入門』に関しては、《文章が難しくて読めない》という言い訳は成り立ちにくい。この意味で、読者の知性がストレートに試される文体だ、とも言えるのである（とはいえ別の次元の知性は引用したようなスタイルを「嫌悪」しうるのだが）。

次は難しいかもしれない。

問8

私は、ワインには興味がないが、ソムリエという職業には、むかしから興味をもっていた。なぜ、そんな仕事が存在しうるのか。これは不思議である。ひとつには、スノビズムの問題があるだろう。それはそれで興味深いとはいえ、もっと深い謎がある。[ix]

引用の文章の短さが問題の難易度を高めている面もあるが、思うに、これだけの長さのうちにも書き手の特徴が現われている。私がこの著者らしさを最も感じる部分は最後の文——「それはそれで興味深いとはいえ、もっと深い謎がある」という箇所——だ。こうした修辞法は、書き手が自らに認める〈哲学の絶対音感〉を示唆する（厳密には引用の文を書くには「相対音感」で十分なのだが）。引用の書き手は永井均である。

永井均も——あくまで私の評価だが——中島義道と同様に、それほど文体特徴はない。語の選択も、廣松や戸田山に比べると、より「普通」に近いと思う。他方で、これまで出会ったことのない（少なくとも私が見たことのない）修辞法によく出会えるのも、永井の文章である。

文体についてはまた別の機会にも書きたい。

（2020/02/28）

引用箇所

i 内田樹『こんな日本でよかったね』文春文庫、二〇〇九年、三頁
ii 廣松渉『相対性理論の哲学』ブリタニカ叢書、一九八一年、一六頁
iii 大庭健「訳者解説」、アマルティア・セン『合理的な愚か者』大庭健・川本隆史訳、勁草書房、一九八九年所収、二六八―二六九頁
iv 入不二基義『相対主義の極北』ちくま学芸文庫、二〇〇九年、六九頁
v 野矢茂樹「相対主義の極北 解説」、入不二前掲書所収、三〇〇頁
vi 中島義道『狂人三歩手前』新潮文庫、二〇〇九年、四八―四九頁
vii 戸田山和久『知識の哲学』産業図書、二〇〇二年、二二〇頁
viii 戸田山和久『哲学入門』ちくま新書、二〇一四年、一〇八頁
ix 永井均『マンガは哲学する』岩波現代文庫、二〇〇九年、二九―三〇頁

第三章　読むことの背景

読書会と語学とワインの話

先日、ニーチェ研究者の竹内綱史さんから彼の携わった訳書を御恵投賜った。ちょうどよい機会なので、私が院生のころに参加していた勉強会のことを書こうと思う。というのもそれは、当時竹内さんや諸先輩が主催していた読書会であるからだ。

本ノートは一種の「自伝」である。それは自分のことを語るものであり、不可避的に〈自己正当化〉や〈自己称賛〉のトーンを帯びるだろう。それゆえ、なるだけ起こったことを「客観的に」記述し、そして現在の院生（あるいは学部生）にとって役立つものを書くよう努めたい。全体としてはそれほどエキサイティングな話にならないと思う。むしろ、教訓めいたものを書こうとしているので、説教臭く感じるひともいるかもしれない。とはいえ、自伝的テクストが自己賛美に留まらないためには、何かしらの「有用性」を目指す必要がある。

私が哲学をまなぶために転学部したのは一九九八年である。当時の哲学の先生方はいまと或る点で大きく違っていた。そのひとつが「語学」である。現在でも英語・仏語・独語などの近代語だけではなくラテン語や古典ギリシア語に達者な哲学教師は少なからずいるが、当時の総合人間学部および人間・環境学研究科の先生方——有福孝岳先生・安井邦夫先生・小川侃先生・冨田恭彦先生——はみな英・仏・独・希・羅すべて読むことができた（ちょうどそのころ竹市明弘先生が退官され、しばらくして佐藤義之先生が来られたと思う）。

例えば冨田先生は、黒板に“Vorstellung”と書いて、「これは「表象」を意味するが、ドイツ語を知らないとニュアンスが伝わらない」と言われた。あるいは小川先生は講義中にプラトンの一節をギリシア語で暗誦したりしていた。こうした学習環境であったので、おそらく現在よりもずっと学生に対する「語学」のプレッシャーがあっただろう。外国語を十分に読めなければ哲学はできない、というわけだ（私は現在ではこれが必ずしも成り立たないと知っているが）。結果として——振り返れば幸いなことだが——私は学部の間に仏語・独語・羅語の文法学習を終えていた。

四回生のころ（おそらく佐藤義之先生によるレヴィナスの講読の授業において）、文学研究科の修士一回生であった川口茂雄さんと知り合いになった（何かの講義で宮野真生子さんともご一緒したはずだがもはや思い出せない）。川口さんは後に『表象とアルシーヴの解釈学——リクールと『記憶、歴史、忘却[i]』』を書いて気鋭のリクール研究者になるひとなのだが、当時は（当たり前だが）何者でもなく、たんなる精力的な「兄貴型の」人物であった。とはいえ、このひとがやたらと読書会を催すひとだったので（それが彼の勉強のスタイルであった）、私はそれに巻き込まれていくことになる。

私が人間・環境学研究科に入って二週目くらいだっただろうか（二〇〇一年四月である）、川口さんがハイデガーの『存在と時間』を独語で読む読書会を始めた。水曜の一八時三〇分から毎回四頁ずつ読む、という計画である。一頁につきひとりの全訳担当者を決めて（それゆえ各回担当者は四名になる)、《訳文がドイツ語の読みとして正確か》や《内容は如何》を議論するわけである。この読書会は四年くらい続き、最終的に全頁読むことができた。終わった後、料亭で打ち上げをした。一冊読み切る、というのはそれほどの快挙なのである。

参加者は——多くの出入りがあったが一部紹介すると——川口さん(開始時は修士二回生)、先日レジンスターを訳された竹内さん(修士二回生)、レヴィナス研究者の伊原木大祐さん(博士一回生)、カフカ研究者の川島隆さん(博士一回生)など。加えて、この勉強会を通じて、同級生として佐藤慶太くん(修士一回生)や山内誠くん(修士一回生)と知り合うことができた。佐藤くんとは『実践理性批判』の、山内くんとはマルブランシュの読書会もした。そういえば当時学部四回生だった松枝啓至くん(現在は認識論の研究者として知られる)もハイデガー読書会のコアメンバーである。

読書会のメンバーで飲みに行ってそのあと朝までカラオケをする、ということが何度かあった。当時の私はふだん規則正しい生活(朝六時に起きる)をしていたので、カラオケの段階ですぐに寝てしまっていたのだが、川口さんのタンバリンがうまかったことをよく覚えている。そう言えば彼はブラバンをやっていたんだっけ。その記憶はいまや美化されて、私の中では芸人のゴンゾーくらいにうまかったことになっている。

『存在と時間』読書会について強調しておくべきこと(と私が考えること)を述べたい。

私は現在めったにドイツ語を読まない。それゆえ、例えばいまインターネットで独語のページを開いて読もうとすれば、何度も辞書を引かねばならない。「独語力」が落ちた、ということだ。とはいえ、ドイツ語を忘れた、というわけではない。独語は、頭から抜け落ちても、身体に染み付いている。そして、独語を身体に染み込ませることにとって、(私には『存在と時間』の)ドイツ語の勉強会が本質的に役に立ったのである。

同じ点をより踏み込んで説明する。じつを言えば私は、露語も文法を終えており、露語のテクストを読む授業にも出ていたことがある（木村崇先生のゼミだ）――だが、こちらについては、いまや「ロシア語を忘れた」と言うくらいのていたらく。違いは何かと言えば、ひとつには《覚えるくらいに読んだテクストがあるか否か》であろう。私は露語についてそのようなテクストをもたない――それゆえ、頭から文法の記憶が抜け落ちれば、思い出すとっかかりがなくなる。これに対して独語は（一定の時間はかかるが）身体のほうから自然にコツが甦ってくるのである。

何が言いたいのかと言うと、それは次だ。すなわち、外国語を（文献読解という作業の範囲で）身につけたいのであれば、或るテクストを覚えるくらい読むという経験をもつのが便利だ、と。私は、フランス語に関してはライプニッツとパスカルのいくつかの論考を、ラテン語に関してはスピノザの『エチカ』を、文字通り「覚えるくらい」読んだので、このふたつの言語も――現在は読む機会が減ったが――決して忘れることはない。ギリシア語については不安が多いのだが。

抽象的な指摘へ叙述が傾いたので、話を『存在と時間』読書会の具体相へ戻そう。

開始時間は一八時三〇分。なぜこの時間かと言うと、大学・大学院の授業が終わるのが一八時ちょうどだからである。そして、ドイツ語のテクストとその翻訳を四頁分検討すると、終わるのは決まって二二時過ぎである。そこで、終電のある者は駅まで走るのだが、幾人かは連れ立って晩御飯を食べに行く。『存在と時間』読書会の後は決まって（いまはもうないが）百万遍の喫茶店〈おらんじゅ〉であった。私は毎回〈野菜炒め定食〉を頼んだ。

なぜ決まった場所へ晩御飯に行くのかと言うと、そこには理由がある。選ぶのがもはや「困難」だからだ。三時間ぐらい外国語のテクストを前にして侃々諤々《かんかんがくがく》の議論をすると（経験者は知っている通り）、軽い「知恵熱」の状態になる。こうなると、まともな実践的判断が行なえなくなるので、「選ぶ」という行為が意味をなさなくなる。すなわち、選ぼうが、決まりきった店に行こうが、大差のないことになる。というわけで読書会を終えたわれわれは、自動人形のように〈おらんじゅ〉へ向かうのである。店に着いた後も私の自動運転モードは継続し、気がつけば〈野菜炒め定食〉を頼んでいる。

——以上を読んで、《なんとたくさん勉強しているのか！》と驚嘆したひとがいるかもしれない。とはいえ若干割り引いて頂かねばならない。高校生が授業をさぼって部活に出るように、講義を「寝たおした」うえで『存在と時間』読書会に出ていたひともいるからだ。誰とは言わないが、あのひとは古典ギリシア語の授業もよく寝坊していた。別の読書会のことだが、訳の担当者が時間になってもやって来ず、メールを確認すると「いま下宿を出ました！」と一報、などはよくあることであった。

さて——話を進めると——じつを言えば、真の「読書会三昧」が始まるのは大学の長期休業期間である。大学の講義がなくなるので朝も昼も思いどおりに時間を使うことができる。それゆえ、二〇〇一年の夏までに「カワグチズム（読書会で勉強するスタイル）」の影響を受けていたわれわれは、互いに相談して独自の勉強会スケジュールをつくった。シェリングの『人間的自由の本質』やベルクソンの『時間と自由』もそうした折に読んだと思う。そして——これは重要な点なのでしっかりと強調しておくが——少なくとも私は、それらのテクストの内容について表面的な理解しかできていなかった。要点を説明すれば以下。

思うに——以下、完全に「個人的」見解なのだが（すなわち実証的に確かめたことはないのだが）——ひとりの若者がすべての哲学的テクストを深い水準で理解できる、などはめったに（あるいは決して）ない。当時の私について言えば、例えば『エチカ』の必然主義的な世界観は直感的に「腹で分かる」ところがあったが、『時間と自由』は文字をなぞっているだけだった。テクストもまたひとを選ぶのである。けっきょく『時間と自由』の読書会は当時の私にとってフランス語の訓練以上の意味をもたなかったが、それはそれで悪くないことである（語学の訓練は重要なので）。そして、いくつかの人生経験を得たあと、かつて浅くしか理解できなかったテクストがより深い水準で「分かる」こともある。私にとって、例えばキェルケゴールのテクストは、これを公にするのはいささか躊躇するのだが、いまでも表面的にしか分からない――いつか腹で分かる日が来ることを期待している。

私の参加していた読書会群のリーダーシップをとっていたのは川口さんと竹内さんであり、ふたりは宗教学研究室所属であったので、これらの読書会は「宗教学研究室系」と呼ばれうるかもしれない。そこではもっぱらデカルト、スピノザ、ライプニッツ、カント、フィヒテ、シェリング、ヘーゲル、ニーチェ、ベルクソン、フッサール、ハイデガー、レヴィナスなどが読まれていた。このラインナップを見ると「分析系は？」と問うひとがいるかもしれない。思うに、宗教学研究室系の読書会では、分析系は「意図的に」避けられていた。ここには時代と状況が関わるのだが、これについては別の機会に（語れる範囲で）語りたい。ゼロ年代初め頃は、京大において分析哲学系の読書会は哲学研究室や倫理学研究室で行なわれており、よそのいくつかの場所では「あれは哲学でない」という雰囲気があったのである。そしてその感覚はいまでも私の中に部分的に残っている。

――以上の叙述は、このノートを読むひとを混乱させるかもしれない。というのも私は分析哲学研究者と思われているからである。以下、混乱をある程度解消するために、若干の補足をしておきたい。

私はだいたい二〇〇五年くらいまでは純然たるスピノザ研究者だった。とはいえ、スピノザの二次文献を読むのがあまりにも苦痛だったので、一次文献と二次文献の区別の少ない分析哲学へ鞍替えすることにした。そのさい、たまたま学部からずっと勉強していた論理学がたいへん役に立った。論理学のバック・グラウンドのおかげで一、二年ほどの隠遁生活だけで（こもってクリプキやルイスを読んでいたわけである）分析哲学の論文を書けるようになった。

《なぜ「たまたま」論理学を勉強していたのか》についてはこれまた別の機会に語りたい。他方で、論理学の読書会についてはここで話しておくのがよいだろう。修士一回生のころ、現在ライプニッツ研究で有名な池田真治くんやその他の面々とヒューズとクレスウェルの様相論理の教科書[ii]の読書会を行なった。様相論理の入門書として定評があり、証明も細かいので初学者にも便利である。あの頃は、池田くんよりも私の方が論理学がよくできたのだが、いまや完全に抜かれてしまった気がする（あくまで私の感想）。そして、なぜ抜かれてしまったかと言うと、答えは単純で（彼の方が優秀だからという点は措くとして）《池田くんの方が継続的に論理学に付き合ってきたから》と考えている。継続は本当に力なり、ということだ。

「宗教学研究室系の」読書会の話へ戻ろう。いま一度強調したいのは、ゼロ年代にあからさまに存在した「カルチャー」のことであり、いまもなお残存する傾向のことである（この傾向が悪いものかどうかは私にはよく分からない）。例えば、分析哲学は何でも「……主義」や「……論」と分類しそれでもって何かを語った気になっている、という悪口はあの界隈で何度も聞いた。分析哲学に取り組んでみて分かったことは、この悪口には当たっているところもあるが当たっていないところもある、ということだ。これは、当たっていないところもあるが当たっているところもある、と同じことなのだが――。

《分析哲学は哲学か》を論じることは本ノートの主題に属さないので、この話は以上で切りにしたい。そして読書会と語学のことを語りたい。

二〇〇七年だったか二〇〇八年だったか、分析哲学へ専門を変えた私は、当時の指導教官の安部浩先生（このひとは二〇一七年にジーボルト賞をとったあの安部浩である）に、文学部の出口康夫先生を紹介してもらった。そのころの私はデイヴィド・ルイスの形而上学に関心をもっていたので、出口先生は私をいわゆる「関西の形而上学者（KK）」に紹介してくださった。すなわち、海田大輔さん（私のノートでたまに「DK」と呼ばれる人物で「傾向性四天王」のひとり）、言語哲学と形而上学を専門とする小山虎さん、時間論の佐金武くんの三名である。ここに当時修士の学生であった西洋古代哲学研究者の太田和則くんが加わり、京都大学の哲学研究室において、毎週一回のペースで行なわれる伝説の（自称）形而上学読書会が始まった。テクストはラックスが編集した論文集[iii]であった。

この読書会では（ハイデガー読書会のように）全訳は行なわれなかった。ここには《みんな英語は読める》という前提のみならず、おそらく《全訳より要約が大事だ》という思想も関わっている。分析系のテクストは、少なくとも一般的には、〈要約〉という作業が意味を持つ仕方で書かれている（これに対して例えば後期ハイデガーのいくつかのテクストはこの作業が意味をもつかは自明ではない――これはハイデガーのテクストが「ダメ」ということを意味しない）。テクストのタイプが読書会の作法を変える、ということだ。――と言いながらも、そもそも読めなければ要約もできないので、それなりの語学力が要求されることはどこでも変わりない。

すでにゼロ年代を通して柏端達也さんらが「形而上学の復権」に努力されていたので（ご苦労もあったことだろう）、海田・小山・佐金・山口のグループはその波に乗り楽しく活動することができた。二〇〇八年に科学基礎論学会で「性質の形而上学と因果性」と題されたワークショップを四人で行なったが、そのさい、「現代哲学」の風通しのよさをあらためて実感した（古典研究は長い伝統をもつので権威との距離感を気にせざるをえない！）。発表後の飲み会で、植村玄輝さんあるいは八重樫徹さんから私の発表を「予備校講師的な上手さがある」と褒められたと記憶しているが、まったく別のひとだったかもしれない。確実に言えるのは、慶応か早稲田関連のヒゲの生えたひとだったということだけである。

京大の形而上学読書会へはその後、ファッションや演劇に造詣が深く美学も専門としている西條玲奈さんや、もう何年もオーストラリアに行っていてたまには日本に帰ってきてほしい時間の形而上学者・梶本尚敏くんなども参加され、なかなかの賑わいであった。その一方で私は、自分の博論を仕上げるために、別の勉強会を行なった。それは、そのころ文学研究科の博士課程に在籍していた太田紘史くんとの読書会である。これを最後の話題にしたい。

何を読んだのか――それは私の文章だ。すなわち、博士論文になるであろうテクストを読み、それを検討する、というタイプの「読書会」である。これが一般的な意味の「読書会」にあたるかどうかは定かではないが、とりあえず太田くんは熱心に読んでくれた。公刊された博士論文のあとがきで私は太田くんについて「彼はすべての原稿へ目を通し、すべての章・節・頁に関してさまざまなコメントや提案を行なってくれた」と書いたが[iv]、これはまったく誇張ではない。

この「読書会」についてもう少し具体的に語っておこう。博士論文のはじめの四分の一はすでに応用哲学会の学会誌にサーヴェイ論文として投稿していた。そのあと原稿は六章分続くのだが、八月から毎週一章を書いて読んでもらうという作業を行なった。

この作業の何が良かったかと言えば、それは〈書いてそのつどコメントがもらえる〉という点だ。じつに、博士論文ほどの長い文章を書くさい、孤独との闘いが生じる。書けども書けども終わりに至らず、達成感が得られる瞬間がえんえんとやってこない。これはストレスである。おそらく人間とは〈書いた文章にリアクションを求める存在〉なのであろう。もちろん太田くんからのアドバイスは実質的な面でも大いに役に立ったのだが、《内容の分かるひとに読んでもらっている》という事実が当時の私の助けになった。

　直近ではDKおよび或る学部生と少人数でほそぼそと自由意志論や物理学の読書会を行なっている。この読書会でも終了後に行く店は決まっている。百万遍の〈サイゼリア〉である。入店後しばらくは、私の講義に出ている学生から「監視」されているのではと警戒するが、ワインを飲めばそんなことも気にならなくなってしまう。五〇〇ミリリットルのデカンタで三九九円[v]である。ワインが来るのを待つあいだ〈ストロングゼロ〉の話をすることが多い。

（2020/03/11）

i　川口茂雄『表象とアルシーヴの解釈学——リクールと『記憶、歴史、忘却』』京都大学学術出版会、二〇一二年

ii　Hughes and Cresswell, *A New Introduction to Modal Logic*, Routledge, 1996.

iii　Loux, *Metaphysics*, Routledge, 2002.

iv　山口尚『クオリアの哲学と知識論証』春秋社、二〇一二年、三一〇頁

v　現在は四〇〇円になった（これもコロナ禍の影響であろう）。

〈学ぶこと〉に内在的な価値が置かれる場所

文学研究者の高谷修先生のことを書きたい。必ずしも多作ではない先生の隠れた業績を公にしておくのは意味があると考えたからである。

私が高谷先生のレクチャーをはじめて受けたのは大学二回生の英語の授業である。テクストはシェイクスピアの『ジュリアス・シーザー』であった。

この作品の冒頭にはーート書きとしてーー“Enter FLAVIUS, MARULLUS, and certain Commoners.”とある。初回の講義はここから読み始めるのだが、高谷先生はまず「この“Enter”は何だ?」と学生に尋ねられた。誰も分からない。いや、そもそも質問の意味が分からない（少なくとも私は分からなかった）。

しばらくたって高谷先生は「いったい“Enter”の品詞は何か? “Enter”が動詞であれば、この文に主語はあるのか?」と問われるーーこのように誘導されると、“Enter”が動詞で、その主語は“Flavius, Marullus, and certain commoners”であり、問題の語列は「フラウィウス、マルッルス、そして何人かの一般市民が入場する」を意味する、と思われてくる。とはいえ話はここでは終わらない。

じつにト書きの“Enter”はなかなか難しいのである。というのも例えば第二幕では同じように“Enter Brutus”とあるからだ。同様に考えればこれは「ブルトゥス（ブルータス）が入場する」を意味する――しかし気になる点が残る。今回のケースでは、主語が三人称単数であるのに、なぜ“Enters Brutus”とならないのか。シェイクスピアのころはいわゆる「三単現のs」は存在しなかったのか（いや、そんなことはないだろう、いや、あるのか?）。はたして問題の語列は文法的にどう理解されるべきか。こうした点があやふやだと、自信をもって読み進めることができない。

高谷先生は、以上のような諸々の点を踏まえたうえで、講義の出だしに「この“Enter”は何だ?」と尋ねられたわけである。そして先生は“Enter”は「接続法」と解釈できると指摘された（そして接続法であるので's'が無いと考えられるわけである）。現代の英語には存在しない文法項目・接続法！私と西欧の古い言語の出会いの瞬間である。

高谷先生の講義は、たんに文学作品を内容的に楽しむだけでなく、言語というものの理解を深めるのに役立った。当たり前のことだが、文章は何かしらのルールに則っており、これは昔の言葉にも妥当する。それゆえ、古典を読むことには、その媒体言語の「文法世界」に触れるという側面がある。“O Julius Caesar, thou art mighty yet”（ユリウス・カエサルよ、汝はいまだ強大だ！）などの文を読むとき、“you are …”が支配する世界では出会えない何かに触れている気がする。

その後、私は哲学の研究のためにラテン語や古代ギリシア語やイタリア語を学んだが、その際に――とてつもないご厚意だが――高谷先生はトレーニングにつきあってくださった。すなわち、オウィディウスやホメロスやペトラルカを読んで古典読解力を高めたいと乞えば、先生は時間をつくって個人的にレクチャーしてくださったのである。とりわけオウィディウスの『変身物語』は長い時間をかけて読み方を教えてくださった――結果として私は、ラテン語のヘキサメトロン詩を読むことので

きる数少ない日本の哲学者のひとりになった。[i]

i　ところで個人レクチャーを受けていたのは私だけではないようである。私はそのことをつい最近、以下の文章（の五頁）を読んで知った。
https://www.h.kyoto-u.ac.jp/wp-content/uploads/2016/01/bulletin45.pdf

古典語で書かれた文章を読むことにはいろいろなハードルがあるので（そもそも文法を学ぶのが難しい！）、〈先生が生徒へ手取り足取り教える〉という「オールド・ファッションな」スタイルがいまだに有効なやり方のひとつであるだろう。高谷先生はそうしたやり方を実践され、何人もの〈古典語を読める人間〉を育てている。こうした業績はたしかに論文のような形では残らないのだが、それでもその価値は決して劣るものではない。或る意味で、私がラテン語やその他の古典語を日々読んでいることは、高谷先生の功績なのである。——こうしたことはキャンパスで出会った折には気恥ずかしくて言えないが。

高谷先生が無償で教えてくださったことを考えると（もちろん私の親は大学へ学費を払っていたが、私は高谷先生へレクチャー代を渡していない）、先生の無限のご厚意に感謝するとともに、大学という空間が具えうる卓越性に気づかざるをえない。そこには、いまだに経済のロジックに取り込まれていない、学びの場——〈学ぶこと〉に内在的な価値が置かれる場——が在るのである。だが現在、大学は疲弊している。はたしてこのような場は、これからも維持されるのだろうか。

（2020/01/20）

実存的な苦悩と哲学

いつかの学会の懇親会で或る死の哲学者（死について考察する哲学者である）が言っていたと記憶するが——あるいはこのひとのことをよく知る柏端達也が教えてくれたことだったかもしれないが——彼は学部生のころずっと死をめぐる問題について考えていたらしい。それは、死に関する「教科書的な」パズルに頭を悩ませるということではなく、自分がいつか死ぬという根本的事実に向き合うというものであったようだ。かかる危機の最中の彼に〈死を選ぶ〉というオプションがあったかどうか知らないが、結果としてこのひとは死ななかった。思うに、たしかに死ぬことは悩みからの解放でありうるが、少なくともそのときの彼は死を〈自らが本当に望む解決の仕方〉と見なさなかったのであろう。こうしたことはすべて私の解釈にすぎないが、いずれにせよこの人物は生き続け現在〈死の哲学〉を専門としている。それ以外でありえないものへ何とかして自らをしつらえ上げた、という具合だろうか。

哲学という営みへ自らを投げ入れる動機は複数存在するが、いわゆる「実存的な」苦しみを出発点とするひとがいる。もちろん動機の間に優劣などないのだが、私個人の好みから言えば、興味をもってしまうのは実存的動機から哲学を始めたタイプの人間のほうだ。なぜかと言えば、私自身がそのタイプを自認しているからである（具体的な動機が何であるかは後述）。思うに、このタイプの代表は中島義道であり（このひとも死をめぐる悩みが出発点のひとつ）、この種の哲学者は例えば熊野純彦などの勉強好きタイプとかなり毛色の違った仕事をする。念のため繰り返し強調するが、こうしたタイプの間に優劣はない。

さて、この話題に関して私が以前から考えていることがあるのだが、それは《実存的動機の哲学者がそれとして目立つことがたいへん少ない》ということだ。例えばたったいま中島義道の名を挙げたが、じつのところこのひとは「例外的」である。そして実存的動機タイプの哲学者の大半は自らの悩みの声を公にしていない。だが、思うに、もう少し公にしたほうがいいのではないか。すなわち、自らの限界状況を思索の出発点としている哲学者はそれなりにいるだろうから、彼女らあるいは彼らは自分の苦難を何かしらの仕方で語ったほうがいい。以下、なぜそう考えるのかの理由を説明する。

或る雑誌――『現代思想』である――で触れたことがあるが、私は科学者になることを夢見て理学部に入学した。とはいえ、勉強を続けるにしたがい、だんだんと《一切は物質の運動と変化の組み合わせである》という「科学的」世界観が苦悩の種になってきた。なぜなら、細かい議論は省略するが（他のノートでさんざん論じているので）、こうした世界観は私の自由意志を否定するように思われるからである。一切は物質の戯れであり、私はそうした物質の因果連鎖の一部に過ぎない。この点に気づくと、私は自分を或る種の「木偶《でく》人形」と見てしまうようになった。受け入れがたい自己イメージを強いられて、にっちもさっちもいかなくなる、という状態だ。

こうした悩みの最中において私は哲学書に助けを求めた。とはいえ救いになるものは見つからない。カントやベルクソンは自由意志を論じているのだが、どうも哲学的問題のひとつとして取り組んでいるように感じられる。私は、このひとたちには自分の悩みは分からないだろう、と思った（現在は多少意見を変えているが、この点についてはまたの機会に）。

だが哲学書がまったく役に立たなかったわけではない。或る一文が、ただの一文が、そのときの私のたのもしい支えになった。それは自由意志と決定論の問題を論じたテッド・ホンデリックの本の次の一文である。

ジョン・スチュアート・ミル（John Stuart Mill, 1806-1873）は、決定論は悪夢だと感じたのであり、そして、私自身について言わせてもらえば、私もかつては決定論のために気がふさいだことがある。[i]

i　テッド・ホンデリック『あなたは自由ですか？——決定論の哲学』松田克進訳、法政大学出版局、一九九六年、一三〇頁

自由意志をめぐる悩みを誰とも共有できなかった私にとって、この種の問題で「気がふさいだ」と告白しているホンデリックの存在はありがたかった。というのも《悩んでいるのは自分だけではないのだ》と知ることができたし《この悩みに陥っても生き続けることができるのだ》ということも分かったからだ。事実として私は、引用の一文のおかげで生き続けることができた。じつを言えばホンデリックの本それ自体は当時の私にとってちんぷんかんぷんであったのだが、「自分もかつて苦しんだ」という彼の言葉はいかなる理論的言説も為しえないことを私に対してしてくれた。それは、勇気づける、ということである。

苦しみの経験を語ることは自らの弱さを示すことでもあるので、哲学者が自らの実存的悩みについ

て敢えて語らないことには十分な理由がある。そのためだろうか、引用したホンデリックの告白も相当にさりげない。とはいえこの種の述懐は、一定の読者が何よりも求めるものである。そしてそれは、誰かの魂を救う場合さえある。

私の友人のひとりに、独我論のリアルな不安を哲学の原体験としている人物がいる。私は他者の不在の可能性におびえた経験はなく、この悩みがまったくピンとこないのだが、それでも哲学的な問題をめぐって苦しんだという彼の体験談はよく理解できた。なぜなら、すでに述べたように、私自身もまたかつてそれに陥っていたからである。私は、苦悩する過去の話を彼から聞いて以来、このひとにたいへん親近感を抱くようになった。そしてこの哲学者とは、いつか『実存的苦悩の哲学』という本を書きたいよね、などと語り合うことも多い。「私も共著者になるぞ」というひとは他にいるだろうか。

(2020/05/10)

第四章　自由意志の哲学へ

自由意志の無いところから自由意志を作り出す議論とその課題

――大庭健『「責任」ってなに？』[*]で提示される理路

自由をもたないアイテムを組み合わせて自由を作り出す、という試みが例えば大庭健の著書『「責任」ってなに？』で行なわれている。本ノートは、大庭の議論を紹介したうえで、それが残す課題をいくつか指摘したい。私はどちらかと言えば「批判的な」ことを多く述べるだろう――とはいえ大庭の企てはひとつの試みとして否定しえない価値をもつのである。

本題へ進む前に幾分か準備が必要である。はじめに「行為」と「出来事」の区別を説明し、続けて自由意志の存在を疑わせるひとつの理路を定式化する（その後で大庭の議論の紹介へ進む）。

1　行為と出来事の区別

そもそも自由あるいは自由意志とは何か――これにはいろいろな答えがありうる。本ノートで問題にする自由意志は、〈行為〉、すなわち〈すること〉という概念と密接に関わっているものだ。順序立てて説明すれば以下。

出発点として、私たちは「すること（doing）」と「起こること（happening）」の違いを少なくとも漠然とは理解している、という点を指摘したい。例えば、以下のⅰからⅳのうち、どれが「すること」であり、どれが「（たんに）起こること」だろうか。

ⅰ　台風による家屋の破壊
ⅱ　Aさんによる試験勉強
ⅲ　木の葉が落ちること
ⅳ　Xによる空き巣

質問の意図が分かれば答えもおのずから判明するはずだ。もちろん、ⅰとⅲが「起こること」であり、ⅱとⅳが「すること」である（とはいえ、特殊な条件――例えばAさんが催眠術で操られているなど――があれば答えは変わってくるが）。では区別の基準は何か。ひとつには例えば、〈Aさんが勉強をすること〉などには自由意志が具わっているが、〈落葉が起こること〉にはそれが具わっていない、などと言えるかもしれない。後者の事態においては決して、木や葉っぱが自由意志によってそれを行なう、などということは起きていない。これに対して、「Xが空き巣をする」と言えるためには、そこに〈Xが空き巣することを自由に選んだ〉という要素がわずかなりとも含まれておらねばならない。「すること」は自由意志と本質的に連関している、ということだ。

注意点がひとつある。例えば以下は「すること」だろうか「起こること」だろうか。

ⅴ　しゃっくり

vi　ご飯が美味しくて食べすぎること
vii　蟻が餌を運ぶこと
viii　チンパンジーの子育て

まずvについて。日本語では「しゃっくりをする」と言うが、これはたんに言葉だけの話であり、一般にしゃっくりは「起こること」だと言える。次にviからviiiはいわば「ボーダーの」ケースの例である（はたしてチンパンジーは自由意志をもつのか、に対して私自身も一定した答えをもたない）。押さえるべき点は、私たちの「すること／起こること」の適用基準は決して完全にクリア・カットなものではない、ということだ。とはいえ、viからviiiのそれぞれがどちらにあたるのかがハッキリしなくても以下の議論は成り立つので、ここではviからviiiのような境界事例は無視することにしたい。

「すること」と「起こること」の区別については論ずべきことが多いのだが、ここでは最も重要な（と私が考える）ポイントを強調しておきたい。それは、「すること」と「起こること」の区別はいわゆる「人間的生」において重要な役割をもっている、という点である。例えば私たちは「起こること」を責めたりできない。実際、山の上から転がり落ちた石の下敷きになってひとが亡くなったとき、もし落石がたんなる「起きたこと」であるならば、遺族は誰も責める相手をもたない。これに対して、落石が何らかの人物の故意のために生じたことが判明すれば、遺族はその人物を〈岩を落とすこと〉を行なったかどで責めるだろう。また――記述が難しいケースであるが――問題の落石が役場の職員の怠慢のために生じたことが判明しても、遺族はその人物をいわば責務不履行を「行なった」かどで責める。このように、ひとを責めたりするには、問題の事態がたんに「起こること」でなく「すること」と認められねばならない（逆に、本ノートが問題にする「行為」は、有責性をもちうる行動だ、という点も押さえられたい)。

なぜ「すること」だけが責められるのか——この問いへは「主体(subject)」という語を用いても答えることができる。じつに出来事は無主体的である。すなわち、iは文法的には「台風」を主語としているが、文字通り「台風が」家屋を破壊しているわけではない。むしろ、そういうことが起こっている、というだけである。他方でivでは「Xが」空き巣をしている。このように、行為においてはいわば行為主体あるいは責任主体が立ち上がるので、それについては〈責め〉が可能になるわけである。

2 「すること」および自由の存在を否定する論証

以上より、自由意志の有無は「すること」と「起こること」の区別に関連しており、行為を特徴づけるアイテムのひとつが自由意志だ、と言える。とはいえ——話を次の段階へ進めると——《この世の中には根本的には、「すること」は存在せず、「起こること」しか無い》と結論する論証がある。以下はこの論証を定式化したい。

はじめに問題の論証の直感的なアイデアを述べておく。デネットは、自由意志を論じる本で、小説家ピンチョンの次の一節を引用する。

だがあなた方はもっと大きい、危険な幻想を採用してしまった。コントロールの幻想だ。AがBを行える、という幻想。でもそれはまちがいだ。完全に。だれも「行う」ことはできない。物事はただ起こるだけなのだ。(『重力の虹』邦訳上巻四七頁。デネット『自由は進化する』NTT出版、二〇〇五年、

四二頁からの孫引き）

そしてデネットはこの一節を次のように説明する。

ピンチョンの話者の主張は、原子は何も「行う」ことはできないし、人間は原子でできているので、人間も何も「行う」ことはできない、本当の意味では無理だ、ということだ。（同書、四三頁）

デネットはこの考えを間違いだと主張し、しかもその指摘には見るべき点がないわけではないのだが、以下で確認したい点は《ピンチョンの話者の主張には見るべき点が含まれている》ということである。なぜなら、最終的に《人間は何も「行なえ」ない》と認めるべきかどうかは別として、ピンチョンの文章は《人間の自由意志の存在を否定するとはどういうことか》をうまく表現していると言えるからだ。

では問題の論証を確認する。それは複数のステップをもつ（本ノートでは五段階で定式化した）。

1　人間が物理的システムの一部だとする。すなわち、例えば人間が原子の塊だ、と想定しよう。そして原子の振る舞いが人間の行動を構成する「階層的」秩序を一段ずつ想像してみよう。最下層には無数の原子がある（実際にはより小さいクォークらの次元があると知られているが）。HやOやCたちが最外殻電子の振る舞いに応じて結合したり分離したりと、さまざまな出来事が生じる。ここではすべてのことは「起こること」である。原子は行為しない、というのはおそらく議論の余地がない。

2　原子たちが安定した仕方で結合すると分子ができあがる（その他に金属結合などもあるが）。H_2OやO_2、あるいはより大きなアミノ酸など、人間の身体に存在する分子の種類は多種多様である。そして、アミノ酸が重合したり、長いアミノ酸鎖が切り離されたりと、ここでもさまざまな出来事が生じるが、ここの層においてもすべてのことは「起こること」である。
3　アミノ酸が多数結合するとタンパク質ができ、いろいろな種類のタンパク質が組み合わさって酵素ができたりする（例えば、よく知られているように、リゾチームは一二九個のアミノ酸が一定の立体構造をとってできている）。人間の身体の中では酵素が活発に働いているが、この活動もまた行為ではなく「起こること」である。
4　あるいは、タンパク質や脂質が組み合わさって細胞小器官ができ、一定の細胞小器官の組み合わせは一定の細胞を形成する。例えば「ニューロン」と呼ばれる細胞（神経細胞）は複雑なイオンチャンネルをもち、それを通じて人間の身体運動の基礎として重要な電気的活動を生み出しているが、これもまた「起こること」である。
5　ニューロンが一定の仕方で集まり神経系が構成される。脳という中枢器官が感覚ニューロンや介在ニューロンを介して受容器から信号を受け取り、処理された信号が運動神経を介し筋肉へ伝えられる。これが人間の身体運動のメカニズムであるが、そこで生じていることはすべて「起こること」である。また、大脳（とりわけ前頭前野）の活動がある仕方で活発になることは「思考」と呼ばれるが、そのメカニズムもまたニューロン間の刺激伝達である以上、「思考」と呼ばれる現象においても生じていることはすべて「起こること」である。

まとめよう。《人間が原子の塊だ》と考えて、原子の振る舞いから出発して人間の行動を理解しようとすれば、人間の行動において生じていることはすべて「すること」ではなく「起こること」だということが判明する。じつに――たったいま一歩ずつ論じたように――人間をひとたび原子の戯れの空間（すなわち「起こること」しかない空間）のうちに置き入れれば、もはや「すること」は見出されない。かくして次のように言える。人間を物理的システムの一部と、すなわち「起こること」しか存在しないシステムの一部と見なすとき、人間が自由意志で何事かを「する」という可能性は消える、と。

3 「起こること」から「すること」を作り出す大庭の議論

たったいま紹介した論証にはひとつの前提がある。それは、「起こること」から「すること」は生じない、という前提だ。この前提が認められる限り、もし原子の海に「起こること」しかないとすれば、原子の海の内部で構成される人間は何も「すること」ができない。これに対して大庭健は、「起こること」から「すること」が生じうる、と考える。以下――これが本ノートのメイン・パートだが――彼の議論を追っていこう。

はじめに大庭は、ニューロンのレベルで現象することがすべて因果的に決定された「起こること」だ、という点を確認する。曰く、

［…］私たちの脳神経系では、非常に膨大な数のニューロン（神経細胞）での出来事が、一挙には見渡しえない仕方で、組み合わさっている。こうした出来事の系列の切片を追っていくかぎり、そこで起こっているのは、物理・化学的な現象であって、因果的に決まった必然的な出来事であ

る。そこには物理・化学的な法則では説明できないような、神秘的な出来事は起こっていない。（『「責任」ってなに？』六七―六八頁）

ここで確認されているのは、ニューロンのレベルの現象は必然的な出来事であり自由な行為ではない、という点である。じつに――ここが大事だが――大庭によると「脳神経系で起こっている個々のプロセス」は因果的に決定されているが（六八頁）、これは必ずしも自由意志の存在を否定しない。とはいえ大庭はこれをどう論じるのか。

大庭は、因果的に決定されたミクロな振る舞いが多数集まってひとつのシステムが生じている場合、システムのマクロな性質の変化は必ずしも因果的に決まっていない、と言う。曰く、

［…］膨大な数のミクロの反応の強めあい・打ち消しあいによって、たえず目下の状態からの逸脱（ゆらぎ）も起こっている。こうした、いわば綱引きのもとで、あるゆらぎが引き金となって、あるタイプのミクロな反応が雪だるま式に強めあって、雪崩をうったようにマクロ状態が変わる。このマクロな変化は、それまでのマクロ状態の来歴によって因果的に決まってはいない。そのかぎりでいえば、このマクロ状態の変化は、「偶然」のようにも思える。しかし、因果的に決まっていないからといって、「デタラメ」なのでもない。マクロ状態の変化は、環境に対応しながら、ある機能をうまく充足する状態へ向かう変化にもなっている。（七〇頁）

大庭が強調するのは〈膨大なミクロ現象の互いの強めあいや打ち消しあい〉という事態である。この場合――後でも述べるように私はここが少なくとも説明不足だと思うのだが――かかる相互作用のも

とで生じるマクロな変化は因果的に決定されたものでなくなる。他方でそれはいわば「ランダム」でもなく、むしろ或る種の「理に適った」振る舞いになる。

大庭は、以上の彼の理屈を〈膨大なニューロンから成る脳〉というシステムへ適用し、次のように論じる。

個々の神経細胞のミクロな反応は、因果的に決まった仕方で生じている。しかし、マクロな脳状態の変化は、因果的に決まってはいない。ただ、因果的に決まっていないからといって、マクロな脳状態はデタラメに推移する、ということにはならない。マクロな脳状態が、個々の神経細胞のミクロな過程を制約し、その制約のもとで、ミクロ過程の強めあい・打ち消しあいが進行し、雪崩をうったようにマクロ状態が変わる。このときマクロには、「決断する」という出来事が起こっている。（七一頁）

ここでは、因果的に決定されたニューロンのミクロ過程が多数絡まり合い、その強めあいや打ち消しあいの結果としてマクロな脳状態の変化がある、とされている。そしてこの場合、ニューロンの反応という出来事の集まりから、「決断する」という（本ノートの用語だと）行為が生じることになる。このように、〈起こること〉から〈すること〉が、無自由から自由が、生じるのである。――以上が大庭による自由な行為の創発の説明だ。

大庭の指摘のポイントのひとつは次であろう。すなわち、《自由意志をもたない小さなプロセスをいくら集めても自由意志を伴うプロセスは生じない》と考えるのは短絡的であり、実際には、どこかの段階で一種の相転移が生じて「すること」と呼びうるプロセスは生じうるのだ、と。こうした考えは理解可能である。実際、私たちの各々は実際に（少なくとも何らかの意味で）自由である以上、原子の運動によって「起こること」から「すること」が生じることも何らかの仕方で可能でなければならない、ということはたいへんよく分かる理路である。

とはいえ（少なくとも以上で述べられた限りの）大庭の議論に対しては、いくつかの根本的な疑問が提示可能である。最後にそれらを指摘して本ノートの結びとする。

第一に、因果的に決定された現象の組み合わせは、それがどれほど複雑になったとしても、因果的に決定されたものなのではないか。ひょっとすると大庭の「因果的決定」という語は何かしら特殊な意味をもつのかもしれないが、もしそうだとすれば、彼はこの点をもっと踏み込んで説明すべきだった。

第二に、大庭の議論が実質的な内容をもつためには、《自由を伴わないプロセスが、どのくらい集まり、どのくらいの複雑さになったときに自由は生じるのか》がもっと詳しく特定されねばならないと思われる。なぜなら、この点についての具体性を欠く場合、大庭の与えたような説明は《自由意志とはこういうものだったのか》という理解の深まりにつながらないからである。

私は、無自由から自由を作り出すという理路には原理的な困難が伴っている、と考えることもあるのだが、それについては続くノートで明らかになってくるだろう。そして大庭の議論については、「因果的決定」へ何かしらの工夫した解釈を施せば、救い出せる点が何かしらあるのではないか、とも考えている。

（2020/01/06）

＊　大庭健『「責任」ってなに？』講談社現代新書、二〇〇五年

神経科学は自由意志を説明しうるか

――エリエザー・スタンバーグ『〈わたし〉は脳に操られているのか』[*]を読む

人間は決定論的なシステムではない――これは神経科学者のエリエザー・スタンバーグ（イェール大学付属の病院で神経科医をしている）の著書『〈わたし〉は脳に操られているのか』における主張のひとつである。彼は、この主張に加えて、神経科学的な人間観の修正の必要性も主張する。本ノートでは《スタンバーグがいかなる議論にもとづいてこれを主張するのか》を確認したい。

以下の叙述（スタンバーグの議論の紹介）は次の順序で進む。はじめに問題設定をする（第1節）。そのあとで、《人間の道徳的思考はアルゴリズムに従うものではない》という主張を押さえ（第2節）、ここから《人間は決定論的なシステムではない》というテーゼがいかに引き出されるかを確認する（第3節）。最後に〈自由意志の説明〉に関するスタンバーグの展望を概観する（第4節）。

1　神経科学と自由意志のジレンマ

はじめに問題設定である。スタンバーグによると、現代の神経科学的な人間理解は責任と刑罰に関して無視できない問題を提起する。例えば――彼がとりあげる実話だが――一九九一年二月一七日スティーヴン・モブレーは、ピザ屋へ強盗に入り、店長のジョン・コリンズを射殺した（二三―一四頁）。モブレーは一か月後に逮捕。モブレーの弁護団は彼の脳を検査し、彼の脳において〈モノアミン酸化酵素Aの若干の不足〉という状態を見出した――それゆえ弁護団は裁判において次の点を指摘する。

罹患男性におけるMAOA（モノアミン酸化酵素A）の活動停滞は、通常MAOAを用いて体内で分解される、神経伝達物質のセロトニン、ノルアドレナリン、ドーパミン、およびアドレナリンの過剰分泌につながった。……MAOA遺伝子の欠陥により、これらの神経伝達物質が過剰に蓄積すると、罹患者はストレスの多い状況に対応するのが困難になり、その結果、過剰に、ときに暴力的に反応する。（二四―一五頁）

なぜ弁護団はこのようなことを述べるのかと言えば、それは被告人の免責や減刑を意図してのことである。すなわち――スタンバーグの表現を借りれば――「モブレーの犯罪は彼の脳によって決定されたものなので、彼はその犯罪に対して全責任を負うことはできない」というのが弁護団の主張である（二五頁）。具体的には、MAOAの不足というモブレーにコントロールできない状態が、彼がコリンズへ向けて引き金を引いたことの原因だった、ということである。

《はたしてMAOAの不足は暴力行動につながるのか》という個別的論点は措くとして、ここでは一般的な点を強調したい。それは、弁護団の議論には〈特定の人間観にもとづいて人間的責任の不在を示す一般的なロジック〉が内蔵されている、という点だ。じっさい、弁護団の理屈から次の一般的な論理の筋を抽出することは容易である。

①私の脳内の神経生物学的相互作用が、私がXをすると決めた。
②決められた行動は自由にならない。
③人間は自由にならない行動に道徳的責任を負うことはできない。
④したがって、私はXをすることに対して道徳的責任を負うことはできない。（一九頁）

これは煎じ詰めれば、神経科学の人間観が自由意志および道徳的責任の存在を否定する、と主張する議論である。他方で私たちは《自分は自由であり、自らの行動に責任を有する》という考えも持っている――とスタンバーグは考える。この点について彼曰く、

しかし、私の心の奥底の感覚は、自分が下す決定はすべて自分のものだと告げている。私は自分の決定をコントロールする力のある道徳的行為主体である。私には自由意志がある。自分の行動から生じる結果は自分が責任を負わなくてはならないという理解のもと、行動すると決めるまで意図的にじっくり考え、しばしば苦労しながら、詳細を吟味し規範を検討するのは、私の自覚している能力である。この感覚は私がよく知っているものであり、私のアイデンティティに欠かせない要素である。（一九―二〇頁）

スタンバーグによると、《自分は自由だ》という観念は、私たちのアイデンティティの一部であるくらいに、私たちの内部に浸透している。したがって人間の自由意志と道徳的責任の存在は少なくとも容易には否定できないものなのである。

かくして私たちはジレンマに直面する――そしてこのジレンマを解消することがスタンバーグの目標である。ジレンマをあらためて形式化しておこう。一方で神経科学は成功を収めている。それゆえ神経科学の人間観は尊重されるべきである。とはいえこれは自由意志の否定を帰結するかもしれない。他方で自由意志およびそれを基礎とする道徳的責任の観念は「人の生活のほぼあらゆる局面の土台」である（二一頁）。それゆえこれらの存在は安易に否定できない。なぜならそれらを否定することは少なくとも現在の人間生活のあり方の根本的な否定につながりうるからである。はたしてどうすべきか。

このジレンマをスタンバーグは――議論の方向性を先取りして言えば――《人間は自由意志および道徳的責任をもちうる》という方向で解消することを試みる。そしてそのさいに、冒頭でも触れたが、彼は《人間は決定論的なシステムではない》および《神経科学的な人間観の修正が必要だ》と主張する。以下、かかる主張がどのような理路から引き出されるかを確認していこう。

2　道徳的決断の非アルゴリズム性

スタンバーグは、議論の一歩目として、私たちの道徳的決断はいわゆる「アルゴリズム」を通して行なわれるものでないと述べる。これは――重要なので強調すれば――彼の立場を基礎づける実質的主張のひとつである。だがなぜ彼はそう考えるのか。

スタンバーグは彼の主張を裏づける「データ」としてCIAのエピソードを提示する。テロ組織ジエマ・イスラミアにCIAのスパイが潜入している。スパイのコードネームは「アコーディオン」である。さてジエマ・イスラミアの幹部はアコーディオンにインドネシアの警官を殺すことを命じる。仮にアコーディオンが命令に従って警官を殺せば、幹部たちは彼をより信頼するようになるだろう。

結果としてアコーディオンはより重要な情報にアクセスできるようになるかもしれない。

とはいえ——ＣＩＡのインドネシア支局長は悩むが——いくらテロ組織の秘密情報を得るためとはいえ、その手段として〈警官殺し〉を許可していいだろうか。いや、ひょっとすると、アコーディオンはスパイ活動を疑われているかもしれない。もしそうであれば、アコーディオンが命令に背いて雲隠れなどした場合、テロ組織はＣＩＡによる内部潜入を確信するだろう。これはインドネシアにおけるＣＩＡの活動に支障をきたすことになるかもしれない。

ＣＩＡの支局長は悩みに悩む。そして彼は、判断のデッドラインぎりぎりにおいて、〈警官殺し〉を許可しないことをアコーディオンに伝えた。

以上の事例についてスタンバーグは次を問う。「支局長のジレンマに対する答えを出すのに必要な道徳的推論を行なうアルゴリズム、つまり一連の公式からなる緻密な数学的手順」は作成可能だろうか、あるいはそもそもそうしたものは存在しうるだろうか（二一八頁）。仮に支局長の思考と判断を形式化するアルゴリズムがあるとすれば、それは《人命を手段として使用すべきでない》や《スパイ活動においては信頼を得ることを旨とせよ》などのルールを含むだろう。そして、各々のルールに何かしらの数値による重みづけが為されており、かかる数値から何かしらの計算を通じて、〈警官殺しを許可しない〉という結論が導き出されるだろう。

とはいえスタンバーグは、支局長の道徳的思考はこうしたアルゴリズムで分析されない、と主張する。曰く、

支局長が道徳的問題を熟考して解決するやり方は、アルゴリズムが答えをはじき出す方法とはまったくちがう。両者ともジレンマに同じ反応を示すかもしれないが、その答えを考え出す方法

は似ても似つかない。［…］支局長が自分の判断を熟考するやり方には、秩序だったもの、アルゴリズムのようなもの、あるいは数学的なものは何もないように思える。いずれかの行動を選択した結果としてありえる筋書きを想像し、頭のなかで思い描き、自分の経験に照らしてじっくり考え、直感と判断力を駆使して最も倫理的な行動の方向を決断する。彼はどんな定石にも緻密なステップにもしたがっていない。（二一八―二一九頁）

ここでは、支局長が行なったような道徳的思考がいわゆる「数学的なもの」に従っていない、と指摘されている。スタンバーグによると、「想像」・「経験」・「直感」・「決断」などが支局長の思考と判断を特徴づける重要な要素であり、これらは「数学的なもの」から区別されるのである。

とはいえ――ありうる疑問を検討すれば――ルールを複雑にし、そしてインプットされる情報を詳細にすれば、支局長の道徳的思考もアルゴリズムでモデル化できるのではないか。これに対してスタンバーグは「答えはノー」と応じるが、その考える理由は「見逃される細かい点がつねに数えきれないほどあるから」である（二二〇頁）。じつに人間は、かかる細かい点を概観したり手際よくスキップしたりして、何かしらの決断へたどり着くことができる。これは、スタンバーグによると、アルゴリズム的な手続きではない。曰く、

私たちの理解の基盤は、人間の歴史や世界の人々の相互交流についての豊富な知識だ。死、苦しみ、悲しみ、奮闘、成長、誕生、若さ、喜び、希望、努力、成功などの概念、つまり私たちが経験から学ぶものを、把握しているから理解できている。人命の尊さについて教えてくれるのは、私たちの経験である。事実や公式のリストではない。（二二〇頁）

ここでは、一方で事実や公式のリストにもとづく計算はアルゴリズムを通して実現できるかもしれないが、他方で「経験」というものによる判断はその類ではない、と指摘されている。だが「経験」とは何か。これに答えて言えば――スタンバーグの表現を用いると――例えばアコーディオンへ警官殺しの許可を出すか否かという「限りのない問題」すなわち「厳密な一連のルールで定義できない問題」をめぐって判断を下すさいに役立つものが経験である（二二四頁）。言い換えれば、ルールの無い問題へ答えを与えるときに機能するものが「経験」だ。じつに、スタンバーグは強調するが、アルゴリズム的なシステムはルールがきちんと定義されている問題しか解決できない。これに対して《アコーディオンへどのような指示を出すか》という問題は、ルールがきちんと定義されている問題ではない。かくして、支局長の思考が何かしらのアルゴリズムによって分析できる、ということはないのである。

スタンバーグは以上の議論を、次のような論証にまとめている。

①ルールに縛られたシステムは、論理形式上の限りのある問題にしか対処できない。
②アコーディオンの筋書きは限りのない問題である。
③したがって、ルールに縛られたシステムはアコーディオンの筋書きに対処できない。（二二四頁）

3 人間は決定論的なシステムでも「非決定論的な」それでもない

次にスタンバーグは、以上の議論からただちに《人間は決定論的なシステムではない》という帰結が引き出される、と主張する。なぜか——その理由は「決定論的システムはルールに縛られている」からである（二二五頁）。じっさい、仮に人間の行動が決定論的なシステムの出力であるならば、それは何かしらのアルゴリズムで定式化されるであろう（とこの神経科学者は考える）。他方で私たちはＣＩＡの支局長が行なったような非アルゴリズム的思考を行なうことができる。したがって私たちは決定論的なシステムでないことになる。

　スタンバーグは以上の理路を次のようにまとめる。

①決定論的システムは、アコーディオンの場合のような限りのない問題に対処できない。
②人間は、アコーディオンの場合のような限りのない問題に対処できる。
③したがって、人間は決定論的システムでない。（二二六頁）

だが、仮にこの結論が正しいとしても、問題はまだ残っている。すなわち、仮に人間が決定論的なシステムでないとして、はたして人間は何であるか。スタンバーグ自身の問いを引けば次である。「秩序だったルールで働くのでないなら、ほかにどうやって心は働くのだろう？」（二三二頁）——人間の意志はいかなる「メカニズム」にもとづくのか。それはいわゆる非決定論的なシステムによって実現しているのか。

　興味深いことに、スタンバーグは《人間は非決定論的なシステムでもない》と主張する（ただしここでの「非決定論」という語の意味に注意である——この点は今すぐ説明する）。スタンバーグによれば、非決定論とは「ランダム」のことだ（二六一頁）。とはいえ、よく言われるように、ランダム性も自由意志の存在を基礎づけない。かくして、曰く、「決定論もランダム性も、どちらも自由意志と道徳的責任を説明することはできない」（二六二頁）。

するとーーどうなるか。スタンバーグはここまでの議論を次の①から④にまとめ、そのうちのひとつのテーゼを「正しくない」と主張する。すなわち、

①神経生物学的決定論が真実である場合、私たちがやることはすべて、もっぱら先行する生物学的事象によって引き起こされるので、私たちは自分の行動に道徳的責任を負うことはできない。

②非決定論が真実である場合、私たちの行動はランダムであり、私たちはそれに道徳的責任を負うことはできない。

③神経生物学的な決定論または非決定論のどちらかは真実である。

④したがって、私たちは自分の行動に道徳的責任を負うことはできない。（二六二ー二六三頁）

ではどのテーゼが「正しくない」のか。スタンバーグ曰く、「この公式で、③は正しくないと私は主張したい」（二六三頁）。すなわち、真の問題は《決定論か、非決定論か》という問い以前の地点にあり、むしろ神経生物学の人間観の枠組みにある、ということ。じつに、スタンバーグによれば、「決定していないしランダムでもない」という「第三のカテゴリー」があって、人間の意志決定はこうした第三のものとして理解されるべきなのである。それゆえ神経科学的な人間観は、現行から何かしらの修正を経て、かかる「第三のカテゴリー」を認めるものになるべきなのである。

スタンバーグは、こうした第三のものがいわゆる「二元論的でない」存在論で理解されるべきだ、とも言う。曰く、

私たちは二元論者ではないので、このカテゴリーが非物質的なものということはありえない。意識はともかく脳から生まれているはずで、決定されていないしランダムでもない特性を帯びるようなかたちで生まれる。（二六三頁）

神経科学者であるスタンバーグは、〈非物質的な心〉と〈物質的な脳〉という二元論を採用せず、意志決定という現象も究極的には脳との関係で理解されると主張する。他方で――ここも重要なポイントだが――スタンバーグは、もっぱらニューロンから成る脳はそれ自体では決定論的なシステムだ、という点も認めている。となると問いは次である。脳それ自体は決定論的であるので、そこで生じる意志決定が決定論的でない（そしてランダムでもない）のはいかにして可能か、と。

4　自由意志の説明の展望

問いを繰り返せば《いかにして、決定論的なシステムである脳から、自由意志が生じるのか》である。スタンバーグはこれを「意識の研究によって提起される途方もない難問」と呼び、それへの十分な答えはまだ与えられていないと考える。他方で、仮説的に（あくまで「仮説的に」だが）、以下のように論じたりもする。

心はランダムなプロセスと決定しているプロセスの相互作用から出現した可能性さえある。たとえば、脳の活動はカオス［…］な作用でいっぱいだと指摘する科学者もいる。ざっくり言うと、カオスな機能は入ってくるデータのわずかな差を拡大する傾向がある——つまり、ありそうもない事象が起きる可能性を高める。したがって、このような機能が量子効果を拡大し、脳内の非決定論的な発現の増大につながる可能性がある。この非決定論が決定論的な神経プロセスと相互作用するとき、自由意志と意識のある行為主体が生まれることもありえる。これこそ、私たちの心をアルゴリズム的処理の束縛から解放するものなのだろう。（二六五頁）

ここでは、カオスが何かしらの仕方で量子の効果を拡大して脳内に非決定論的な何かを引き起こし、この何かと脳の決定論的プロセスが結びついて〈決定論的でも非決定論的でもない何か〉が生じる、という可能性が指摘されている。ただし——先にも言ったように——これはあくまで仮説であって、スタンバーグの主張は《自由意志をめぐる難問はまだ解決されていない》というものだ。

ここからスタンバーグは、自由意志の説明のためには「新しいアプローチ、アルゴリズムでもランダムでもない意識の側面を解明するように考えられたアプローチが必要かもしれない」、と指摘する（二六六頁）。では、物理学の根本的改定などの大掛かりな作業が必要なのか、と言えば、スタンバーグはそこまでは考えない。曰く、

意識を生物学的に説明するために、物理学の根本原理を変える必要はない。おそらく科学者は、すでに必要な理論的ツールをすべて持っているだろう。もしそうなら、前進するための鍵は、意識のある行為主体性は科学的に研究できる現実の現象であることを、科学者が認めることである。（二六六—二六七頁）

ここでスタンバーグは——私の若干の解釈が入るが——《自由意志をめぐる問題は、物理学の根本原理の改定の必要性を求めるものではなく、むしろ物理学などがすでに与えているツールをうまく応用して「決定論的でもランダムでもない」何かを説明する問題なのだ》と指摘している。他方で、どのようにすれば「決定論的でもランダムでもない」何かを組み立てられるか、などはまだ見当もつかない——スタンバーグは、これを神経科学（や関連分野）が今後取り組むべき問題のひとつだ、と考えている。

（2020/01/18）

＊　エリエザー・スタンバーグ『〈わたし〉は脳に操られているのか』大田直子訳、インターシフト、二〇一六年

物理学は自由意志を説明しない

——〈自由意志の哲学〉への最短の入門

1

人間は物質からできている、というのが科学的世界観の一部です。以下ではここから出発して「自由意志の哲学」へ最短の仕方で入門します。

はじめに《人間は物質からできている》という見方から引き出される事柄を確認しましょう——それによって自由意志の哲学の課題のひとつを明らかにします。なお、表題の「物理学は自由意志を説明しない」の意味は終盤に説明されます。物理学と自由意志の関係は多くのひとが気になっていることであると思いますので、まとまった議論を提示しておきたいと考えました。

はたして物質の運動や変化はどのような法則に従うのか。例えば高校物理では $y = v_0 t - 1/2\ g{\cdot}t^2$ などの運動に関する法則を学びますが、こうした法則は〈初期状態が決まればその後の状態はすべて決まる〉という意味で「決定論的」です。逆に、初期状態と法則の組み合わせから演繹されないような何かしらの状態が存在する場合、その法則は「非決定論的」と言われます。定義を自然に解釈すれば分かるとおり、物質の運動をつかさどる法則は決定論的か非決定論的かのいずれかであり、どちらでもないことはありえません。

他方で「自由意志」とは何か。この語はいろいろな仕方で理解できますが、以下では、《ひとは自分の行為を自分で決めることができる》という場合に「人間は自由意志を有する」と言うことにしましょう。ここにはいろいろと粗っぽいところがありますが、以下の議論を行なうにはこのくらいの定義で十分です。

2

さて――第一に示されることとして――冒頭の世界観を前提したうえで、《物質の運動や変化をつかさどる法則はすべて決定論的である》とすれば、人間は自由意志を有しません。なぜならこの場合にはあらゆる人間が存在する以前の時点の宇宙の物質状態がすでに、あらゆるひとのあらゆる行動を決定してしまっているからです。この場合、個人の誕生以前にそのひとの行動は決まってしまっているので、その行為を決めたのはその個人自身ではありません。

では、何かしらの非決定論的法則が関与すれば、人間は自由意志を有するようになるのか。答えを先に言えば「ならない」です。これはじっさい検討してみると明らかになります。

まずあらゆる法則が決定論的だと仮定しましょう。この場合、時点t_1の宇宙の状態が、時点t_2におけるタカシの右手を挙げるという行動を決定してしまっている。ここで、何かしらの法則を非決定論的なものに変更したりして状況に非決定論的法則を関与させてみます。この場合――望まれたひとつのセッティングとして――時点t_1の宇宙の状態はタカシの行動を決定しておらず、t_1とt_2の間のどこかの時点t^*において本質的な分岐が存在しており、ここから世界はタカシが右手を挙げる状態と挙げない状態とのどちらにも向かいうる。そして（今回の試行では）世界はt^*においてたまたまタカシが右手を挙げる側へ進みました。

こうした事態に関して《タカシ自身が右手を挙げるという彼の行動を決めた》とは言えません。じっさいにそうでしょう。なぜならここでは――起こったことをもう一度書き出せば――t_1から刻々と変化する宇宙の物質状態がt^*における偶然性の関与を受けたうえでt_2における一定の物理状態へ進むということ以上の何も生じていないからです。けっきょく、非決定論的法則を状況に関与させても、物質の流れに何かしらの偶然性が加わるだけです。それゆえこのような操作によって《ひとが自分の行為を自分で決める》という事態を生み出すことはない。

3

以上から何が言えるのか。これまでの議論をまとめましょう。第一に、一切の法則が決定論的であるとき、人間は自由意志をもちえない。第二に、何かしらの非決定論的法則の関与がある場合にも、人間は自由意志をもちえない。他方で、すでに強調したとおり、法則はどれも決定論的か非決定論的かのいずれかです。かくして結論は次のようになります。いずれにせよ、人間は自由意志をもちえない、と。

しかしながら――ここは踏み込んで論じませんが――人間は自由意志をもちます。ではどう考えればいいのか。自由意志をめぐる混乱をどのように解きほぐせばいいのか。思うに、問題の核心は冒頭で述べた科学的世界観それ自体にあります。

先の議論で明らかになったことのひとつは、決定論および非決定論というアイテムは、自由意志をめぐる問題の核心部に属さない（触れてはいるだろうけど）、ということです。なぜなら、仮に決定論の当否が自由意志の存在にとって決定的であるならば、世界へ非決定論を関与させれば――理由はともかく――ただちに自由意志は救われるだろうからです。とはいえ、じっさいに確認したところによれば、決定論を非決定論へスイッチしても自由意志の存在は得られない。このことはおそらく、決定論と非決定論の背後にある「より深いところ」に問題の根はある、ということを意味します。

では何が自由意志の存在を妨げているのか。それは、思うに、以上で論じた決定論的世界観と非決定論的世界観の共通前提、すなわち人間を物質の組み合わせへ同化するような世界観です。じつに、人間の行為を物質の運動や変化の組み合わせとして把握した時点で、人間の自由意志は消滅します。そして、物質的出来事をどれほど複雑に組み合わせても、得られるものは物質的出来事であり〈人間が自分で選んだ自由な行為〉ではありません。《人間は物質から成る》というそれほど極端とも思えない見方が、すでにして人間の自由意志を排除しているのです。

再度話をまとめましょう。ポイントは次です。すなわち、人間を物質の塊と見なし、人間の行為を物質をベースとする出来事と見るような一種の科学的世界観が、人間を〈自由意志をもたぬ存在〉と見せている、と。それゆえ自由意志の存在を考えることは、同時に、別の世界観あるいは別種の「科学的世界観」を考えることでもあります。哲学者の言葉づかいを用いると、〈物理主義というラディカルな自然主義以外の見方を検討すること〉が、自由意志の哲学の課題のひとつになる、ということです。

以上を踏まえれば、物理学は自由意志を説明しない、という本ノートのタイトルに現われるテーゼの意味も説明できます。物理学は——このリサーチ・プログラムの特性上——事物を物質の運動および変化の相のもので考察します。結果として、人間の自由意志はそもそも物理学の探求の対象になりません。じっさいもんだい（もちろん私の知る限りですが）これまで物理学は、《人間が自分の行為を自分で決める》という事態を、世界のダイナミズムの根本的な要素と見なそうとなどしてきませんでした。そして、これは物理学の欠陥だというわけではなく、たんに物理学とはそのようなリサーチ・プログラムなのだ（そしてそれとしての意義を多く有する）、ということです。

物理学は自由意志を説明しない、というテーゼをもう一歩踏み込んで説明します。ひょっとしたら物理学の知見を踏まえた誰かが《かくかくしかじかの物質的振る舞いがあって、これが自由意志なのです》と主張することがあるかもしれません。とはいえこれは本ノートで論じてきた「自由意志」とは異なります。なぜなら《物質の流れとしてかくかくしかじかのことが生じている》という事態は《ひとが自分の行為を決めている》という事態とは異質であるからです。

もちろん、将来において何かしらの「物理学」が人間の自由意志をそれとして探求する、という可能性は否定できません。とはいえ、これは人間の選択や決定を世界のダイナミズムの基礎的な要素と見なすものでしょうから、（私の知る限り）じゅうらいの物理学と趣を大きく異にするものだと思われます。

（2020/05/09）

「物理への拘り」を捨てた方がいいと考える複数の理由のうちのひとつ

「物理への拘りはときにサスペンドされるべきだ」と私は考えますが、その理由は複数あります。そして私にとって最も重要な理由のひとつは〈自由意志〉と〈刑罰の正当性〉に関わるものです。以下、簡単に説明します（より詳しい説明が聞きたい方は個別に質問して頂ければと思います）。

物理学が扱うものの外部の何かを持ち出さないと理解できないもののひとつが人間の自由意志です。私たちは《自分が自ら選んで行為している》と考えており《自分が自らの選択のために自分の行為とその結果に関して責任をもつ》と考えています。そして、〈ひとをその行為に関して責めること〉や〈ひとをその行為のために罰すること〉などの社会実践がそれとしての意味をもつためには、《ひとは自分の行動を自分で選んでいる》という意味の自由意志あるいは自己コントロールが必要になります。とはいえこうしたもの――すなわちこの意味の〈自由意志〉あるいは〈自己コントロール〉――は、物理学が扱うものの外部の何かを持ち出さなければ少なくとも理解不能になります。

以上は私だけが指摘していることではないのですが、ここでは――内容が同じであれば誰を引いても同じですが――デイヴィッド・イーグルマンの著作を見てみましょう。彼は《物理学における「非決定論的な」アイテムに頼っても自由意志は説明できない》ということを指摘する文脈で次のように書きます。

［…］原子スケールの量子物理学は、宇宙に内在する要素として予測不可能性と不確定性を導入している。量子物理学の父たちは、この新しい科学が自由意思を救うのだろうかと考えた。残念ながら救わない。確率的で予測不能なシステムも、決定論的なシステムとまったく同じで、満足のいくものではない。なぜならどちらも選択肢はないからだ。コイン投げかビリヤード球かだが、どちらの場合も、私たちが望む意味での自由ではない。（『意識は傍観者である』大田直子訳、早川書房、二〇一二年、二二五頁、以下頁参照は同書による）

押さえるべきは、何かしらの確率でもって出来事が生じることと〈ひとが何かを選ぶ〉ということとが異なる、という点です。仮に私たちが「人間の選択」と見なしている現象の根本的な基礎が〈確率的出来事〉であるとしたら、「選択」は選択でなかったことになります。そこには少なくとも〈刑罰の有意味性の根拠となりうる選択〉はありません。それゆえその場合は——後でこの話題へ進みますが——現行の意味の「刑罰」という制度は止めるべきだ（自分がコントロールしていない行動のために罰せられるというのは不条理なので）ということが帰結します。

あるいはいわゆる「カオス」は役立つだろうか——これについてイーグルマンは以下のように言います。

カオス理論に目を向け、脳は非常に複雑なので、次の動きを決めることは実質的にできないのだと指摘して、自由意思を救おうとする思想家もいる。これはそのとおりだが、自由意思の問題にきちんと取り組んでいない。なぜなら、カオス理論で研究されているシステムもやはり決定論的で、一つのステップが必然的に次のステップにつながるからだ。カオスのシステムがどこに行こうとしているのかを予測するのは非常に難しいが、システムの状態それぞれは前の状態と因果関係にある。予測不能なシステムと自由なシステムのちがいに重点を置くことが大切だ。ピンポン球のピラミッドが崩れるとき、システムが複雑なせいで球の軌跡と最終的な位置を予測することは不可能だ——が、それでも球一つひとつは決定論的な運動の法則に従っている。すべてがどこに向かっているかを言えないからというだけで、球の集まりが「自由」ということにはならない。（二二五—二二六頁）

イーグルマンの言うように、予測不可能性と〈自由の存在〉とは異なる事態です。前者は必ずしも後者を含意しません。そして、もしカオスを理解する枠組みが「決定論的」であれば、そこで生じる出来事は自由意志の説明には役立ちません。じっさい——ここも重要ですが——仮に私たちが「人間の選択」と見なしている現象が決定論的な出来事の組み合わせであるとしたら（あるいは先にも述べたように確率的な出来事の組み合わせだったとしても）、「選択」は選択でなかったことになるでしょう。

ポイントは、物理学的な世界観の中には〈決定論的な因果〉と〈確率的な出来事の生起〉の二種類のものしかない、という点です（これは私が理解する限りなのでひょっとしたら別のものがあるかもしれません——その場合は是非誰か教えて頂きたい、そのうえでそれが自由意志の理解に寄与するかを考えたいです）。他方で、どちらをどのようにいじったとしても、あるいはどのように組み合わせたとしても、《ひとが自分で行為を選んでいる》という事態を作り出すことはできません（少なくとも刑罰の基礎づけに十分な意味の〈選択〉をつくることはできません)。それゆえ、この世で正当な刑罰は実施されうる、と考えているひとは物理学的世界観の外に生きていることになります。

私自身はときに《一切は物理的な出来事なので、選択も自由意志も存在せず、現行の刑罰はすべて不当だ》と考えます。とはいえ、《正当な刑罰(たんなる予防措置ではなく通常の意味の刑罰)はありうる》と考えることもあり、この考えが理解可能だとも考えています。そして、このように考えるとき、私は物理学的な世界観の外にいることになります。

本ノートで述べたいことは、この世界の事柄を「物理」だけで説明しようとすれば、自由意志は(少なくとも刑罰の基礎として十分な自由意志は)この世界のうちに場をもたなくなる、という点です。そして、少なくとも人生のいくつかの場面で《正当な刑罰はありうる》という考えを理解することは必要でしょうから、私たちはたまには「物理」への拘りを捨てるべきだと言えます。

あるいは、人間の選択を選択として理解することを可能にするような「物理学」もいつか(あるいはすでに)存在するかもしれませんが、それは〈決定論的な因果〉と〈確率的な出来事の生起〉以外の何かを認めるものでしょう。そのような「物理学」が誕生する(あるいは誕生している)のであれば、私はそれを喜ばしいことだと考えます。なぜなら私は自由意志というものをより深く理解したいと考えているからです。

(2019/12/30)

自由意志の哲学をめぐる物理学者と科学哲学者の対話

——須藤靖・伊勢田哲治『科学を語るとはどういうことか[*]』を読む

本ノートは、須藤靖・伊勢田哲治『科学を語るとはどういうことか』における自由意志が論じられる箇所の紹介を目指す。この著作は、物理学者の須藤へ哲学者の伊勢田が《科学哲学とはどのような営みか》を説明するという形式の対談本であるが、その第三章において伊勢田は、〈哲学者の興味の持ち方〉の特徴を明確化するために、自由意志をめぐる哲学的問題に触れる。その箇所は自由意志に関心をもつ私にとって面白い箇所であるので、その内容をまとめてみたくなったわけである。

本題へ進むに先立ち、本ノートの執筆方針について述べておきたい。《議論を客観的に要約しようと努めたとしても不可避的に要約者の主観が入り込む》という事実を認めたうえで、以下では議論の流れをできるだけ客観的に記述するよう試みる。伊勢田がAと言うのに対して須藤はBと切り返す、という卓球やテニスのような仕方で叙述していきたい。最後に、私の若干の〈総括〉を加える。

1　まずはテーマの設定である。ペンが落ちるという出来事と（ひとが）ペンを落とすという行為との違いを与えるのが「自由意志」や「自発性」や「選択」などと呼ばれる諸アイテムである。そして行為と物理学をめぐる問題は次のように定式化できる。はたして行為を特徴づけるアイテムは物理学と「矛盾」せずに存在しうるのか、と。じつに伊勢田曰く、

[…]「手をはたかれてペンを落とす」のと自分の意志で「ペンを落とす」のとの区別が残せるようにした上で、今の我々の物理学などの知識と矛盾しないような形で、行為の概念を再構築したいというのが行為論という分野です。厳密に言うと、「物理学と矛盾しないように」と言うと言いすぎで、「矛盾しないように構築できないならば、矛盾してもいいや」という考え方もしているのですが。(七九―八〇頁)

ここで伊勢田は、哲学者の関心の実例として、物理学との関係において「行為とは何か」を解明することを挙げる。じつに「行為」概念は物理学と折り合いが悪いように感じられる。となれば私たちは行為をどう理解すべきか。

2　このように論じる伊勢田に対して須藤はまず「物理学との矛盾」という概念を問いただす。そもそも世界の基礎的なあり方や法則を探究するのが物理学であるので、例えば物理学と原理的に矛盾するような「行為」概念など無意味ではないのか。それゆえ、「物理学との矛盾」という表現に何かしらの意味があるとすれば、それはせいぜい「「現在の物理学の知識だけではまだ理解できていない」という狭い意味」であらざるをえない(八〇頁)。そして、こうした意味であれば理解可能だ、と須藤は言う。

3　以上の須藤の応答は、「物理学との矛盾」は、《物理学と原理的に折り合わない》という意味では理解できず、《現在の物理学では説明できない》という意味であれば理解可能だ、というものである。これに対して伊勢田は「そのふたつの中間くらいでしょうね」と応じる。すなわち、「物理学との矛盾」という表現の意味は須藤の挙げるふたつのうちの中間くらいにある、ということだ。というのも、伊勢田によれば、私たちの「行為」概念は、現在の物理学の内容それ自体のみならず、その背景の「世界観」とも衝突しうるからである。曰く、

［…］もし［基礎的な行為］というものがあるとすれば、それは他の行為によって引き起こされたわけでもなく、外からの力で引き起こされたわけでもないわけですから、いわば自分で自分を引き起こした行為だということになります。そこで、そんな意味でのベーシック・アクションというものが存在する余地が、現在の物理学の背景となるような世界観の中に本当にあるのか、あるとしたらそれはどんなしかけになっているのか、ということが問題になります。（八一頁、角括弧内補足は引用者による）

ここでは「現在の物理学の背景となるような世界観」と〈行為〉・〈自由意志〉・〈自発性〉などとの緊張関係が指摘されている。物理学と自由意志はより深い次元で対立しうる、ということである。

4　このように問題を定式化する伊勢田に対して、須藤はここで言われる「行為」や「自由意志」の定義がはっきりしない点を指摘する。そして、これらの概念をうまく定義すると、《物理学と矛盾し

ない行為はありうるか》などの問題は容易に解消するのではないか、と述べる。須藤曰く、

なぜ「落とす」にいたったかをさかのぼれば、最終的には我々個人と外界の環境とを結ぶ相互作用の伝達系が無数のパラメータで記述される。それらの組み合わせによってどのような判断を下すか（あるいは応答と呼んでも良い）は、人によって多種多様である。とすれば、仮に外界の環境が全く同じであっても、それに対応した応答は人によって異なる。これを外から眺めれば自由意志そのものであるし、もちろん物理法則に矛盾する余地などない。（八一頁）

例えば、同じ環境条件でAはリンゴを選んだがBはミカンを選んだという場合、AとBはそれぞれ自由意志によって行動していると言えるが、これはそれぞれの〈自己と環境をつなぐ伝達系のパラメータの違い〉によって説明できる。そして、「自由意志」はまさにこのような仕方で説明できるのであって、《それは物理学と整合的か》という問題は生じない。

5　須藤のこうした指摘に対して伊勢田は、そのやり方で説明されるものは哲学者がここで求めている「自由意志」ではない、と応じる。じっさい、人間の行為が「無限のパラメータがあって場合によって違う」（八二頁）という仕方で説明されるのであれば、それは天気などの自然現象と同類のものになる。とはいえ、いま求められているのは、人間の行為をたんなる自然の出来事から区別するような〈何か〉なのである。

6　この話の流れで須藤は次の指摘も加える。

私が述べた無数のパラメータで特徴づけられる集合体というのは古典力学的な意味でしたから原理的には決定論に従うわけですが、もしそれが嫌ならさらに量子力学的な確率的振る舞いまで持ち込めば、もう自由意志と言っても良いんでしょ？（八三頁）

すなわち量子力学が扱う現象は「決定論的」ではなく「確率的に」振る舞う――それゆえ、上述のパラメータ（あるいはそれを拡張した何か）へこうした確率的な振る舞いを付け加えれば、それによって自由意志はできあがるのではないか。というのも自由意志は、従来、〈決定論によって脅かされるもの〉として問題になっていたのだから。

7　以上のように須藤は、量子力学の論じる確率的現象への訴えによって自由意志は説明されうる、と主張しているのだが、これに対して伊勢田は「いや、だめです」と答える（八三頁）。なぜなら、確率的現象を持ち込んだとしても、「それは外からの強制がいつも同じかランダムな分布をしているかの違いでしかない」からである（八三―八四頁）。じっさいたんなる非決定性は必ずしも自由な選択ではない。なぜなら、しばしば指摘されるように、ランダム性は決して〈自由〉ではないからである。

8　さて、これまで議論全体に対して須藤は《結局は定義の問題ではないのか》と疑問を呈する。すなわち哲学者は、言ってみれば、自由意志の条件を「高めに」設定しており、その結果、自由意志を物理的世界の内部に見出せなくなっているのではないか。そして、もしそうであるならば、自由意志を物理的世界の内部に見出せるように、その定義を設定しなおすのが肝要なのではないか。

9　以上のように須藤は、自由意志をめぐる問題とは「単なる定義の問題」ではないのか、と疑っている（八四頁）。これに対して伊勢田は《かならずしもそうでない》と答える。なぜなら自由意志をめぐる問題は実社会への含意を有しうるからである。この点を伊勢田は次のように説明する。

須藤さんは単なる定義の問題と言いますが、「行為」にせよ「自由」にせよ「意志」にせよ、好き勝手に定義できるものではなくって、すでに定着した使われ方があるし、その使われ方において社会的に重要な意味を持っていたりするのです。だから、こういう概念についての議論は、それ自体では価値や規範に関する議論ではないけれども、価値や規範を横目で見ながら議論を進めなくてはならないことになります。（八四頁）

ここでは、自由意志が問題になる際には同時に現実の社会の規範も問題になっている、と述べられている。それゆえそれは、たんに定義を問うにとどまらない、「実質のある」問題なのである。

この指摘を具体化するさいに伊勢田は――多くの哲学者がやっているように――〈刑罰〉の話を持ち出す。仮に「自由意志」が物理的なパラメータで説明されるものであるならば、それは刑罰制度を基礎づけうるような自由意志でないかもしれない。なぜなら、或るひとを殺人のかどで罰することが正当化されるためには、《彼女あるいは彼が自分で殺人行為を選んだ》ということが必要になるからである（この意味で自由意志は刑罰の正当性の条件である）。かくして《刑罰制度が必要とする「強さ」の自由意志が物理的世界に存在しうるか否か》は、たんなる言葉の定義の問題ではなく、むしろ「実質的な」問題である。

10　伊勢田の以上の説明に対して須藤は〈問題の有意味性〉について疑念を表明する。すなわち須藤は「万が一自由意志が存在しないと仮定した場合すべての犯罪は処罰してはならないという結論になるとすれば、それは処罰の判断基準を変更すべきだというだけではないでしょうか」（八五頁）と述べる。そのうえで次のように論じる。

万が一自由意志が無いとしても、犯罪を犯す人とそうでない人は厳然として存在します。そこには自由意志の問題などという理屈とは無関係に現実的に線引きをすることが不可欠です。少し異なる例を出せば、犯罪を犯す人はすべて病気であるという主張にしても、病気の定義とその検出精度が上がればあながち間違っているとは言えないかもしれません（そもそもすべての人間は病気であるという主張だって正しいとしか思えません）。その場合には犯罪の処罰の判断基準を変更せざるを得ないだけの話ではありませんか。（八五―八六頁）

ここでは、哲学的問題の解決が社会へ実質的な含意を持つ、という点が疑われている。《誰が処罰されるべき犯罪者か》という「社会的な」問題は通常の（非形而上学的な）レベルで解決されるべきものであって、それは哲学の問題とはレベルを異にしている。この意味で、須藤曰く「たとえば専門医が「この人は病気ですから判断能力が著しく欠如しています」と診断したならば、それをもとに議論すればよいのであって、万人に自由意志があるとか無いとかいった議論とは全くレベルが違う」（八七頁）。要するに、須藤の考えでは、《誰を処罰すべきか》という問題と自由意志をめぐる哲学的問題は相互にそれほど関係がない。

以上をより踏み込んで説明するために須藤は或る事例を提示する――これは彼の考えを明確化するのに役立つ指摘である。曰く、

伊勢田さんが言っていることは「素粒子がスーパーストリングからできているのかどうか知らないと、今まで信じてきた世界の記述が崩壊するでしょう」と同じように聞こえます。これは興味を持っている部分の違いに過ぎないかもしれませんが、私であれば「大丈夫。そんなより基礎的な階層の構造には関係無く、今まで我々が信じてきた現象はすべて同じままです。困ると言うなら、その具体例を出してください」と答えるだけです。（八八―八九頁）

ここでは、《自由意志があるか否か》という基礎的な階層の問題がどう解答されようとも、《私たちが犯罪者を罰する》という高位の階層の実践は継続可能だ、と指摘されている。先に須藤は「問題のレベルが異なる」と述べたが、そこで言う「レベル」とはかかる存在の階層とも解することができる。かくして、須藤の考えでは、哲学的問題への解決は社会への実質的含意をもたない。少なくとも自由意志と刑罰の問題に関してはそうである。それゆえ、《自由意志が存在しないと判明すれば、処罰や免責の従来の実践が根拠を失う》と主張する伊勢田に対して、須藤は以下のように反論する。

だから、それはおそらく哲学者的な考えに過ぎず、我々が知るべきなのは具体的な判断能力があるか無いかの基準なのであり、自由意志があるか無いかといった大げさなレベルまでさかのぼる必要は無いと主張しているのです。（九〇頁）

11　たったいま引用した須藤の主張に対して伊勢田は以下のように応答する――このあたりが、思うに、自由意志をめぐる二人の議論の終着点である。

ちょっと待ってください。それはそのレベルでは私はもっと現実的な話をしていて、判断力が無い人をなぜ免責するのかという理由づけに失敗したならば、判断能力の無い人を免責できなくなる可能性があるんです。具体的なレベルの話であっても、その具体的なレベルの判断の根拠として自由意志が使われていたときには、自由意志というものが存在しないということになったときに、議論の根拠が失われることによってその議論自体がうまくいかなくなって、反対派に転向せざるを得なくなるということが、具体的なレベルでも起こりますよということです。（九〇頁）

伊勢田が須藤に気づかせたいことは、或るひとについて《このひとは問題の犯罪に責任をもつか》が実践的に問題になる場合、現に同時に自由意志の有無も問題になっているかもしれない、という点である。例えば――これは伊勢田も言及する事実だが――『刑法総論』などと題されたテクストではたいてい有責性や非難可能性と「自由意志」の関係が論じられている。「自由意志」は哲学的 - 形而上学的概念であるが、それは実践領域から隔離されているわけではない。むしろ、それが実践と何かしらの繋がりをもつからこそ、自由意志は（例えば刑罰との関連で）問題になっているのである。

12　ふたりの議論はここから平行線を形成する。それぞれの言葉を引いておこう。まず須藤は言う。

そうなんですか？　自由意志の有無と犯罪行為の責任認定とを必ず結びつけるべきだという発想は、私には理解できません。哲学者や法哲学者は別として、我々一般人はほぼ同じ感覚だと思うのですがねぇ。そもそも自由意志の定義自体にこれだけ議論が紛糾するにもかかわらず、実際の法律が自由意志という定義が未確定の概念に支えられているとしたら恐るべきことです。（九一頁）

13

これに対して伊勢田曰く、

私は必ずとは言ってないです。ただ、無関係ではないという話をしています。場合によっては、そういう非常に上の方での崩壊が下の方にものすごい大きな波及効果を及ぼすことがあるという話をしていて、実際、免責みたいな問題に関してはけっこう哲学的な理由が持ち出されるんですよ。（九一頁）

本ノートは《伊勢田と須藤のどちらが正しいのか》を判定することを避け（そうした判定はあまり意味のないものかもしれない）、議論から抽出されるふたつの立場を定式化しておきたい。

すなわち一方で、《（哲学者が論じるタイプの）自由意志は存在するか否か》という問題は刑罰という社会実践へとくに含意を持たない、という立場がある。他方で、問題の問題はその社会実践へ無視できない含意をもつ、という立場がある。対立する立場をこのように形式化すれば――伊勢田と須藤のどちらが正しいのかという問いとは独立に――どちらも或る意味で「正しい」。ここで考えるべきは、そこで言われている「含意を持つ／持たない」の意味である。思うに、自由意志の哲学はふたつのテーゼの両方を理解せねばならない。

（2020/01/05）

＊　須藤靖・伊勢田哲治『科学を語るとはどういうことか』河出ブックス、二〇一三年

第五章

哲学の難しさ

問題が伝わらない

――コーラ・ダイアモンド「現実のむずかしさと哲学のむずかしさ*」を読んで

『〈動物のいのち〉と哲学』にコーラ・ダイアモンドの論文「現実のむずかしさと哲学のむずかしさ」が収められています。この論考は哲学的経験（例えば死・独我論・決定論について悩む哲学的経験）の深い次元に属す事柄を指摘している――と感じたので、以下、その点の説明を目指してつらつらと書きます。

まず論文の背景を（訳者の中川氏の解説に従って）紹介します。押さえるべきバック・グラウンドは三つあります（三つも！）。ひとつずつ見ていきましょう。

第一に、ダイアモンドの論文はもともとスタンリー・カヴェルに関するシンポジウムで発表されたものです（その後、論集『カヴェルを読む』に収録）。かくしてダイアモンドの論考はカヴェルの哲学のある部分（後で見るように、他者の心の懐疑主義に関するカヴェルの見方）と関連をもちます。ちなみにダイアモンドの論文は後にカヴェルやマクダウェルによる応答論文を得て、これらは最終的に *Philosophy and Animal Life* という一冊の本にまとめられました（中川氏の翻訳はこの本によります）。

他方で——第二の背景として——ダイアモンドは長年にわたって何度も動物に関する論考を著してきました。とりわけ、例えば一九七八年の論文「肉を食べることとひとを食べること」において、トム・リーガンらによるいわゆる「動物解放論」の議論のスタイルを批判します。すなわち、リーガンらの動物擁護論は「権利」概念を出発点とした論証のスタイルをとるのだが、こうした思考法がとり逃す重要な側面が動物をめぐる問題にはあるのだ、と。では、それはどのような側面か。この問いへの回答は——おそらく洗練された形で——目下の論文で提示されています。

第三にクッツェーの『動物のいのち』です。人間による動物の取り扱いをテーマとするタナー講演において発表されたこの小説は、講演のコメンテーターであったシンガーらの論考とともに、*The Lives of Animals* として出版されました。ダイアモンドはシンガーらの読みに不満を感じている——すなわち、シンガーらによる『動物のいのち』理解はこの小説の重要な側面をとり逃している、と。この側面を指摘するのも目下の論文の目標のひとつです。

以上がバック・グラウンド。重要な注意は次です。ダイアモンドの論文は、『〈動物のいのち〉と哲学』という題名の本に収められているので、動物をめぐる問題を中心主題とするものだと解釈されるかもしれないですが、この見方は——私の理解だと——論文の広がりをいささか損ねてしまいます。じつにダイアモンドの考察は哲学的思考一般に関わるものと解釈できる——そして私の読解もこのスタンスをとります。

では論文の内容へ進みましょう。

ダイアモンドの論考は——私なりに要約すると——次の気づかれにくい現象の存在を示します。それは「思考が現実のむずかしさを逸れてしまう」と表現できる現象です。これは「思考」・「現実

(reality)」」・「現実のむずかしさ」・「逸れ(deflection)」をキーワードとする現象であり(とくに「現実」が独特のタームとして用いられている点に注意)、この現象のために哲学的思考もまた現実のむずかしさをしばしば捉えそこねます。哲学がしばしば現実に届かない!――この点を指摘するのが本稿の目標です。

ダイアモンドは、問題の現象を説明する準備として、四つのケースを紹介します(各々の事例は目下の現象の理解につながる共通点を備えています)。以下ではそのうちのふたつを見てみましょう。

まず小説『動物のいのち』に登場する老作家エリザベス・コステロのケース。コステロは私たちが動物に対して日々恐ろしいことを行なっているのだと考えます――言い換えれば私たちが動物にひどい仕打ちをしているというのがコステロにとっての現実です。彼女は例えば工業的畜産における動物への扱いがまさにナチスの強制収容所におけるユダヤ人への扱いと同じだという(多くのひとの反感を呼ぶであろう)主張を講演会で行ないます。そしてそのために周囲との関係を難しくしていきます。彼女の言葉は軋轢を生む――例えば作中の詩人アブラハム・スターンはコステロに「もしユダヤ人が家畜のように扱われたとしても、家畜がユダヤ人のように扱われているということにはならない」と抗議します。コステロの言葉は作中のどの大人にも届きません。だが彼女はそうした主張をやめることもできません。そして、そうした自分の生き方に傷つき、「これが人生なのよ、ほかの人はみんな折り合っているの、どうしてあなたにはできないの?」と自分に向けて叫びます。

コステロの苦悩はどのような種類のものか――ダイアモンドはこれを「日常的な生活の仕方に対して現実が抵抗するように見えるという点」と表現します(九七頁)。一方で私たちの「日常的な生活」があります――ここでは私たちの多くが工業的畜産で「製造された」肉を食べて生きています。他方でコステロにとっての現実――私たちが動物に恐ろしいことをしているという現実――はこうした日常的なあり方に彼女が安穏と留まることを困難にします（ここでの「現実」の意味の独特さに注意！）。とはいえ、コステロがどれほど熱心にひとびとの目をこの現実へ向けさせようとしても、彼女の言葉は誰にも通じません。そして彼女は孤独の中で途方にくれます。私たちは彼女の立場に身を置くことができます――なぜなら私たちは、「肉を食べるのはよくないことだ」と必死で訴えても周囲はそもそも言っている意味すらも理解してくれない、という状況をよく理解できるからです。

コステロにとっての問題は「現実のむずかしさ」などの概念を通じてより抽象的なレベルで理解することができます――ただし、この点は後回しにして、先に第二のケースを見ましょう。

ふたつ目の事例はルート・クリューガーの回想録『生きつづける――ホロコーストの記憶を問う』の中で報告される出来事です。ダイアモンドの記述を引用します。

ルート・クリューガーは［…］アウシュヴィッツの若い女性の行為に対して彼女が覚えた驚きと畏れを書きしるす。その女性は怯える十二歳の子どもルートに嘘をついて自分のいのちを救うように促し、そのあとみずから立ちあがり彼女をあの選別から外したのである。クリューガーはこの物語を驚きとともに語っていると言う。あの若い女性が行なったこと、あの日彼女を感動させたあの「比較を絶していて説明もできない」善に対する驚きが消え去ることはけっしてなかったと。（一〇〇―一〇一頁）

ここでのポイントは――ダイアモンドは指摘しますが――この驚きを共有しないひとがいるという点です。実際、クリューガーの体験について、次のように平然と受け止めるひとがいる。世界は捨てたものではなく利他的なひとが存在しており、彼女を救った女性もまたそうした善人だったのでしょう、と。

クリューガーはコステロと似た状況のうちにいます。じつに、コステロが現実の〈ひどさ〉を他者へ伝えることに困難をおぼえるのと同様に、クリューガーも現実の〈驚異〉を他者へ伝えることに難しさを見出します。彼女が伝えたいことは次です。普通では決して為されえない何かが現実に為されたのだ、と。とはいえ彼女の言葉はしばしば届かない。再度ダイアモンドの記述を引きましょう。すなわち「クリューガーは読者に、単に場面を見るのではなく、彼女の言葉に耳を澄ましてほしい、起こった出来事をばらばらにしないでほしい、彼女が語るとおりに「それを吸収して」ほしいと言う」(一〇一―一〇二頁)。――クリューガーも、コステロと同様に、言葉の通じなさによる孤独に陥り途方にくれています。

以上がふたつのケースです(ちなみに残りのふたつはテッド・ヒューズの詩「六人の若者」と美に関するチェスワフ・ミオシュの言葉)。こうした事例から何が言えるか――それは、ひとつに、「現実のむずかしさ」の独特な捉え難さです。例えばコステロは彼女が現実に見出す〈悲惨さ〉を他人にうまく伝えることができません。肝心の点が、最も大事な点が、理解してもらえない!――コステロが最大限のリアリティを感じる現実に他人はまったくリアリティを見出さないかのようです。コステロはひとり打ち捨てられる。この種の孤独は彼女をさらに傷つけることでしょう(クリューガーに関しても同様のことが言えます)。

さてダイアモンドはここからどう議論を展開するか。彼女は――いささか意外にも――以上の考察をいわゆる「他人の心に関する懐疑」の問題についてのカヴェルの考察と接続します。その議論や如何に――さっそく見てみましょう。まずはカヴェルの見解の確認です。

カヴェルは――ダイアモンドの表現および理解に従うと――他人の心に関する懐疑をめぐる問題に

「現実のむずかしさ」が存在すると指摘します（一〇五―一〇八頁）。すなわち、この懐疑に陥っているひとは自身の経験を伝えるための言葉をもたない、と。というのも、彼あるいは彼女は〈自分はひとりぼっちの存在なのだ〉という感情でいっぱいであり、誰かにこの感情を共有してほしいと感じるのですが、たとえ彼あるいは彼女がそのことを声に出して言ったとしてもこの感情は他者へ伝わらないからです。このように、独我論者がその独我論的悩みを誰かに理解してもらうという不条理で悲劇的な試みに乗り出すとき、彼あるいは彼女はつねに挫折する運命にあります――肝心な点が、最も大事な点が、伝わらない！　と。自分はひとりぼっち――この〈痛み〉が彼あるいは彼女の現実なのですが、それをひとに分かってもらおうとすると途方にくれてしまう。

こうしたカヴェルの見方に従うと、他人の心に関する懐疑主義に対する典型的な哲学的反論は真に重要な事柄からの「逸れ」と解釈されます。例えばジョン・クックは他人の心の懐疑主義者がいわば「言語ゲーム上の混乱」に陥っていると批判します。すなわち、この種の懐疑主義者は〈他人の心の近づきがたさ〉を〈壁の向こうで咲いている花への近づきがたさ〉のように理解しているが、壁の向こう側という場所について語ることは有意味である一方で、他人をこの種の場所のように語ることは無意味だ、と。カヴェルによればこうした批判は、他人の心に関する懐疑を語る言葉がないという事態へ過度に注目するために、懐疑主義者が本当に問題にしたい事柄を逸しています。懐疑主義者が直面しているのは、語り難い「苦痛」です。したがって他人の心に関する懐疑へクックのような仕方で応答することは「懐疑主義者の経験の中心にある苦痛という可能性を見ることからの逸れ、取り込むことからの逸れ」につながります（一〇九頁）。

まさにこの事態が「思考が現実のむずかしさを逸れてしまう」という現象です。思考は、とりわけ哲学的思考は、しばしば重要な経験の現実をとり逃す。例えばクリューガーの体験した「比較を絶していて説明もできない」善への驚きは思考の次元で受け入れることが難しい。これと同じことが、次に詳しく紹介するように、動物をめぐる問題についても生じます。

ダイアモンドは動物をめぐる哲学的思考のうちにも無視できない「逸れ」があると指摘します。先に触れたように小説『動物のいのち』は複数のコメントつきで公表されましたが、ダイアモンドはコメンテーターのうちの哲学者たち（すなわちシンガーとエイミー・ガットマン）が関心を「道徳的問題の論証的言説のコンテクスト」においた点を問題視します（九五頁）。ダイアモンドによれば、この点においてシンガーとガットマンはコステロにとっての重要な現実をとり逃す――説明すれば以下です。

ダイアモンドは一方で「私たちは動物を食べるべきか」や「私たちは動物に権利を与えるべきか」が厄介な問題だということを認めますが、他方で次の点を強調します。「哲学的論証において問題となるむずかしさ」は「現実のむずかしさを理解する、あるいは理解しようとするときに問題となるむずかしさではない」（九七頁）。コステロにとっての問題の核心は、先にも述べたように、日常生活（ここにおいて私たちは動物の肉を食べる）と現実（私たちが動物にひどいことをしていること）の折り合わなさに起因する痛みでした。それゆえ、哲学の論証的言説――「動物とはこうした存在なのだから、あるいは、ああした存在なのだから、云々」――の次元へ入り込む場合、コステロの真の問題は置き去りにされる。かくしてシンガーとガットマンは、コステロの言行が道徳的問題の議論に貢献していると見なすことによって彼女の痛みを捉えそこなっており、結果として「現実のむずかしさ」から逸れてしまうわけです（九六頁）。

このように哲学的思考はしばしば（あるいは頻繁に）現実のむずかしさから逸れます。では、このように逸れることの何が問題か。ひとつは「逸れ」が本当に重要な事柄――現実のむずかしさ――をとり逃すという点です。加えてダイアモンドは次の点も指摘します。

［コステロを］傷つけているもののひとつは、まさしく、「私たちはどのように動物を扱うべきか」が「倫理的問題」であるという平凡で常識的な考え方であり［…］（八九頁、角括弧内補足は引用者による）

この点は一般化できます。すなわち、現実のむずかしさに悩むひとの苦悩が「逸れる」仕方で誤解されるとき、このことは悩むひとをさらに深く傷つけることになる、と（例えば、独我論的な悩みが理論的な「思考遊戯」と誤解されるとき、独我論に「心から」悩んでいるひとはその孤独の傷を深めることになります）。こうなると哲学的思考の「逸れ」は、消極的なとり逃しであるにとどまらず、積極的な害悪になります。

では哲学は「逸れ」ないことができるのか。思考が現実のむずかしさを逸れないことはありうるのか。そもそも〈逸れない〉とはどのような事態か。この点を論じるのが論考の終盤部です（そして、このあたりは論旨が摑みがたい箇所です――それゆえ私の理解できる部分だけ取り出します）。

ダイアモンドは問います。「現実から逸れていない哲学のようなものがありうるだろうか」（一一五頁）。彼女はまだこの問いへの答えをもちません。なぜなら思考が現実のむずかしさを逸れないこと――すなわち経験の内奥部にある語り難い〈痛み〉や〈驚き〉に敬意を払いながらもそれを思考の次元で捉えること、あるいは（カヴェルのメタファーを借りれば）哲学が詩になりながらも自己を認識すること――は私たちがいまだ手にしていない語り方を要求するからです（と私はダイアモンドの言いたいことを解釈します）。言い換えれば目下の問いは〈何が問い求められているのか〉が前もって分からない問いです。よりはっきり言えば、有意味な問いなのかどうかもあらかじめ分からない問いです。とはいえ――私の意見を言えば――ダイアモンドの問いは考え抜く価値がある。たしかに「現実から逸れない哲学はありうるか」という問いは難しい。例えば、他人の心に関する懐疑を例にとると、あの孤絶性の痛みへ敬意を払った思考法がどのような形態をとるかは想像するのが難しい。加えてこのような思考法にどれほど重要性があるのかも判明ではありません。とはいえ――次の点は重要ですが――独我論者にとって真に問題であるのは彼あるいは彼女が最大限にリアリティを感じる現実（すなわち自分はひとりだという現実）に起因する〈痛み〉であった、という点に鑑みると、次の問いは決して馬鹿ばかしい問題ではありません。すなわち、この核心にある〈痛み〉を無視しない（すなわち「逸れ」ない）思考法がどのようなものか。

ダイアモンドの結論はどのようなものか。彼女はより深いオープンな問いを提起して、希望を未来につなぎます。その問いは「思考と現実とがばらばらであるという事実はどれくらい生身の人間に属することなのか」というもの。何を問うているかもいまだ明らかでない問い――これを読者へ投げかけ、さまざまな感情を喚起しうる余韻を残して論文は幕を閉じます。

以上がダイアモンドの論文（のうちの私が重要と考える部分）です。彼女の言わんとすることは実感としてよく分かる。というのも私もまた、ある「哲学的」問題に関して、哲学的思考が現実のむずかしさを逸れるという現象を体験したからです。その問題は何か。それは決定論と自由意志をめぐる問題です――以下、手短に私自身のことを語ります。

私は、大学入試を終えて、世界について自分自身の視点から考え始めた頃に、すべてのものがあらかじめ定まっているという見方に強いリアリティを見出しました。この見方は私を驚かせるとともに、私を恐怖させ、同時に私の気分を「どん底まで」暗くしました。当時の私はすでに量子論的な非決定論的世界観について知っていましたが、そうした知識は私の状況の改善にまったく関わりませんでした。実際、私を陰鬱にするには、ただ〈世界は決定論的かもしれない〉という可能性だけで十分でした。そして私は、自分がいわば「あらかじめ配られたカードを出すだけの存在」であるならば生きることに何の意味や価値があるだろうと悩み、それまでの日常生活を続けていくのに困難を感じていました（ちなみに当時心から共感して読むことができた本はマーク・トウェインの『不思議な少年』と『人間とは何か』だけでした）。

私は自分の「決定論的な」悩みを何人かの友人に告げてみましたが、すべて落胆に終わりました。例えば友人たちは気をきかせて「すべてが決定されているはずがない」とか「決定されていても問題がない」とか言ってくれるのですが、こうした言葉は私の孤独を深めるだけでした。おそらく私は友人に自分の気分を、自分の絶望を、共有して欲しかったのだと思います——そして今となってはそれがきわめて難しいことだということも分かります（とはいえ時が経ち、私自身もいまや、決定論によって陰鬱になっているひとの気分を本当の意味で共有することのできない存在になってしまいました——この意味で救済は同時に堕落でもあります）。

結局、ひとに相談することはやめ、自分の中で悩み続けることにしました（で、理学部をやめて、哲学の道へ入ることになりました）。当時の私が不思議に思っていたことは〈なぜ他のみんなは悩まないのだろうか〉という点です——これは、意外かもしれませんが、心から不思議に感じる事柄でした。私にとっては決定論の可能性に起因する恐怖や不安が最大限のリアリティを備えていました。だが他のひとはまったくそれを気にしていない。私は他のひとを「鈍感」と見なし、その「鈍感さ」を羨ましいと感じていました（実際には、私は別の重要な問題に対して鈍感であり、鈍感さという点では私も他のひとも違いがなかったわけだが)。

悩んでいた当時、決定論と自由意志の問題を論じている哲学の著書も読みました。だがどうも「痒いところに手が届かない」という感じ。要するに、ダイアモンドの表現を用いれば、そうした論著は私にとっての現実のむずかしさを逸れていたわけ。そのためいくつか読んだ哲学書は当時の私を救うのにまったく役立ちませんでした。現在の視点からついつい考えてしまうことは次です。当時の私が、決定論と自由意志をめぐる「現実のむずかしさ」を逸れていない言葉と出会っていたら、いったいどうなっていただろうか、と。悩みはすぐさま解消したでしょうか、あるいは悩む期間が短く済んだでしょうか。

以上が私のエピソード。一般的に指摘したい点があるとすれば次。自由意志と決定論をめぐる問題にも、ダイアモンドが指摘するような「現実のむずかしさ」があるのだ、と。それは〈自分はまったく自由な存在でない〉という可能性に起因するリアルな不安でありリアルな恐怖です。じつに、アカデミックな自由意志と決定論の哲学はもっぱら「道徳的責任」の概念を軸に展開しており、それがこうした不安や恐怖を重視することは少なくともめったにありません。とはいえ、少なくとも過去の私にとってはその感覚はリアルなものであったので、是非ともその存在は強調しておきたい。決定論に起因するリアルな戦慄――こうした問題もあるのだぞ、と。とはいえそれは比量的な思考が繰り返し「逸れ」てしまうような問題なのだけれども。

(2019/12/27)

＊ コーラ・ダイアモンド「現実のむずかしさと哲学のむずかしさ」、『〈動物のいのち〉と哲学』中川雄一訳、春秋社、二〇一〇年所収

哲学の退屈さについて

哲学に取り組みながら生きるとき、そして哲学に軸足を置いて生きるとき、大半の時間は退屈である。すなわち、論文に目を通そうが、著書を繙こうが、たいていの場合つまらない。哲学的生を支配する根本的な気分は「退屈（Langeweile）」である。私自身、最近もいろいろと勉強してはいるが、退屈でたいくつで仕方がない。

以上の指摘は哲学に対する悪口ではない。そうではなくて、哲学という営みの或る側面の記述である。この側面はリチャード・ローティが次のような文章でも表現している。

分析哲学／大陸哲学という対立のそれぞれの陣営に属する多くの人々が、ゴドーを待ちながら多くの時を費やしている。『哲学探究』や『存在と時間』がわれわれの先輩たちにしてくれたことを誰かがわれわれにしてくれないか——われわれを目覚めさせて独断のまどろみに陥っていたと遅まきながら気づかせてくれないか——と、彼らは期待している。（「プラグマティストの目から見た現代の分析哲学」、『文化政治としての哲学』冨田恭彦・戸田剛文訳、岩波書店、二〇一一年所収、一六三頁）

哲学に取り組む者は、人生に何度か、やって来るはずのないゴドーの到着によって世界観や哲学観を変えられる。そしてそれによって一切に関する理解を根本的に更新する。こうした相転移のような出来事こそが、哲学において「知的成長」と呼ばれるべき事態であって、哲学に取り組む者はそれを待ち望んでいるのである。

以上の点は「通常科学／科学革命」などの語でも説明できるだろう。例えば哲学研究者はふだん、一定の世界観および哲学観を「前提」したうえで特定の問題に関する論文を書いたりなどする。これが哲学における「通常科学」の営みである。とはいえ――これは典型的には他者の論文や著書を媒介として生じるのだが――そのひとの世界観や哲学観が変わるような「事件」が生じることがある。その後、そのひとの書く論文や著作は、以前とは深度が違うものになる。

自由意志に関する私の哲学は、ピーター・ストローソンの論文「自由と怒り」を読むことによって上述のパラダイムシフトを経た――私自身はそう自己認識している。いや、正確に言えば、私はこの論文をかなり前から知っていた。そして、問題の本質に切り込んでいない論文だ、つまらない論文だ、と評価していた。この論文はときに、責任帰属の条件として次のものを提示したと解釈される。

・主体Xが行為Aに責任をもつ⇕Aに関してXへ怒りなどの反応的態度をもつことが適切である。

この図式は《怒りを向けることとの適切性が責任帰属を正当化する》を含意するものと見なされることもあるのだが、「新生」以前の私は次のように考えていた。ストローソンの図式を受け入れた場合、そもそも他者へ怒りを向けることが適切でありうるかが問題になるのではないか。そして他者へ怒りを向けることは一般に正当化されないのではないか（とりわけ決定論が正しいときには自然に生じる怒りすら正当化の根拠を失いうる）。ストローソンのやり方では、彼の意図に反して、私たちの責任帰属実践を正当なものとして維持できないのではないか。

以上はストローソンに対して生じる自然な疑問である。例えば何年か前に日本へやってきたタムラー・ソマーズも同様の疑問を抱いたことがあると言っていた（出町柳駅の近くの喫茶店で昼間からビールを飲んでいるときにそう言っていた）。とはいえ前段落の疑念はストローソンのやっていることの無理解に基づいており、むしろこうした疑念を「的外れ」と見なしうる視座を開くことが「自由と怒り」の議論を理解することの一部なのである。

ストローソンが問題の論文で言いたいのは、反応的態度と同様に責任帰属実践も人間の生の一般的枠組みに属す、ということである。それゆえ責任帰属実践一般は、正当化が必要になる行動の領域を超えている。したがって、怒りの適切性が責任帰属を正当化する、などの関係がストローソンの立場において成立しているわけではないのである。

《人間的生の一般形式という、正当化が問題にならないようなものがある》というのがストローソンの論文から得られうる根本的な洞察である。思うに、これは頭で知的に知るようなものでなく、腹で納得すべきものであろう。私自身のことを言えば、「生の形式」という概念の意義を理解した後では、正当化の問題へ拘り続ける自由意志論者は視野の狭い者に見えるようになった。彼ら／彼女らの論考を、いささか不遜な言い方だが、「一段上の次元から」眺めることができるようになったわけである。（私のゴドーのひとりはストローソンだが、あなたのゴドーは誰か？）

——以上は哲学的生活において生じうる特筆すべきスペクタクルだが、他方でそうした哲学者の生も大半の時間は平凡なものである。すでに知っていることを反復する、という場面が非常に多い。じつを言えば、今日も私は退屈である。死ぬほどではないが、退屈でうんざりしてはいる。

とはいえ、きわめて限られた機会だけだが、天啓が訪れるときがあるのである。ゴドーは延々とやってこず、それは或る意味で必定でさえあるのだが、その必然性が破られるときがある。例えばこれまで読み飛ばしていた文章の真意がにわかに判明し、それによって生における意味付与の枠組みが抜本的に組み替わる。そうしたことがあるのだから、いかに退屈であっても、哲学はやめられない。十中八九たいしたことないだろうと予測しつつも、心のどこかでは期待しながら、頁をめくるのである。

（2020/02/26）

第六章
行為・道徳的責任・自由意志を読む

行為に関する内的視点と外的視点

――トマス・ネーゲル『どこでもないところからの眺め』[*]の第7章「自由」

自由意志の問題を「行為」と「出来事」をめぐる問題と捉え、これを「視点」や「眺め」という概念で整理するのがトマス・ネーゲルの『どこでもないところからの眺め』第7章「自由」である。すなわちネーゲルによれば、自由意志をめぐる問題はふたつの視点の衝突から生じる。そして彼はこの問題について「解決策になりそうなものは、いまだ示されていない」と述べる（一八四頁）。それゆえネーゲルが行なうことは、問題の解決の試みではなく、もっぱら問題の本性の特定である（議論の終盤である種の「問題の回避」に触れる）。本ノートは、彼の文章を引きつつ、その議論を紹介する。ちなみに「行為／出来事」の区別あるいは「すること／起こること」の区別については（本ノートを読む際の前提となる区別であるので）本書第四章の「自由意志の無いところから自由意志を作り出す議論とその課題」などを参照されたい。

本題へ進む前にネーゲルの議論の全体的な構成を述べておく。

はじめにネーゲルは、テーマ・セッティングとして、自由意志が〈自律〉と〈責任〉というふたつの観点から問題になりうると指摘する（第1節）。そして、自律の問題と責任の問題をそれぞれ論じたうえで（第2–3節）、自由に関するピーター・ストローソンの立場を批判する（第4節）。そのうえで〈自由意志をめぐる問題への向き合い方〉についての彼なりの提案を行なう（第5–7節）。――本ノートでは第1–3節および第7節の議論を確認したい。というのはこれがネーゲルの議論の中核的部分だからである。

1　行為を外側から見るとき

自由意志をめぐる問題はしばしば決定論との関連で提示されるが、ネーゲルは「視点」という概念によって問題のより根本的な根拠に迫ろうとする。一方で私たちはいわば「日常的な」視点において自分たちを自由に行為する存在と見なしている。他方で私たちは、こうした視点を離れて、日常の外側に視点を置くことができる――そして、こうした視点から人間の行動を眺めるとき、それは自然現象の一種になる。この場合、人間はもはや何かを「行なう」ことのできる存在に見えない。それはむしろたんなる出来事の秩序の一部になる。曰く、

客観的な、あるいは外側の立場から行為に目を向けると、おかしなことが起こる。行為の重要な特徴のいくつかが、客観的な眺めのもとでは消えてしまうかのようだ。行為は、一人ひとりの行為者に起因するものとは見なされなくなり、行為者もふくむ世界全体のなかで起きている一連の出来事の構成要素と化す。この帰結をもたらすためには、あらゆる行為は因果的に決定されているという可能性を検討すればもっとも容易なのだが、しかし、これとは別の道もある。この問題は、因果的に決定されているかどうかとは別に、人間とその行為を自然の秩序の一部とみなす

ことによって発生する。（一八〇―一八一頁）

『どこでもないところからの眺め』は諸々の哲学的問題（例えば心身問題など）を「内的視点／外的視点」あるいは「主観的視点／客観的視点」という道具立てで説明する著作なのだが、引用は《自由意志の問題も「視点的な」仕方で定式化できる》ということを指摘する。

じっさい、行為者自身の視点からは《自分が行為していること》は明らかであるが、その行動を外から眺めればそれは自然の出来事（たんなる自然現象）に見えてくる。ここで「すること（doing）」と「起こること（happening）」を区別されたカテゴリーと捉えるならば次の問いが生じる。はたして人間の振る舞いは〈すること〉なのか、それともたんなる〈起こること〉なのか、と。仮に人間の振る舞いが〈起こること〉に過ぎないのであれば、自由意志も行為も消滅してしまうように思われる。そして――ネーゲルはこう考えるが――私たちが外的な「客観的」視点をとるときに一切は自然現象という出来事に見えてくるので、問題は深刻である。

以上が自由意志をめぐる問題の一般的根拠に関するネーゲルの説明である。要点は、〈内側の視点から外側のそれへの移行〉は行為と自由をめぐって問題を引き起こす、というところである。この点を押さえたうえでネーゲルはより具体的な問題の考察へ進む。それは「自律（autonomy）」と「責任（responsibility）」のそれぞれに関わるものだ。ネーゲルの説明は以下である。

第一に「自律の問題」がある。これは、もっぱら自己の自由に関わる問題であり、《はたして自分は何かを為しうる存在なのか、それとも自然の秩序に絡めとられた無力な存在なのか》といった問いとして定式化される。

第二に「責任の問題」がある。これは、もっぱら他者の自由に関わる問題であり、《はたして私たちは他者をその行為のかどで責めたりすることはできるのか》といった問いとして定式化される。ネーゲルは「二つ目の問題が、通常、自由意志の問題と称されるものだ」と断りつつも（これはじっさいそうであり、自由の問題は責任の問題として論じられることが多い）次のようにも言う。

しかし、一つ目の問題のほうも、いわば塵芥《じんかい》のごとく宇宙によって流されているという感覚、つまり、自らの行為という捉え方が脅かされているということも、同じくらい大事なものだし、また、語るに値することだ。（一八三頁）

じつに、私自身もこれまでしばしば責任や刑罰との関わりで自由意志を論じてきたのだが、《私は自分の人生を自分で決めることができるのか》という「自律の問題」もまた無視できない重要性を有す。以下、それぞれの問題をネーゲルがどう論じるかを確認しよう。とはいえ、それに先立って、彼が自由の問題をどのようなタイプの問題と捉えているのかを押さえておきたい。ネーゲル曰く、

哲学における他の根本問題と同様に、自由意志の問題は、第一義的には言葉の問題ではない。［…］むしろそれは、われわれの感情や態度が揺さぶられること、つまり自信や確信や心の平静を喪失することなのだ。（一八三頁）

ここでは、自由意志の問題は、《私たちは自由をどのようなものとして語るか》という言語的問題ではなく、むしろ私たちの感情や態度をめぐる問題だ、と指摘されている。じつに、自分が自然の秩序に絡めとられた存在だと考えるとき、ひとは無力感や不安を抱く。あるいは、他人が自由に行為して

いるか否かが疑われるとき、私たちが他人へ責任を帰すという日常の実践は確固たる基盤を失ってしまう。かかる〈喪失の可能性〉にどう向き合うか――こうした「生《せい》の」問題が自由意志をめぐる問題の核心部に存するのである。

では、以下において、自律の問題と責任の問題をそれぞれ見ていこう。

2 自律の問題

私がノートパソコンに向かって文章を書いているとき、私の内側の視点から見れば、私が〈文章を書く〉という行為を行なっていることは疑われない。とはいえ、視点をその外側に置いて私の振る舞いを「客観的に」眺めれば、私の身体は何かしらの物理法則に従って運動しているに過ぎないものに思われてくる。ここで生じている問題のポイントは「説明」という語によっても説明できる。

第一に行為は「意図（intention）」による説明を持つ。例えば《なぜ文章を書いているのか》と問われれば私は《note にアップロードする文章をつくるためだ》と意図を挙げて説明できる。これに対して、《なぜあなたは呟き込んだのか》と問われて《昨晩冷えて風邪気味なのだ》と応じたりすることがあるが、これは原因あるいは因果の説明であって意図の説明ではない。そして、ここでの〈呟き込むこと〉が行為ではないことの理由の一部は、それが意図による説明を持たないことにある。

第二に――ここがポイントだが――人間の行為を「外側の」視点から眺めれば、意図や理由による説明がいわば場を持たなくなるように思われる。これについてネーゲル曰く、

というのも、この視点は、なにかが起こる理由について一種類の説明しか認めないからだ。因果

律による説明である。因果律による説明がなければ、他にいかなる説明もない、というわけだ。客観的な視点は、因果律による確率的な説明も認めるかもしれないが、しかし、この視点が基本的に正しいと思っているのは、ある出来事の説明、あるいはその出来事をふくむ可能性の範囲の説明とは、それが先行する条件や出来事によってどのように必然的に決まっているのかを明らかにすることだ、ということである。（一八八頁）

ここでは、客観的な視点とは〈一切を出来事の因果によって説明する視点〉であり、まさにそのためにこうした視点は意図による説明を排除し、そして行為の存在を否定する、という点が指摘されている。例えば——先の具体例をふたたび取り上げると——パソコンのキーをたたくという私の行動を自然の秩序の内におくと、その行動を説明するさいには「原因（cause）」へ目が向けられる。そして《一定の知覚インプットと神経系の反応の結果として一連の指の動きが生じている》という因果的な説明が与えられる。この場合、私の行動はさまざまな原因の結果として生じるものになり、根本的には《私が自分でその行動を決めている》と言えなくなりそうだ。一切が出来事に化し、自律が消滅する、ということである。

ここで注意すべき点がある。それは、客観的視点はつねに自律の敵であるわけではない、という点だ。じっさい客観的視点が人間をよりいっそう自由にすることはありうる。例えば私たちは自分を外から眺めて、自分の行動が無意識の偏見によって左右されていることに気づき、この知識にもとづいて自分の行動を修正することができる。これは〈客観的視点を通じて自律の度合いを高める〉という事態だ。ネーゲル自身も次のように言う。

私たちが何かをするときに、われわれに可能な外側の立場から明らかになる、自分自身についての知識から、われわれは切り離されているわけではない。内側の立場がそうであるのと同様に、外側の立場も結局は、われわれの立場であることにかかわりはない。そして、そのような立場をとれば、それによって明らかになることを取りいれて、行為の基盤を拡張せずにはいられない。（一九二頁）

すなわち、外的視点をまったく伴わない行動は「没頭」であり、それは不自由になりがちである。そして私たちは、自分の行動を左右しているファクターへ目を向け――これは外的視点に立つことで可能になる――〈自分の行動がそうしたファクターへ依存する程度〉を減らすことによって自律の度合いを高めることができる。

とはいえ――次の重要な点だが――こうしたやり方は或る程度までうまくいくに過ぎない。なぜなら、この仕方での自律の強化を突き詰めると、それは「論理的に」破綻するからである（一九三頁）。だがなぜ破綻するのか。それは「真に自由であるためには、選択のためのあらゆる原理をふくみ、自分にかかわるすべてのことを選択することによって、自分自身の完全に外側の立場から行為しなければならないからだ」（一九三頁）。とはいえ、自分に関する一切のことを自分の外側からコントロールする、というのは不可能である。ポイントを別の角度から言えば次である。自分を客観視することによって私たちは〈自律を高めるためにコントロールせねばならないファクター〉をどんどんと発見していくのだが、客観視を徹底するとこうしたファクターが私たちのコントロールできる範囲を超えてしまう、と。

以上の理路のうちに「自律の問題」のネーゲルの捉え方が如実に現われている。それは、自己を外自由の消滅がある、という捉え方である。ネーゲルは以下のようにも論じる。

から眺めて自己に関わる因果を知ることによって自由の度合いを高めるというプロセスの延長線上に

> わたしは［…］自分の欲望や信念、感情や衝動といった、内的な状況も同様に見通したうえで行為したいと望んでいる。自分が認めたもの以外によっては、行為にかきたてられないようにするために、自分の動機や原理や習慣を、批判的吟味にさらしたいと望んでいる。このようにして、わたしの行為の背景は、次第に内側へと拡大、拡張されることによって、世界の一部としてのわたし自身をどんどんふくむようになる。
>
> この過程の最初の段階では、自己認識と客観性とを行為の基礎の一部とすることによって実際に自由を拡大しているようにみえる。しかし、その危険性は明白だ。自己が行為の状況に、より完全に呑みこまれてしまえばしまうほど、みずから行為する拠りどころがなくなっていく。わたしは自分の外側に完全にでることはできない。自由の拡大のための手段としてはじまった過程が、その破壊へと導くように思われてくる。（一九五―一九六頁）

自己客観化による自由を増やす――これは私たちがしばしば行なうことである。とはいえこうした〈しばしば行なうこと〉を徹底化すると却って自由の存在が疑われるに至る。なぜなら、私に関わる一切を客体化してコントロールしようとすれば、私は自分の外に立ってそうした諸要素をコントロールせねばならなくなるからである。この意味で、自由は徹底化の末に自壊する、と言えるかもしれない。《科学が、人間の自由を増大させると同時に、人間の自由を脅かす》という複雑な事態が生じる理由もこのあたりにあるだろう。

3　責任の問題

次に責任をめぐる問題だ。これは他の文献でも説明されることが多いのでそれほど詳しい説明は必要ないだろう。ネーゲルは「裁判官」と「被告人」という法廷モデルで責任をめぐる哲学的問題を定式化する。はたして裁判官が被告人の責任を問うとき何が生じているだろうか。ネーゲルは次のように説明する。

被告人はひとりの行為者であり、責任を判断するばあい、裁判官はなされたことが良いか悪いか決めるだけではなく、被告人の行為者としての観点にも入りこもうとする。しかし裁判官は、被告人がどのように感じたかに気をくばるだけではない。むしろ、被告人がそのなかから選んだ、あるいは選ばなかった選択肢と、被告人が考慮したものもしなかったものもふくめ、選択に影響した思惑や誘惑をも考慮にいれ、行為を評価しようとする。（一九七頁）

ここで指摘されていることは、裁判官が被告人の責任を判断するとき、裁判官は行為の選択肢が開かれた被告人の「行為者的な」視点へ身を置こうとする、という事態である。とはいえ——ここからが問題だが——裁判官が〈行為者としての被告人〉の視点に立つことを妨げうるものが存在する。それは一切を出来事の連関の一部と見る客観的視点である。

例えばアメリカの弁護士クラレンス・ダロウがレオポルドとローブの事件の裁判において次のように言った。すなわち、彼らが少年を殺したのは、彼らが選んだことであるのではなく、過去から現在へつながる一連の出来事の連鎖だ、と。こうした「悪名高い」見方に立つと被告人の責任は自然の大きな流れに飲み込まれてしまう。この意味でネーゲル曰く、

行為者の実践的思考や選択を、因果律によって決定されているものと考えようが考えまいが、行為者をたんなる世界の断片とみなすような極端な客観的立場まで行きつけば、複数の選択肢を比較するという目的のために、われわれが自分を行為者の観点に投影するなどということはできなくなる。行為者が自分に与えられていると考える選択肢も、このような観点からは、世界のとりうる成りゆきでしかない。（二〇一頁）

ネーゲルの指摘は次の仕方で正確に摑むことができる。それは、被告人が例えば自然という〈より大きな存在〉の部分である、という見方が被告人の責任を揺るがす、という指摘だ。じっさい、このような観点（被告人を自然の部分と見る視点）においては、被告人の振る舞いは全体的システムの一部になる。そして個々の振る舞いに因果的な責任をもつのは（部分ではなく）全体であることになる。かくして被告人から究極的な責任が剝奪される。

同じことをネーゲルは次のようにも表現する。

［…］外側の立場からは、選択肢は行為者にとっての選択肢ではなく世界にとっての、行為者にかかわる選択肢にみえる。そして、当たり前のことだが、世界は、行為者ではないのだから、責任があるものとはみなせない。（二〇二頁）

要点は、《人間が何かしらの大きな力学システムの部分だ》という見方が直ちに人間の自由や責任の存在を脅かす、というところである。仮に人間が例えば自然の部分でない「独立的」存在であったとしたら、人間は自由でありえたかもしれない。とはいえ、人間を自然の一部と見る客観的視点を採ることは容易であり、場合によってはその視点の採用は避けがたい。自由と責任をめぐる不安は、これほどまでに少ない前提から生じうるのである。

4 自由意志をめぐる問題へどう向き合うか

ネーゲルは《私たちはいかにして自由でありうるか》などの問いが或る意味で解答不可能だと考えている。なぜなら、客観的視点に立って《行為・自由意志・自律・責任は無い》と認める可能性はつねに開かれているのだが、同時に私たちは内的視点にそのつど立ち戻って《自分は自由だ》と考えざるをえないからである。こうした或る意味で「矛盾した」状態は少なくとも今のところ解きほぐす術がない。

それゆえネーゲルは、問題の解決を目指すのではなく、別のことを試みる。曰く、

この問題の解決策を提案して、自分で解決策はないといったことに矛盾しようとは思わない。それとはちがうことをしてみたい。それは、行為の客観的な立場と、行為の内側からの展望とを調停する試みである。(二〇七頁)

すなわち、行為をめぐるふたつの視点は互いに対立するのだが、それらを何かしらの水準で「調停」

しよう、ということである。ネーゲルは、「この試みは、自由意志の問題の核心にはかかわらない」と断りつつ、その意義を次のように説明する。

しかしこの調停は、客観的自己がみずからを無力な傍観者とみなさなければならない度合を弱めるし、その分ある種の自由を与える。（二〇七頁）

すなわち、ふたつの視点の「調停」が行なわれれば《人間は無力であり自分の行為に責任が持てない》という観念が弱まりうる、というわけだ。では、ネーゲルはこの企てをどのように実行するのか。この点はていねいに説明するとかなり長くなるので、概要を手短に説明するに留めたい（詳しい説明は別の機会に行ないたい）。結論を端的に言えば、ネーゲルの提案は「内的／外的」の意味づけを変えるというものだ。すなわちこれまでの議論では、内的視点は〈行為や自由が現われる視点〉と、外的視点は〈無主体的な出来事しか見出せない視点〉と特徴づけられていた。こうした捉え方のもとでは、客観的視点は自律や責任を脅かすものになる。とはいえ「内的／外的」を倫理的な仕方で解釈し、内的視点を自分の個人的価値観と、外的視点を「普遍的な」価値観と特徴づければ、行為をめぐる客観的視点は〈たんなる個人的価値観を超えて行為すること〉につながる。言い換えれば、外的視点を〈個人の観点を超えるもの〉と捉え直すと、行為をめぐる内的視点と外的視点の対立は別の様相を呈す。――以上の点についてネーゲル曰く、

［…］ある意味でわたしは、自分個人の場所の外から世界にはたらきかけることになる。つまり、トマス・ネーゲルとしての自分の立場でないところから、トマス・ネーゲルの振舞をコントロー

ルするのだ。（二二一頁）

引用は外的視点の「倫理的な」効力を説明している。もしネーゲルが彼個人の視点からしか行為を選択できない場合には、彼の行為は或る意味で「利己的な」次元を超えられない。そしてひとをして「利己的」次元を超えて「倫理的に」行為せしめるのに必要な視点が外的視点なのである。こう捉えると――後でも強調するように――外的視点は〈行為を消滅させること〉以外の効力をもちうる。

要点を繰り返そう。ネーゲルがやっているのは《外的視点が自律や責任を損なうのを防ぐには何をすればよいか》へ直接答えることではない。彼はむしろ私たちの関心をズラすことを提案している。すなわち、外的視点に立って見えるものを〈個人を超えた「普遍的」価値〉と捉え直して、客観化を――行為や自由の消滅の道ではなく――行為を個人的なものから倫理的なものへ変える道と見なそう、ということだ。同じ点をネーゲルは次のようにも表現する。

世界に外側からはたらきかけることはできない。しかし、世界のなかにある自分の特殊な位置の内側と外側との両方から行為することは、ある意味できる。倫理は、われわれ自身について望める範囲を拡げる。（二二二頁）

ここで言われる「倫理」とは《ひとが、自分個人の立場のみからではなく、自分を超えた立場からも行為する》という境地である。そしてこの意味の「倫理」は、純粋に内的な主観的視点からは可能ではなく、多かれ少なかれ外的な客観的視点を要求する。こうなると、行為を外から評価することは、私たちが「倫理的」でありうるための条件たりうる。かくしてネーゲルはこの意味の倫理を「客観的取り組み（objective engagement）」と呼んだりする。

とはいえ――ポイントを繰り返せば――以上の議論は自律や責任をめぐる直接的な解決ではない。じっさいネーゲル自身、「自由」の章の終盤で、次のように書く。

すでに述べたように、これは自由意志についての古くからの問題を解決するものではない。行為において客観的視点といかに調和したとしても、この調和の説明によって、あるいは説明の不在によって、われわれは、人生の外側にでてしまうということに思いいたれば、自分の自律の感覚は、いつでもその土台が危うくなるのだ。（二二四頁）

結局、ネーゲルの提案（関心を倫理へ移せ！）は、彼自身認めるように、自由意志をめぐる問題の核心から目を逸らすことである。それゆえ彼の議論によって《いかにして私たちは自由でありうるか》の理解は深まらない。とはいえ彼の提案は実践的な意義をもっているとも言える。なぜなら私たちは《自由意志は無いかもしれない》という不安のために実生活をまともに生きられないという状態から何かしらの仕方で抜け出さねばならないからである。かかる実践的目的にとっては関心をズラすことは少なからぬ効果をもつのである。

（2020/01/08）

＊　トマス・ネーゲル『どこでもないところからの眺め』中村昇・山田雅大・岡山敬二・齋藤宣之・新海太郎・鈴木保早訳、春秋社、二〇〇九年

世界は自然的現実だけから成るわけではない

——野矢茂樹『哲学の謎』[*]における自由意志論

自由意志は虚構だ——というのが野矢茂樹『哲学の謎』で提示される、自由意志に関する彼の主張の一部である。本ノートはこの見解を取りあげるのだが、その理由はそれが誤解される可能性を多分に含むからだ。じつに《自由意志は虚構である》というビビッドなテーゼは野矢の主張全体の一部にすぎない。本ノートでは《野矢の全体的な主張はどのようなものか》も指摘したい（ちなみに、『哲学の謎』は対話形式で書かれているので、本ノートでの引用も対話調になっている）。

ところで、私は野矢の本を十年以上も前に買って、何度も目を通している。とはいえ以下で論じるようなことに気づいたのはつい最近である。このことは、何かを読んでそれなりに理解したつもりであっても、私の理解はまったく浅薄でありうる、ということを意味する。何かに気づく以前には、気づいていないことに気づいていない——これからも思索を続けねばならない理由のひとつである。

では野矢の議論を追おう。はじめに問題設定である。

——でも、ぼくらはつきつめれば、原子・分子の塊なんだろ？

なるほど。

――すべてのパーツが自然の因果に拘束されているのに、どうして全体としてのぼくが自由でいられるんだろう。（一八一―一八二頁）

ここでは、私たちが物質（これは自然の因果秩序に組み込まれた存在）から出来ているということを根拠に、私たちが自由であることを疑う、という理路が提示されている。ところでここで言う「自由」とは何か。

野矢は、自由の不可欠な側面として、〈しないでもいられたこと〉を指摘する。これはときに「他行為可能性（alternative possibilities）」と呼ばれるものだ。私は自由に腕を上げた。これは、私はじっさいには腕を上げたのだが腕を上げないこともできた、ということを意味する。曰く、

そう。けっきょく、「自由」という概念にとって「しないでもいられた」という了解は不可欠で、そこを避けて通ることはできない。（一九〇頁）

自由は他行為可能性を不可欠の側面としてもつ。だがこうなると、《私たちは自由な存在である》と言うためには、少なくとも《自然の因果秩序に組み込まれた存在の行動は、しないでもいられたことだ》と言えねばならない、ということになる。とはいえそうであるならば、いわゆる「決定論」のもとでは、人間は自由でありえない（この点の細かい説明は不要であろう）。結局、野矢によれば、

しかし、世界のシナリオが決定されているということは、例えば腕が上がるということも決定

されているということだ。いったいそのとき、いかにして「腕を上げない」ことが可能なのか。

——無理みたいだよね。

明らかに無理だ。(一九二頁)

さて、決定論が自由と折り合わないとなれば、《世界へ非決定性を導入すればただちに自由が得られるのでは?》と思いつくかもしれない。だが——お馴染みの指摘だが——自然の因果秩序を非決定論的にしたところで、それは自由を救わない。じっさい、決定論的法則に代えて確率的法則をうち立てたとしても、導入されるのはせいぜい〈ランダムな自然の成り行き〉にすぎないからである。曰く、

だって、非決定論といっても、別に「自然は決定しませんからどうかあなたが決めて下さい」などと言っているわけではない。自然の動きは相変わらず自然の側で自律している。ただ、その動きが非決定論的だというにすぎない。

——ごめん、よく分からなかった。

つまり、もし君の腕の動きが神のサイコロ遊びに従うだけだったとしたら。

——丁が出たら腕を上げ、半が出たらそのまま、とか?

そう。そのとき、君はそれでも自由に腕を上げられるだろうか。

——だめ、か。(一九四頁)

状況をいったんまとめよう。出発点は、人間は自然の因果秩序の一部だ、という命題であった。ここで、自然の因果を「決定論」と解そうが「非決定論」と解そうが、《ひとは、じっさいにはAをした

が、Aをしないでもいられた》という自由を救うことはできなかった。かくして自由は不可能なように思われる――。

ここからどうなるか。野矢は自由を「虚構の語り方のひとつ」と見なすという方向へ進む（一九七頁）。ただしこれは、実際には自由は不可能なので、もはや自由は「虚構的に」でっちあげるしかない、などと述べているわけではない。ここではもっとひねりのあることが述べられている。以下、この点を確認しよう。

まずじっくり読まねばならないのは次のやりとりである。

――うん。自然現象として、枯葉はあのように落ちるしかなかったとする。だけど、ぼくらはそれに対して、もし枯葉が落ちなかったらとか、別のところに落ちたら、と考えることはできるよね。

確かに。例えば、台風の進路は気圧配置によって決定されているとしても、もし大潮のときに接近しなかったらとか、別の場所に上陸したらと考えることは実際にしている。

――そして、そう考えたからといって、決定論に矛盾しているわけじゃない。

それは、そうだ。（一九六―一九七頁）

読者においては「それは、そうだ」と済ますわけにはいかない。じっさい、台風がAという進路を通ったとして、《この台風がAとは異なるBという進路を通ったら》などと考えることは決定論に矛盾するのではないか。決定論はかかる可能性（のように見えたもの）を、因果的に不可能なこととして「排除」するものではないか。厳格な決定論者は、現実に起こらなかったシナリオについて、《もしそのシナリオが起こっていたら……》などと考えないのではないか。

野矢がここで行なっていることは、世界観の刷新とも言える企てである。すなわち自然的現実は世界の一部でしかなく、むしろ世界は（あるいは少なくとも人間的世界は）虚構的部分をも不可欠なものとして含む。かくして、仮に自然的現実において決定論が成立していたとしても（これすらも確立した点ではないが）、虚構の反事実的仮想はそうした決定論に反さない。以下、具体的に説明する。

野矢は、《世界が虚構的部分を含む》という点を例示するものとして、以下の具体例を挙げる。

——すごく単純なケースを考えてみようか。ある人がA点からB点へ移動する。ともかく、A点からB点への運動が現実のものとしてそこにある。だけど、それは例えば「B点をめざした」ものなのか、「A点から逃げ出した」ものなのか。

なるほど、確かにそのシナリオは物理学には書かれていない。

——現実の運動は一通りに定まっている。でもそれに対して「めざした」のか「逃げ出した」のか二通りのシナリオが書けるとしたら、その二つのシナリオの違いはどこにあるのか。

虚構の物語の内にある？

——じゃないかな。（一九八頁）

これはまだ説明の第一段階にすぎないのだが、ここでは《世界には物理学の書かない「事実」が在る》という点が指摘されている。問題の人物はA点から逃げ出したのかもしれないし、あるいはB点をめざしたのかもしれない。ここには、このひとの運動を〈A点からB点への運動〉と見るだけではつけることができないような、事実の区別がある。

より重要なのは説明の第二のステップだ。野矢は次のように続ける。

［…］例えば、こういう物語はどうかな。確かに現実の運動は一通りでしかないが、もしB点の前に障害があったとしたら、と考える。
——実際にはなかったけれど、ということだね？
そう。実際にはなかった、でも、かりにあったとしたら、二つのシナリオの違いははっきりしてくる。B点をめざした場合には、障害をどけるか迂回してでも、B点へと向かおうとしただろう。それに対してA点から逃げてきたのであれば、B点を無視して、ともかくA点から遠ざかろうとしたはずだ。（一九八—一九九頁）

ここでは、私たちはいわば「虚構込みで」世界を理解する、という点が指摘されている。例えば私たちが上述の事態を《あのひとはA点から逃げた》と理解するとき、私たちは何をしているのか。押さえるべきは、現実の物理的運動それだけではこの理解に足りない、という点だ。むしろ私たちは同時に《仮にB点の前に障害物があれば、あのひとは別のルートをとっていただろう》などの虚構的事実も認めている（さもなくば〈逃げた〉という意味づけはできない）。この意味で野矢は「非現実の可能性が、現実の運動に対して「Bをめざした」のか「Aから逃げ出した」のかという行為としての意味を与える」と言う（一九九頁）。

要点を繰り返せば、野矢のやっていることは、「世界観の刷新」とも呼びうる作業である。この哲学者によれば、世界は虚構的部分も含んでおり、虚構が人間の諸々の行為へそれとしての意味を与える。野矢は、人間の生にとって不可欠のこうした虚構を「根元的虚構」と呼びつつ（一九七頁）、次のように論じる。

例えば「腕を上げる」ということも、そうした虚構の介入によって「挨拶」になったり「タクシーへの合図」になったり「踊りの練習」になったりする。

――それが、ぼくらの生活のシナリオなんだ。

絡み合った虚構たちが、この一通りの現実にさまざまな意味を与え、

――そしてぼくらはその意味の中に生きる。（一九九頁）

《自由意志は虚構》だという野矢の主張における「虚構」も、こうした根元的な意味で理解される必要がある。野矢の主張は決して、私たちは、《いかにして人間が自由でありうるか》が分からないので、いわば「やぶれかぶれに」自由をでっちあげる、ということを意味しない。その主張はむしろ次のような見方を含む。現実の一通りの事実だけでは人間的世界は作られておらず、むしろ人間は諸々の虚構が可能にする意味空間のうちでも生きている、と。そして「……だったとしたら……」という反現実的な他行為可能性は、根元的虚構として、人間的世界の重要な部分を形成しているのである。この意味で、私たちは自由「である」、と言える。あるいは、虚構的自由は人間的生にとって構成的だ、とさえ言えるのである。

（2020/01/28）

＊　野矢茂樹『哲学の謎』講談社現代新書、一九九六年

〈後悔を有意味化するもの〉としての自由意志

――中島義道『後悔と自責の哲学』[*]の第1章を読む

自由意志が〈Aと非Aのいずれも選びうるなかでAを選ぶ〉という側面をもつとしよう。この場合、人間が自由意志をもつことを疑わせる理路がある。例えば私は大学一年生の秋に理学部から総合人間学部へいわゆる「転学部」を決意したが（哲学をまなぶためである）、はたして私は転学部をしないこともできただろうか。よくよく考えれば、私には転学部を通して「やりたいこと」があったわけであり、同時にこの「やりたいこと」は転学部を経由しないと行なえないと信じていたので、当時の私にとって転学部は避けられなかったように思われてくる。だがそうなると、私が転学部の実行と不実行のいずれも選びうるなかでその実行を選んだ、とはどういう意味か。いわゆる「他行為可能性（alternative possibilities）」の根拠は何か。それは実在するのか。

――以上のような問いに対して中島義道の『後悔と自責の哲学』の第1章は独特の答えを提示する。中島によると、自由意志は或る種の虚構（フィクション）なのであるが、かかる虚構は〈後悔〉という過去への態度にもとづいて設えられる。以下、中島の議論を確認しよう。

本ノートの議論は以下の順序で進む。はじめに〈後悔〉という事柄を基軸に自由意志を説明する中島の理路を追う。その後でこうした中島の「自由意志」概念のふたつの特徴――過去性と虚構性――を確認する。

1 後悔と自由

後悔とは何か。これは、言ってみれば、過去の悪しき事柄へ向けられる感情あるいは態度であるが、他方で――中島の指摘することだが――悪しき過去すべてが後悔されるわけではない。例えば曰く「北朝鮮の工作員に娘が拉致された人は、北朝鮮を恨み、もたもたした交渉を続ける日本政府を恨み、自分の悲運を嘆くことはあっても拉致されたことに後悔はしないでしょう」(九頁)。これは決して《拉致はたいした悪でない》と述べているわけでなく、むしろ《自分の娘が拉致された出来事は、自分の後悔が向けられる「ふさわしい」対象ではない》という点を指摘している。要点を繰り返せば、自分に関わる一切の悪が後悔されるわけではない、ということ。ではどのような悪が後悔されるのか。この問いへ中島は、自分の「意図的行為」が関与する悪がそれだ、と答える。曰く、

たしかに、娘が拉致されたこと自体を後悔することはないけれど、朝娘が出かけるときにいつものとおり「友達と一緒に帰りなさい」と言わなかったことを後悔する。もう帰るころだからと買い物がてら途中まで迎えにいこうかと思ったが、ついよしてしまったことを後悔する。(九―一〇頁)

要点は、しゃっくりや貧乏ゆすりなどの非意図的行為ではなく、声をかけたり迎えに行ったりなどの、

問題の出来事へ変化を与えることのできたかもしれない意図的行為の可能性が、後悔の条件だ、ということ。逆から言えば、この種の意図的行為が有意味に考えられない事柄については後悔は意味をなさない。中島は例えば現在の私たちが「フランス革命」を後悔することはないと指摘するが、これはフランス革命の発生を止めるような意図的行為の可能性が私たちに開かれていないからだと言える。

以上の議論はひょっとすると《私たちは自由意志をもつがゆえに後悔を抱く》と主張するものに見えるかもしれない。なぜなら、(実際には迎えに行かなかったのだが) 迎えに行くことができたという他行為可能性が後悔の「条件」だ、と述べられているからである。すなわち、仮にこの「条件」を根拠や理由の意味で解釈すれば、以上の議論の趣旨は《他行為可能性があるおかげで後悔が生じる》と理解されうる。だが中島によれば決して、〈自由〉が何かしらの「先行的」条件の役割を果たして、そのおかげで後悔が可能になる、というわけではない。そうではなくて後悔は人間にとって根本的な現象である。すなわち、後悔は他行為可能性よりも「派生的な」何かではない、ということ。以下、中島によるこの点の説明を追おう。

まず中島は、「私は自由であるがゆえに、後悔するのではない」と述べたうえで、この点を次のように敷衍する。

> まったく逆なのです。私はあのとき「Aを選ばないこともできたはずだ」という信念を抱くからこそ、私はAを自由に選んだと了解しているのです。つまり、自由とは、みずから実現したある過去の意図的行為に対して、「そうしないこともできたはずだ」(他行為可能) という信念とともに生じてくる。この信念は根源的であり、ほかの何ものにも由来するものではない。そして、本書では「そうしないこともできたはずだ」という信念を——日常の使い方よりも広い意味を含ん

でいることを承知のうえで――「後悔」と呼びたいのです。（一一頁）

ここでは言わば後悔と自由の「等根源性（Gleichursprünglichkeit）」が指摘されている。じつに――後でも強調するように――人間は後悔する存在である。一切の後悔を免れている、というのは人間には可能ではない。そして人間は、後悔する存在であるがゆえに、同時に「自由な」存在でもある。より正確に言えば私たちは、何かしらを後悔する限りにおいて、自らを「自由」と認めざるをえないのである。

中島は〈後悔の根源性〉を主張しており、こうした後悔と等しく根源的に人間の自由性も成立すると指摘する。ここには中島の人間観が現われているが、それは例えば同書の「あとがき」の次の文章にも表現されている。

誰もが、「あのときあれをしなかったら、あのときあれをしていたら」と悶々とする。こうした態度はごく自然であり、しかも、（その人が誠実ならば）この問いにはいかなる答えも与えられないことを知っているのも、ごく自然です。（一八五頁）

すなわち、「もしあのとき手を差し伸べていたら……」と繰り返し自問するが答えは出ない、などの仕方でひとは誰しも後悔に囚われる。これが――中島によれば――人間という存在なのである。このように人間は、《自分はじっさいとは違った仕方で行為できた》という信念を放棄せず、答えのない問いへ向き合い続ける。これは或る意味で「救いの無い」状態であるのだが、中島はこれを人間の真実のあり方と認める。そして彼はここから目を背けないことを「誠実」と見なすわけである。

ここで次のように指摘する者がいるかもしれない。仮に中島の考えが正しければ、《後悔の伴うような悪い過去をもたないひとは自分を自由と見なさない》という命題が帰結するのではないか、と。そして、もしそうであれば、中島の立場は、人間的自由の普遍性のテーゼ——すなわち《ひとはみな自分を自由と見なさざるをえない》などのテーゼ——を導かないのではないか。

——これは面白い指摘だが、中島は理屈の前提を否定する。なぜなら、彼の人間観においては、ひとはその生において後悔を伴う何かしらの悪を行なうものだからである。曰く、

> ですから、——興味深いことに——もし私がこれまで常に道徳的に善い行為を実践しつづけてきたなら（人間であるかぎりそういうことはないのですが）私は「そうしないこともできたはず」だという具体的な行為を見いだせず、「あのとき」自分が自由であったか否かを認識する場面が開かれないことになる。（一五一—一六頁）

ここで中島は、仮に人間が完全に「過ち」や「失敗」のない生を歩んでいたとしたら、彼女あるいは彼にとってそもそも《自分は自由か否か》という問いは問題にならない、と指摘している。これはじつに中島の立場の帰結である——なぜなら後悔が自由の条件だから。とはいえ、中島によれば、《人間が「過ち」や「失敗」のない生を歩む》ということはありえない。要するに、後悔の多い生を歩まざるをえない人間は自分を「自由」と見なさざるをえない、ということである。

2 自由の過去性と虚構性

――以上が〈後悔〉を基軸とした中島の「自由意志」概念である。このように把握された「自由」は過去性と虚構性という独特の特徴をもつので、以下それぞれ確認しよう。

第一に、中島は彼が彫琢する〈自由〉概念を「過去における自由」と表現するのだが、これは彼の考えにおいて自由が後悔という〈過去への態度〉と関連するからである。この点について彼曰く、

［…］自由は、まずもって「過去」という時間のあり方との相関で理解されねばならない。つまり、「自由であった」という過去形の自由こそ、じつは自由の原型なのです。（二七―二八頁）

こうなるとひとつの問いが生じる。それは、現在における自由はどうなるのか、という問いである。例えば、私はこの文章を執筆している現時点において椅子に座っているが、おそらく（というか確実に）椅子から立ち上がることもできる。このように、過去ではなく現在という時点にも自由は存在している、というように思われるが、中島はこの点をどう考えるのか。

中島によると、現在へ適用された「自由」概念はうまく機能しない。そして、自由意志をめぐる哲学的問題も、現在へ適用された「自由」概念の機能不全から生じると言えるのである。――どういうことか。中島の説明は以下。

はじめに中島は、自由意志の本来の在処が〈過去〉であることを確認しつつ、次のように述べる。

じつのところ、自由の根は「そうしないこともできたはずだ」という後悔であるとすれば、自由は「過去における自由」としてしか、すなわち時間との連関によってしか認識できないのに、われわれはおうおうにして時間を捨象して、あるいは極小的現在に限定して自由をとらえようとしてしまう。（一八頁）

中島の考えでは、〈自由〉は〈後悔〉という過去的態度との相関項であり、「そうしないこともできた」という過去的自由の概念は〈後悔を有意味化する〉という機能を果たす。とはいえ、こうした自由を無時制化して「そうしないこともできる」という無時制的自由の概念を作り出し、それを現在へ適用すれば或る問題が生じる。

具体的に考えてみよう。はたして、「自由」の概念を――後悔の関連しない文脈で――現在の〈椅子から立ち上がること〉へ適用する場合、この概念はどのような機能を果たすか。それは言ってみれば「抽象的に」次の命題を主張するという機能であろう。すなわち、

自由とは、何ものからも強制されずに、例えば私が「椅子から立ち上がる」という行為に出ること。すなわち、その同じときに、「椅子から立ち上がる」という選択と「椅子から立ち上がらない」という選択とが対等（無差別均衡）にできる［…］ことです。（一九頁）

押さえるべきは、引用における「自由」概念は〈後悔を有意味化する〉という役割以外のことを行なっている、という点だ。すなわち――このあたりが中島の実質的主張であり、いろいろと議論のあるところだろうが――過去との関係を抽象化した「自由」概念はもっぱらふたつの選択肢の無差別性を

特徴づけるものになっている。とはいえ〈選択肢の無差別性の主張〉という機能は、いまから説明するように、不全に陥ることを運命づけられている。

じつに、中島によると、「無差別均衡の自由とは、次の二つの両立不可能なことを認める理論」である。

(1) 行為の前には、私がAを選ぶことと非Aを選ぶこととはまったく対等である。
(2) それにもかかわらず、私はAを選ぶ。(一九―二〇頁)

なぜこのふたつが「両立不可能」だと言われるかというと、仮に(1)が正しければ、Aを選ぶ理由(正確には非AではなくAを選ぶ理由)が存在しなくなり、(2)が成り立たなくなるだろうからである。じっさい、Aと非Aが徹底的に対等であり均衡していれば、ひとがAを選ぶことは理解できなくなる(これは非Aが選ばれた場合も同様である)。このように中島は「無差別均衡の自由」を「矛盾なくとらえることができないかたちで自由を定式化」するものと見なす(二〇頁)。

たしかに——重要な点なので強調すれば——「自由」の概念を〈私はAを選んだ〉という過去へ適用する場合にも、《なぜ私は非AではなくAを選んだのか》の理由が確実に捉えられるわけではない(むしろ私たちはそれが分からないから後悔するのである)。とはいえ過去的自由の概念は、決して「空回り」せずに、一定の機能を果たしている。それは、繰り返しになるが、〈後悔を有意味化する〉という機能である。これに対して、後悔の文脈から切り離された「自由」概念は、たんに(1)と(2)という矛盾を招来するだけである。この意味で無時制的自由は「役立たず」なのである。

〈過去性〉については以上である。次は〈虚構性〉について。

中島によると、「自由意志」という概念は無視できないフィクション性を具えているのだが、この点を如実に証明するのが「何らかの事故が生じたときに法律を適用するさいの処理」である（二八頁）。例えばトラック運転手が子どもを轢くという事件が生じた場合、司法が彼あるいは彼女に「注意義務違反」などの罪を科すことがある。これは、運転手は子どもの飛び出しの可能性へ注意することもできたのだが、彼あるいは彼女はその義務を果たさないことを選んだ、という意味だ。ここで裁判官が《運転手は注意すべきだった》という義務に言及するとき、こうした指摘は《運転手は注意することができた》と前提されている。とはいえ中島は以下のように論じる。

ここに強調されるべきは、「わき見運転」とか「注意義務違反」とかの事故原因を掲げる場合、あたかもそれらが運転手の心の状態であるかのような記述をしながら、じつは違うということです。道路の脇を歩いていた小学生の集団に突っ込んで数人を跳ねてしまった運転手の男が制限速度をオーバーしておらず、飲酒運転もしていなかった。携帯電話に夢中であったわけでもなく、無免許運転をしていたわけでもない。すると、——しかたないので——彼には「注意義務違反」というレッテルが貼られる。（二九頁）

注目すべきは運転手の「注意義務違反」が認められるさいのプロセス（の中島の説明）である。裁判官は運転手の心の中をのぞいてそこに注意義務違反を見出す、というのは事実に反している。もちろん、例えば《運転手が携帯をいじっていた》という事実が確認できれば、裁判官にとって話は単純である。というのも、その場合には、裁判官は「運転手は携帯をいじっていたために前方への意識を欠いた」などと言えるからである。とはいえ、困ったことに、運転手にこれといった瑕疵が見出されない場合もある。とはいえこうした場合にも裁判官は（しばしば）彼女あるいは彼に責任を帰さねばならない。そして、そのために、裁判官は「運転手は子どもを轢くことを避けることができた」と主張する。すなわち裁判官は、「注意義務」なるものへ訴えて、「運転手はこの義務を果たさないことを選んだ」と述べるのである。

中島は「注意義務違反」が運転手の「心の状態そのもの」ではないと強調する。曰く、

これは、彼の心の状態そのものを表すのではなく、彼が小学生数人を轢いてしまったから、その、かぎりで彼に帰属されるのですが、なかなかもって微妙なことに、当人も――この場合の注意義務違反とはなまの心の状態（自然的事実）ではなく、社会的要求に基づいた事実（マッキーの言葉を使えば、「制度的事実（institutional fact）」）であること、その意味でフィクションであることを知っておりながら――、それをあたかも心の状態であるかのように受け入れてしまう。こうして、彼の心の状態は、（被疑者当人を含めて）社会的に構成され承認されていくのです。（二九―三〇頁）

ここで中島が言っていることは、「注意義務違反」は〈でっちあげ〉だとか〈うそっぱち〉だとかではない――という点は重要である。そうではなしに、「注意義務違反」・「他行為可能性」・「自由意志」・「責任」などが、「なまの実在」の次元ではなく、むしろ「意味づけ」と呼べるような次元にある、と言われている。じっさい、後悔は、過去への態度であり、特定の過去を意味づけるやり方である。かくして後悔と連動して成立する「そうしないこともできた」という自由もまた〈意味づけ〉の次元に属しており、この意味で「虚構性」をもつと言える。

後悔は自責という側面をもつ——と言えるならば、後悔もまた人間の行なう〈責任追及〉の実践に属すと主張可能だろう。かくして後悔に基軸をもつ自由もこうした〈責任追及〉の文脈で理解されねばならない。中島曰く、

> 私がAとBという二つの選択肢のうち一つを選ぶという岐路に立たされているそのとき、どのようなメカニズムがはたらいて私がその一方（例えばA）を選ぶのか、まったくわかりません。このとき、「自由」という言葉を使っても、「いかなる仕方で」Aを選ぶのかに関して、いかなる説明もできないでしょう。その理由は、自由という言葉は、そのとき私の心に現に起こっている事実を説明する言葉ではなく、現在振り返って「どこまで」責任を追及するべきかという規範に属する言葉だからです。（三一—三二頁）

（2020/01/20）

私たちはやってしまったことを後悔する。そして自責の念をもつ。これは人間にとって根源的な事実である。そして、かかる過去への態度こそが、私たちの「自由意志」概念の存立の場なのである。逆に、〈自由意志〉を実在のファクターのひとつと見なして、これでもって人間の意志決定メカニズムを説明しようとするときには、却って理論的な問題が生じる。その理由はそもそも「自由」は実在のプロセスそのものを記述する概念でないからである。

＊　中島義道『後悔と自責の哲学』河出文庫、二〇〇九年

因果律は物自体の性質ではない

——田島正樹『古代ギリシアの精神*』の自由意志論

「因果（causation）」という概念は、見方によっては、自由意志の存在と折り合いが悪い。例えば〈複数の可能な選択肢からひとつを選ぶこと〉が自由意志の本質的な側面であるとしよう。この場合、もし《原因Cが生じたら、その結果としてEが生じる》という因果関係が実在世界にあまねく行き渡っていたら、そこに自由意志が存在する余地は無い。なぜなら、因果のプロセスのうちには、〈選ぶ〉という側面が見出されないからである。じつに原因Cは結果Eを選んでいるわけではない。たんに、Cの生起を追ってEが生じる、というだけである。——このように、因果と自由意志の間には、或る種の非両立性がある。

かかる〈因果と自由意志の非両立性〉のアポリアを、田島正樹の解釈するカントはうまく解きほぐしている。本ノートでは田島のカントの立場を確認しよう。参考にするのは田島正樹『古代ギリシアの精神』の第Ⅲ章「アリストテレス——運と合理性」である。田島はそこで、カントは「因果律を物自体の性質ではなく、探究の制約」とした、と指摘する（一三二頁）。はたしてこれはどういうことか——以下順を追って説明しよう。

本ノートの議論は次の順序で進む。はじめにいくつかの用語を導入する――「物自体」や「現象」などのカント用語の意味を押さえる。そのあと《因果律は物自体の性質ではない》という田島の重要テーゼの意味を明らかにする。最後にこのテーゼが自由意志の問題に対してもつ含意を確認したい。

現象は物自体とは区別される――これはカントの『純粋理性批判』の実質的主張のひとつである。このテーゼはときに「超越論的観念論」と呼ばれるが、カントはこれを主張することによって他の哲学者たちとは違った「独自の」道を進む。とはいえ物自体とは何か、現象とは何か、これらはどう区別されるのか。

カントによれば、私たちの世界認識は、私たちに特有の認識形式に制約されている。経験的なレベルで言えば、例えばミツバチは人間にとって不可視の紫外線を「見る」ことができ、この意味でミツバチは私たちのそれと違った世界をもつ。カントは以上のような事態を重視し、〈私たちに現われる世界〉と〈世界それ自体〉とを区別した。そして、前者を「現象」の世界と、そして後者を「物自体」の世界と呼んだ。

はたして現象と物自体はどう異なるのか。一方で、現象界（私たちに現われる世界）には、特定の規則性や法則性がある。とはいえ私たちの発見する規則性は、前段落の話と同様に、私たちに「固有の」認識形式に由来する。他方で物自体の世界にどのような規則性や法則性があるか（そもそも何かしらの法則があるか）は分からない。なぜなら物自体のあり方は私たちに知られないからである。

――以上は、標準的な（と私の考える）カント理解である。

さて、田島はカントの超越論的観念論の意味を興味深い仕方で「再解釈」するのだが、そのやり方は――思うに――〈因果と自由意志の非両立性〉の問題を解きほぐすことに役立つ。田島曰く、カントが物自体と現象の区別を必要としたのは、現実のパタン認識（現象の構成）と、その概念パタンの構成についての制約の区別を必要としたからである。（一二六頁）

ここで注目すべきは「制約」という語である。じつに田島は《なぜカントが現象と物自体の区別を必要としたか》という問いへ《それは、因果律は私たちの世界探究の制約だ、という考えを彫琢するためである》と答える。曰く、

［因果律は］結果が違うなら、原因がどこか違うはずだから、その違いのパタンを見出せ、というリサーチ・プログラムとして働くのである。つまり、因果性のカテゴリーとは、個々の因果法則のパタンのことではなく、それを見つけるための探究上の要請の形式を表すものである（これらの点については、野矢茂樹氏との議論に負うところが大きい）。（一二三頁）

例えば――田島の提示する例だが――透明で酸味のある液体AとBをそれぞれ電気分解すると、Aからは水素と塩素が、Bからは水素と亜硫酸ガスが発生したとする（一二三―一二四頁）。この場合、結果が違うので原因物質たるAとBも互いに異なるはずだ――根本的な「因果律」の役割は、田島によれば、かかる推論を可能にすることである。はたせるかな、探究の結果、AはHClであり、BはH_2SO_4であることが判明した。

ここで田島が行なっていることは、因果というものの位置づけを再考することである。たしかに、世界（すなわち実在それ自体）の側に因果というものがある、という考え方は分かりやすい。とはい

え——田島の指摘だが——よくよく考えれば「因果性が重要な意味をもつのは、探究過程において」である（一二五頁）。じっさい、科学的探究の結果として「C_1からE_1が生じること」や「C_2からE_2が生じること」などがいったん判明してしまえば、「……から……が生じる」という因果関係は実在するか否かなどは問題にならない。かくして曰く、

> そして結局は、完成された科学理論の中に、「因果」という意味は、せいぜい隠伏的にしか残されない。それはカントが洞察したように、因果性が物自体の本性の一つではなく、探究プログラムの制約、または概念形成の制約にすぎないからである。（一二五頁）

じっさい、化学のテクストを読むと、「H」や「N」や二酸化炭素やメタンなどが主題的に論じられているが、因果作用はそれ自体としては主題化されない。これは、田島の言うように、「因果」がたんに実在に属すのでない何かだということを示唆するかもしれない。

田島のカントの議論は或る意味で「大掛かりな」作業に取り組んでいる、ということは強調しておきたい。例えば、田島的カントの議論には、〈科学と実在の関係〉を再考する側面もある。ひとつの科学観に従えば、ハードな自然科学は、自然のじっさいの真のあり方へ迫るものであるが、以上の議論は《それは本当にそうなのか》という再考を促す。むしろ科学とは〈私たちがやっていること〉なのではないか。そして、科学が明らかにする世界も、私たちが私たちなりの道具で描き出すところの何かなのではないか——。

田島は議論全体をまとめて次のように言う。

以上、カントにとって因果律とは、すべてのものに原因があるということを述べる宇宙そのもの（物自体）の本性を記述したものではなく、宇宙の現象を類型的・概念的に分類記述するための概念を見出すための探究上の要請（主観性の構造）であることになった。（二二四頁）

要点を繰り返せば、《結果にはそれに応じた原因がある》などと表現される因果律は私たちの世界探究への制約だ、ということである。そして、仮にこの見方が正しければ、《私たちの行動は因果の秩序に絡めとられており、私たちは自由でない》という理路も再考を迫られる。そして田島自身もこの点をあらためて考察する。

はたして自由意志とは何か。冒頭の議論――〈因果と自由意志の非両立性〉を主張する議論――は、自由意志を（もしそのようなものがあるとすれば）世界の一要素と見なして、それを因果と対立するものと捉えた。とはいえ自由意志は決して〈世界の内部に属す神秘的な能力〉などではない。あるいは少なくとも田島のカントはそれを否定する。田島のカントによれば自由意志もまた、世界の内部ではなく、世界探究の次元に属す。

こうした点を田島は次のように論じる。

因果律を物自体の性質ではなく、探究の制約であるとすることによって、カントが自由と決定の二律背反状況をうまく免れることができたのを見て取ることはたやすい。もし因果律がたかだかリサーチ・プログラムとして探究を制約するものにすぎなければ、科学的説明がいかに精緻化したところで、物自体の決定論にまでは届かないのであるから、自由とも決定とも決定のつかぬ膨大な領域が、残されることになるだろう。それは、経験可能の領域と不可能の領域の間に、可

能とも不可能ともいまだ決定できない領域が残されているということと同様である。（一三二頁）

押さえるべきは、もし因果律が探究の制約であり、同時に――この点も重要だが――私たちの探究がつねに「有限的」であり「途上的」であるならば、私たちの眼前にはつねに〈いまだ因果に取り込まれていない領域〉が残ることになる、という点だ。もちろん私たちは、探究を継続することによって、そうした領域から、いろいろなものを因果の網目に取り込んでいくだろう。とはいえ、そうした作業が完結して一切が因果に服する、ということはない。因果があまねく支配する、という状況には至ることがないのである。

これだけではない。以上の議論においては《私たちは探究の主体だ》という点へも注目せねばならない。すなわち私たちは、たんに〈いずれ因果の網目へ完全に取り込まれるだろう対象〉であるというよりは、世界を「因果的に」探究する主体なのである。そして、田島によれば、かかる主体性のうちに人間の根本的自由は存している。曰く、

　実際、自由が存在するとしたら、可能的経験を越えて、この領域を可能的経験に組み込んでいくような試み、かくて、可能的経験を少しずつ拡大する試み――この成功するか否か、あらかじめ定められていない試み、の中に存するに違いない。（一三二頁）

要点は、人間の自由は、個別的な因果作用によって存在を否定される領域や、一般的な因果律によって存在を否定される領域には属さない、という点である。言い換えれば、人間の自由は因果が現われる次元よりも「深い」ところにある。すなわち、私たちが探究し、世界認識を拡げていく、という根

本的な営為を可能にしているものが自由意志なのだ、ということである。

(2020/01/19)

＊　田島正樹『古代ギリシアの精神』講談社選書メチエ、二〇一三年

第七章

自由のさまざまな語られ方

言語の束縛と自由

――デリダ『有限責任会社』*を読んだ感想を兼ねて

『有限責任会社』を読んだ感想をノートに書き留めておきます。この本はデリダ＝サール論争におけるデリダ側の論考を収めたものです。

この翻訳書の「起源」を特定することはいささか困難で、底本はフランスの出版社 Galilée からの *Limited Inc.* ですが、そもそもこの本自体が英語交じりの破格なものであり、単純に「フランス語の書物を日本語に訳した」と言うことができません。加えてデリダ＝サール論争はもっぱら英語で繰り広げられており、さらに *Limited Inc.* は英語版（Northwestern University Press）の方がフランス語版よりも先に出版されています（前者は一九八八年、後者は一九九〇年出版）。というわけで訳者たちは、英語版を参考にしつつ、フランス語版を日本語へ翻訳するという作業に取り組むわけです。ここでデリダが翻訳に関して独特な見解をもっていたことにも鑑みると、もう何がなんだかという感じですが、個人的な感想を書いておくと、本書はこうした難しさを乗り越えて成し遂げられた素晴らしい訳業だと思います。この訳書を通じて、以下の感想を書けるくらいにはデリダの立場を理解することができました（まったく誤読しているかもしれないけど）。

本書は次の四つのパートから成ります。

1　「署名 出来事 コンテクスト」
2　ジェラルド・グラフによるサール著「差異ふたたび」の要約
3　「有限責任会社 abc…」
4　「討議の倫理に向けて」

簡単な説明は以下です。1は一九七二年にフランス語で出版されたデリダの論文。これは従来のエクリチュール論を展開する文脈で書かれたものですが、日常言語学派のオースティンへの言及が含まれています。この論考が一九七六年に英訳されて英語圏の哲学者の目に触れるやいなや論争勃発です。一九七七年の *GLYPH* 誌上で、サールが論文「差異ふたたび」においてデリダのオースティン理解を攻撃し、これに対してデリダが3の「有限責任会社 abc…」で応答する。4は英語版 *Limited Inc.* の編者であるジェラルド・グラフによるデリダ＝サール論争に関する質問とそれに対するデリダの回答です――これは同書において「後記」と位置づけられていますが、これを読むと論争のポイントの理解が深まります。

ちなみに、なぜ2が、サールの論文そのものではなく、グラフによるその要約なのかというと、本書の「まえがき」にあるようにサールは彼の論文が *Limited Inc.* に収録されるのを拒否した、というわけ。サールの拒否の理由は「有限責任会社 abc…」を読めば何となく分かる気がします――この論文は下手をすればサールへの侮辱を含むと読めるので。

以下、各パートの要点（私が理解する限りの、ですが）を説明し、感想を述べます。

1　「署名 出来事 コンテクスト」

周知のとおり、この論考以前からデリダはエクリチュールが「不在」を伴うことを強調してきました。詳しく言えばデリダは、ロゴスの自己現前としてのパロールに（強迫観念的に）優位を置いてきた西洋哲学の正史がエクリチュールのもつ重要な契機——不在——を見過ごしてきたこと（「隠蔽してきた」とさえ言えます）を指摘し、〈真理〉・〈意識〉・〈意図された意味〉などの「大文字の」概念を軸に展開するロゴス中心主義から離れることの意義を強調してきました。じつに、私たちの言語活動にはエクリチュールが残す「余白」が随伴するという点に気づくことは、言語理解に大きな違いを生みます。すなわち、言語活動を純粋にパロールと捉えることはコミュニケーションを〈確定した同一の意味と真理の伝達〉と見なすことに行きつきますが、言語活動にエクリチュールの側面があることを認めるときにはコミュニケーションを〈飛躍を伴う決死の賭け〉や〈自由で創造的な戯れ〉などのイメージで把握することができます。後者のタイプの言語理解は私たちをして西洋哲学のオブセッション——存在者の存在を現前させる真正な言語の追究——から自由なものたらしめます。この文脈でデリダの主張を標語化すると“There is something nicht ontisch-ontologisch dans l'écriture.”などとなりそうです。

論文「署名 出来事 コンテクスト」も前半においてこの主張——言語活動の理解にエクリチュールのイメージを取り戻すことの重要性——を繰り返します。とりわけ本稿ではエクリチュールが「反覆可能性（itérabilité）」という概念で特徴づけられます。この概念はある文脈でトークン化された書字が別の文脈でもトークン化される可能性を表します。例えば「初《はじ》めに言《ことば》があった」は『ヨハネによる福音書』（新共同訳）の冒頭に書かれた文字ですが、それは引用されるなどして「再利用」されます。これが、ある文脈でトークンになった文字列が別の文脈でもトークンになりうる、の意味です（ここでのトークンは書字の具体的使用と解して構いません）。これは、別言すれば、書字が多種多様な引用可能性に開かれていることを意味します。書字は、本来の書き手と受け手がこの世を去った後も生き残り、さまざまな文脈でさまざまな仕方で「反復」されます（繰り返されたトークンはオリジナルのそれとは異なったものになっており、この異化の側面を強調するために「反覆」という語が用いられています――itération は文字どおりの反復ではない、ということです）。この意味で書字は、多義性をもつというよりも、むしろいわゆる「散種（dissémination）」の次元に属すものなのです（後述）。

論文後半では、以上の文脈においてオースティンが彼の言語分析においてとったひとつの態度が批判されます。オースティンは、約束や宣誓などの言語行為を分析するにあたり、ある種の言語活動、すなわち舞台のうえでのそれ、詩の中でのそれ、独り言におけるそれを「寄生的」として考察対象から排除しました。とはいえデリダによればこうした排除は言語理解の狭さを招来しかねない。なぜなら、デリダ曰く、例えば舞台のうえで約束の言葉を「引用」できるという広い意味での引用可能性はエクリチュールとしての言語活動の本質部分に属す事柄であり、そして――ここが重要ですが――こうした一般的な引用可能性を前提してはじめて日常的な言語活動も成り立つのだと言えるかもしれないからです。言い換えれば、舞台上で約束の言葉を発しうるという事実には言語がもつエクリチュールの側面を見出すことができ、そしてエクリチュールのイメージはパロールを基本とする従来の言語観を転覆しうる可能性をもつため、言語について一般的な理解を得ようとする際には舞台上での約束などの事例は考察対象から決して「ア・プリオリに」排除されるべきでない、ということです。このようにデリダは、舞台や詩における「引用」に対するオースティンの態度のうちに西洋哲学の無自覚的な伝統である〈エクリチュールの貶下《へんげ》〉を見出し、この哲学者の言語観の偏りと狭隘さを批判します。

というのが、「署名出来事コンテクスト」（およびその他のデリダ関連一次文献・二次文献）を読んだかぎりでの私の理解。まあ、デリダの言っていることはそれなりに分かります。ただし、以上のように主張するデリダの言葉にはある種の緊張が見出されます。デリダは、エクリチュールがもつ「不在」の権利を取り戻すためいろいろな仕方で読者をそれに注目させようとしますが、このように「不在」に気づこう・気づかせようとする活動もまたそれ自体「現前化の欲望」に促されていると見なされえます。すなわち、デリダは、エクリチュールの「不在」を現前させようとする限りで、ロゴス中心主義の加担者だ、と。こう考えると言語と現前の関連の根が深いことにも気づかれます——おそらく私たち言葉をつかう動物は決して現前化の欲望から完全に自由になることができないのでしょう。ではどうするか。おそらく——後でまた説明しますが——デリダの後期の論述スタイルはこの問題に対するひとつの解答だと解釈できそうです。

2　ジェラルド・グラフによるサール著「差異ふたたび」の要約

ジェラルド・グラフという人物は、原註によれば、「文学の理論家としてよく知られているとともに学術制度の分析家としても知られている」ひとらしい。いわゆる「分析系」のひとではないようですが、彼によるサールの論文の要約は読みやすくかなり理解の助けになりました。グラフの要約によれば、サールはデリダがオースティンの立場をいろいろな点で誤解していると言う。重要な指摘のひとつは次です。

サールによれば、デリダはなぜオースティンが舞台上での約束の台詞などを考察対象から外したのかの理由を誤解している。曰く、オースティンの真意は以下である。

すなわち「約束するとはどういうことであるかとか、陳述を行うとはどういうことであるかということを知りたいのなら」、役者が芝居のなかの舞台で行う約束や、小説の登場人物についての陳述が、「約束や陳述の標準的ケースではないということがまったく明白である以上、それらの非標準的ケースの探求から始めない方がよいということである」〔七九頁〕（『有限責任会社』六二頁、以下頁参照は同書による）。

これは、サール曰く、いわば「研究上の方針」としての排除であり、ここに「深刻な形而上学的困難の淵源」を見出すのは間違いである（六一頁）。

私は、要約だけで済ませるのが嫌いな性格なので、原文の "Reiterating the Differences: A Reply to Derrida" を手に入れて読んでみました。論述が明瞭かつ丁寧（グラフがうまく要約できたのも、そもそもサールの書き方がクリアだったからかな、と思ったりもします）。サールはもともと比較的明快な書き手だと思いますが、この論文ではデリダに「ザ・分析哲学」の論証を味わわせてやろうと意気込んでいて普段よりも明快さを意識して筆を運んでいるな、という印象を受けました。模範的な分析哲学の論文だな——と感じたわけです。例えば、論文の第二パラグラフでは「デリダの論文を自然な仕方で腑分けすればふたつの部分に分けることができ、第一の部分では……」という仕方で、自分の理解を提示しながら議論を進めます。私が誰かに応答するときも（たいていの場合）こうしたやり方をとります。

とはいえサールのこうしたスタンスにデリダは否定的に応答する。すなわち、デリダの論考を以上のような「規範的な」スタイルで批判したというまさにその点において、サールはデリダから厳しい「反論」を受けることになるわけです（例えばサールがデリダの論文をふたつの部分に分けたことについて、デリダは「[自分の論文]は、二つの部分ではなく、三つの章と、前置きと、結末と、標題と、位置づけるのが困難な諸々の署名とを含んでいる」という、ふつうの文脈ではありえない「反論」を行ないます（二〇一頁、角括弧内の補足は引用者による）。以下においてだんだんはっきりしてくることと思いますが、デリダの応答論文「有限責任会社abc…」は、ひとことで言えば、「異様な反論」です。この「異様性」はいろいろな仕方で説明できますが、第一に——先立つ論文「署名 出来事 コンテクスト」はいまだアカデミックなスタイルにおおむね則って書かれているのに対して——この応答論文はもはや学術論文の体を成していない。この点にはデリダの有名なスタイル上の変化が関連していま す。

例えば東浩紀は次のように言っています。「一方で第一期に発表された「署名 出来事 コンテクスト」は、『声と現象』や『エクリチュールと差異』の諸論文と同じく、いまだ学術論文の体裁を保っている。そこでは言語行為論に宿るアポリアが、とりあえずは論理的な手続きで追いつめられる。他方で「有限責任会社abc」は典型的な第二期テクストであり、二〇以上の断片に分かれもはや論文の体裁をなしていない。その論述もまた、サール論文の草稿に記された日付や署名をめぐるエピソードから始まり、s.a.r.l. = Searle（「有限会社」のフランス語略称 s.a.r.l. はサールと発音される）をはじめとした無数の言葉遊びを利用しジグザグに展開されていく」（『存在論的、郵便的』新潮社、一九九八年、二八八―二八九頁、丸括弧内説明は原著者による）。デリダの論述スタイルが一期と二期に分けられうることはよく知られていますが（すなわち比較的学術的な一期のスタイルとテクスト実験的な二期のスタイル）、デリダ＝サール論争はちょうどその境をまたぐ時期に生じました。専門家が関心をもつ所以かと思います。

脱線ですが、私は大学院生のときにバルトの翻訳などで有名な仏文の三好郁朗先生の演習に出ていたことがあります（フーコーの論文を読みました）。参加者は教育学部から来ていた博士課程の先輩と私のふたりだけ。一年の最後の講義のあと、先輩と私とで三好先生を食事に誘うと、逆にフランス料理のお店へ招待されてしまいました（代金は先生がすべて払ってくださいました）。そこで、当時すでに有名だった東浩紀の話題になり、先生が「東さんはデリダの化身みたいな文章を書く」とおっしゃったことが鮮明に記憶に残っています（先生の留学の思い出話やドゥルーズや浅田彰の話もしたと思うのですが、細部をまったく忘れてしまいました）。閑話休題。

さて、サールの「分析哲学的な」批判にデリダはどのように応答したか——いよいよ本丸の論文が登場します。

3　「有限責任会社abc…」

この「論文」はスタイル上の効果を存分に備えた作品です。そのため、どのようなものなのかを私の文体に移し替えて説明するのは難しい。最終的には実物を見て下さいと言う以外にないのですが、それも芸がない気がするので何とかできるかぎりの解説（あるいは解説めいたもの）を試みたいと思います。

サールの論文を読んだデリダはこの哲学者が対話の相手として相応しくないと感じたと推察できます。実際、サールのデリダ批判はデリダに対する好意（すなわち「好意的解釈」の意味の好意）を完全に欠いています。好意のない相手と語っても疲弊するだけである――というわけでデリダは自分の文章の名宛人を工夫するところから論を開始します。そして、サールだけでなく、オースティンのテクストを「規範的な」仕方でのみ扱うべしとする「顕著な哲学的伝統」（八一頁）を引き継ぐ多かれ少なかれ「匿名の」集団＝会社を 'Société à responsabilité limitée' と命名し、それを 'Sarl' と略記しこれで名指されたものを本稿の名宛者とします。これは――先ほどの東氏の引用でもありましたが――フランス語における「有限責任会社」の標準的な略称であり、発音は（だいたい）「サール」です。

「有限責任会社 abc…」では、'Searle' の名をもつサール本人も指しつつ、'Sarl' という語が使用されます。しかも何度も何度も。これはサールにとってかなり不快であろうことは、容易に察せられます――この一事ですでにサールが彼の論文を *Limited Inc.* に載せるのを拒否した理由は分かる気がします。サール自身も次のように感じたと思います。こんな悪ふざけをするやつと対話しようとしても時間の無駄である、と。

デリダ＝サール論争は大陸系の哲学者と分析哲学者の対話がいかに難しいものかを例示するケースとして挙げられることが多いです。で、こうした紹介の仕方は十分に理解できます。実際、デリダとサールは、その後やりとりしないという意味で「決裂」してしまいましたので。ただし、いちおう何らかの対話は行なわれたわけですので――ひょっとしたら「接触事故」のようなものに過ぎないかもしれませんが――次の点を考えるのは無駄ではないと思います。サールとデリダはどの点で分かり合えなかったのか。この文章でも、最後の方で、この話題に触れたいと思います。

デリダは、サールのテクストのほぼ全文を引用しつつ、逐一反論していく。例えば、先に紹介した論点――デリダはオースティンが「寄生的な」言説を研究から排除した理由を誤解しているというサールの指摘――については、どうでしょうか。デリダは次のように言います。「私は、こうした偶発的ケース〔sc. 舞台上での約束など〕の可能性を排除することから始めるべきではないし、始めることもできない、と考える。まず第一に、この可能性がいわゆる「標準的な」構造に属しているがゆえに」（二九一頁）。先にも述べましたが、デリダにとっては、舞台のうえでの約束も「標準的な」スピーチ・アクトの一事例です。じつに、芝居のなかで再生されたり模倣されたりしうるという可能性こそがエクリチュールとしての言語の核心部に存しており、言語について考える際にはこの「つねに開かれていること」（二九一頁）を無視して始めることができません。

次の段落は分かりやすく重要であるので全文引用します（ちなみに私のお気に入りの段落でもあります）。

〔論文「署名 出来事 コンテクスト」の〕問いは、オースティンやサールのコードに翻訳してみれば、一言でいってこうである。すなわち、「標準的な」もの、「充実した」もの、「正常な」もの、「真面目な」もの、「本来の＝固有の」もの、等々と彼らが呼んでいるものは、それが非‐標準的なもの、「空虚な」もの、「異常な」もの、「不真面目な」もの、「寄生的な」もの、等々によってつねに侵されうるためには、どんなものでなければならないか？　このような寄生《パラジタージュ》＝雑音介入が現れるためには、芝居や物語文学は必要でない。反覆可能性に結び付いたこの可能性は、絶えず生起しており、われわれはそれの証明を一瞬ごとに、そしてここでもまたもっている。一瞬後に反覆される〔réitérée〕（反覆可能〔réitérable〕である）のでないような約束は、約束ではないだろうし、寄生＝雑音介入の可能性はすでにそこに、Sarl が「実生活」〔real life〕と呼ぶもののなかにも存在しているのだ。それが何であるのか、それがどこで始まりどこで終わるのかを知っているのと、Sarl が（ほとんど、完全には〔not quite〕）模倣しえないような自信をもって確信している、かの「**実生活**」のなかにも。まるでこの言葉（「**実生活**」）の意味が、寄生＝雑音介入のいささかの危険もなくただちに万人の一致を見うるかのように、まるで文学、演劇、虚言、不誠実、偽善、不適切さ＝不幸（infelicity）、寄生＝雑音介入、**実生活**のシミュレーションといったものが、**実生活**の一部ではないかのように！（一九一―一九二頁）

ここでデリダがやりたいことは、私たちの日常の言語実践に関して、オースティンやサールとは異なったイメージを与えることです。オースティン＝サール路線の発想において与えられる言語観は〈一定の規則に従ったものとしての言語行為〉というものですが、デリダはこれと異なった見方を重視する。すなわち、私たちの言語実践には決して規則化されないような「残余」がある、というわけです。実に――先にも触れましたが――言語を〈規則に従うもの〉と見ることとそれを〈規則化されない創造的な戯れ〉と見ることとの間には、場合によって大きな違いがある。そして、いずれを採用するかに応じて、私たちの自己理解も大きく変化します。

「有限責任会社abc…」については、他にも述べたいことが多いですが、このあたりでやめておきます（関心をもった方は現物にあたってみて下さい）。ただ、ひとつだけつけ加えておきたいことがあります。デリダ＝サール論争について語るひと（先述の東や本書訳者のひとりである宮﨑裕助）の多くはデリダ側に立って語るため、どうもサール側の「正しさ」の説明がなおざりになっている気がします。とはいえ――あくまで私の意見ですが――本論争においてはサールの主張やスタイルにも肯定的に語るべき点は多いと思います。というのも、第一に、私たちの言語実践は、事実として、規則に従っていると見なすべき側面を数多くもっており、オースティン＝サール路線の言語観も決して打ち捨てられるべきものでないからです。加えてスタイル上の問題についても、特定の（同一の）意味を現前化させるような「分析哲学」の文体、すなわち〈言葉づかいを厳密化したうえでそれを自覚的に使用しようとする〉という分析哲学の方針は多くの美徳を備えています（もちろん、デリダの言うように、悪徳も備えていると思いますが）。例えば、先のデリダの引用は分かりやすいですが、その理由は彼が自分の言わんとすることを現前化しようとした結果だと言えます（この点が気に入らないので彼は、引用冒頭で、「オースティンやサールのコードに翻訳してみれば」と断っているのかもしれませんが）。このように、何かを語る際には、〈意図した意味〉を現前化させるという作業は無視できない重要性をもちます。

最後に私の考えを書き留めておきます。おそらく〈私たちの言語実践は規則に縛られている〉というイメージと〈私たちの言語実践は創造的な戯れである〉というイメージは、互いに相反するものでありつつも、どちらも捨てることのできないものだと思います。逆から言えば、私たちは一方のみに加担することができない、と。ですので、もしオースティン＝サールが前者のイメージのみに導かれているとしたら、デリダによるオースティン＝サール批判は正当性をもつと思われます（別の言語実践イメージもあるのだぞ、と）。とはいえ、仮にデリダが二番目のイメージのみを重視しているとしたら、彼もまた同様の批判にさらされます。このあたりの事柄については、また別の機会にじっくりと考えてみたいと思います。

4　「討議の倫理に向けて」

グラフの質問に対するデリダの回答からなるこの「後記」は――「有限責任会社abc…」とは違って――いわば「通常の」文体と文章構成のもとで書かれており、かなり読みやすい。グラフの質問は多岐にわたり、この「後記」を通じて読者はデリダ＝サール論争の（デリダ側の）舞台裏や本論争とデリダのその他の主張との関連を知ることができます。とはいえ、こうした真意を語るという文脈においては、デリダもまた現前の言語のロジックに絡めとられる危険に陥ります。例えば、次の引用箇所などについては、「少し語り過ぎていて、パロールの〈形而上学〉に足を踏み入れているのではないか」と（アド・ホミネムに）文句を言いたくなります。

> *Limited Inc...* のなかではっきり述べたかどうか確信をもてないのでここで付け加えておくならば、確かに反覆可能性の概念それ自体は、この概念から形成《フォルメ》される（もしくは歪曲《デフォルメ》される）あらゆる概念と同じく、一つの理想的概念にはちがいないのですが、しかしまた、あらゆる純粋な理想化の本質的かつ理想的な限界をマークする概念、つまりあらゆる理想化の限界についての理想的概念なのであって、（それが理想＝イデア性の可能性の概念である以上は）非‐理想＝イデア性の概念ではないのです。「反覆可能性《イテラビリテ》」がたんに、サールがそう考えているとおぼしき同じものの反復可能性《レペタビリテ》にとどまらず、むしろ出来事の特異性——たとえばなにがしかのスピーチ・アクトの特異性——において理想化されたこの同じものの変質＝他化可能性《アルテラビリテ》を意味するのだということを忘れないようにしましょう。（二五七頁）

こうした語りは、ややもすれば、エクリチュールの決して現前化されない残余の側面を現前化しようとしている印象を与え、デリダの基本的立場——エクリチュールが伴う「不在」の尊重、すなわち語りがつねに語られない何かを伴うという事実への配慮——に鑑みると複雑な念にかられます。それと同時に、何らかの「沈黙律」が重要である可能性が思い浮かびます（哲学者はえてして語り過ぎるタイプの人間ですが——ときに饒舌にさえなる——語らないことの重要性は心に留めておいてよいかもしれません）。おそらく、エクリチュールの「不在」については、それを語り過ぎないことが、それに対する適切な態度なのでしょう——ただ、こうした点も、語らなければ現前化しないというジレンマがあるのですが……。

おそらく——というか十中八九——デリダもまたこのジレンマに気づいていた。そして、その結果として（私の推察だけど）、八〇年代以降の、はっきり言えば「何がなんだか分からない」テクスト実験の領域に足を踏み入れることになります。こうした解釈に従うと、後期デリダのテクスト群は次のような特徴づけを得るでしょう。すなわち、現前化の欲望からできる限り自由であろうとして書かれた作品たち、と。そこでは——いくつか読まれたことのある方なら分かるように——特定の意味を付与する「解釈」という作業を徹底して拒む文章が提示されます。なので、読む方も「解釈するぜ！」と構えてはいけないのでしょうね。ただ、テクストに対して解釈的態度をとれないとなれば、私たちはそれに対してどのような態度をとればいいのでしょうか。——こうした点については私はまだ自分の考えを持ち合わせていないので、またの機会まで措いておきます。

5　おわりに

結局、「デリダ＝サール論争」とは何だったのでしょうか。ひとつの特徴づけは「大陸系哲学者と分析哲学者の不幸なすれ違い」です。これは少なくともある面において正しい。とはいえ、「すれ違い」というのは消極的過ぎる表現な気もするので、私としてはもう少し積極的・肯定的な理解の仕方を見つけたいところ。そして、今のところ適当だなと思う見方は、サールとデリダの対立点を「哲学観の違い」と解釈するものです。これは、〈哲学という言語実践が何を行なっており、何を行なうべきなのか〉に関する対立であり、この次元における対立はかなり苛烈で、最後には「喧嘩別れ」に行きつかざるをえない。簡単に説明すれば以下です。

「署名 出来事 コンテクスト」におけるデリダのスタンスは、抽象化して言えば、私たちを縛るものから私たちを解放することを目指すというものです。すなわち、伝統的西洋哲学の支配下のもと私たちは長らく〈真正な言語＝パロール〉という観念に束縛されてきましたが、デリダはエクリチュールの「不在」を強調することで私たち（デリダも含む）をそうした支配から自由にしようとする。このように、デリダにおいては、〈解放〉や〈自由〉の価値が高位に置かれ、哲学はこうした理念の現実化に貢献するものと見なされます。

これに対してサール（およびオースティン）のスタンスは、理想化して言えば、〈自由の限界点においてもなお〉私たちを縛るような何かを明らかにすることを目指すというものです。私たち人間は——反省すれば気づかれるように——何らかの意味の「論理」に従わずには話すことも思考することもできません。このように何らかの意味の「ロゴス」は私たちの宿命であり、決してそこから自由になれるものではない。そして日常言語学派の哲学者は——究極的には——このような私たちを根本的に縛る何かを探り当てたいという欲求に導かれており、そしてその探求を哲学の目標に据えている、と解釈できます。

以上の対立は別の言葉を用いても表現できます。例えばときにデリダ＝サール論争では「真面目／不真面目」の境界が問題になっていると解釈されます。すなわち、真面目さにこだわるサールとそのようないわば「硬直した」真面目さを「脱構築」するデリダが対立している、と。この理解は一見サールを不利な立場に置きますが、それは必ずしもそうではありません。実際——前段落の理屈と同じで——私たちはいつだって何らかの意味で「真面目」であらざるをえません（デリダもまた例外ではないです）。そして、サールがデリダへ「真面目に」応答するときに行なっていることが、こうした根本的な水準における「真面目さ」の地平に属すのであれば、サールのスタンスも了解可能になり受け入れ可能になります。

さて——となると生じうる問いですが——デリダの哲学観とサール（およびオースティン）のそれはどちらが正しいのでしょうか。実を言えば、私の考えでは、これは良い問いではありません。というのも、どちらも可能な哲学観であって、このふたつに優劣をつけるいわば「客観的基準」は存在しないからです。そのため哲学者の各々は、各人の「生き方」の決断を通じて、いずれかを選ぶことになる（ここでの「生き方」という語は〈純粋に主観的でも純粋に客観的でもない或る意味で「第三の」領域〉を指すものとして用いられています）。かくしてデリダとサールの対立は生き方の対立でもあるわけです。

最後に八〇年代以降のデリダのテクストを読む際の注意（として以上の解説・感想から引き出しうること）に触れておきます。先にも述べたように、この点についてはまだまだ考えたい事柄が多いのですが。

この時期のデリダのテクストはもはや一義的な意味を解釈する作業を受け入れるものではありません。ただし——以上の考察から言えるように——これはテクストが「多義的」だというわけでもないと思われます。むしろ、デリダは〈意図された意味〉をめぐる地平からできるだけ自由な次元でエクリチュールを展開している、と述べるのが実情に合っているでしょう。それゆえ彼のテクストへは、「ここでは××のことが主張されている」のような仕方で解釈を試みるのではなく、それを切り取り・別の文脈へ接ぎ木し・いわば「散種（dissémination）」を行なうことが適切な応答だと言えます。

(2019/12/02)

＊ ジャック・デリダ『有限責任会社』高橋哲哉・増田一夫・宮﨑裕助訳、法政大学出版局、二〇二〇年。ただし本ノート執筆のさいには旧版（初版二〇〇二年）を用いた。

千葉雅也の『勉強の哲学』[*]へのコメント
――ヘーゲル的な「反ヘーゲル的」勉強論

千葉の『勉強の哲学』は、一読で判明するように、ヘーゲル的である。例えば、この本における最高のパンチラインのひとつである「**勉強によって自由になるとは、キモい人になることである**」（五九頁）という一文には、自己超越・転落・自己との和解などといったヘーゲル哲学のモチーフとの共鳴がある。この点で、千葉の『勉強の哲学』はヘーゲル的な「変容の哲学」であり、そこで展開される原理的「勉強法」は弁証法的な動性を特色とする。

とはいえ同書には「反ヘーゲル的」と形容できる側面がある。そして、私の考えでは、この側面こそが千葉の本の真価を形成している。必然性／体系性／教養のプロタゴニストであったヘーゲルにたいして、『勉強の哲学』の作者は偶然性／断片性（有限性）／バカを対置する。勉強をバカという状態からの離脱として規定するのではなく、むしろ勉強をバカという場に内在的な運動として理解すること。今回のノートでは、ヘーゲル的な「反ヘーゲル的」勉強論として、千葉の議論を紹介したい。

「ヘーゲルvs千葉」というマッチを設定するとき、思想の対立軸はどこに置かれるだろうか。それは、端的に言えば、《知とは何か》の理解である。私たちは、何事かを知りながら、学びながら、探究しながら、生きる。生のかかる「学知的」側面をいかに捉えるかに関して、ヘーゲルと千葉は、さまざまな点で軌を一にしながら、重要な点で袂を分かつ。

学知に関するヘーゲルの理解は、周知のとおり、『精神現象学』の序論できめ細かく展示される。はじめにヘーゲルの学問観の一側面を確認しよう。

ヘーゲルは、物事の真偽をキッパリと固定的に分けようとする学知的姿勢を「私見」あるいは「私念（Meinen）」という語で捉え、この姿勢が諸々の哲学体系の相違を「真理の進歩的発展」と把握できない点を指摘する（『精神の現象学』上巻、金子武蔵訳、岩波書店、二〇〇二年、四頁）。よく知られているように、ヘーゲルにとって、学知は動性をその本質とする。真理は運動である。例えば「シーザーはいつ生まれたか」などの問いへキッパリとした答えを与えうる状態が「知」なのではない（同書、三八頁）。むしろ、シーザーについてであれ何であれ、それを考えることによって成長し、自己変容することこそが「知」の名にふさわしい過程なのである。

『勉強の哲学』の第一章「勉強と言語——言語偏重の人になる」もまた、知を、あるいは勉強を、一種の運動と捉える。曰く、「**勉強とは、自己破壊である**」（一八頁）。だが、こうした破壊の意義は何か。そもそもここでの「破壊」は何を意味しているのか。千葉はこうした点を丹念に説明している。それを私なりに要約すれば以下。

私たちの各人は、そのつど一定の環境において、他者とのかかわりのうちで生きる。そして、職場におけるノリ、旧友との飲み会におけるノリ、家庭におけるノリ、など、そのつどの環境に応じた一定のノリに自己を「乗っ取られ」ながら生きている（二八頁）。さて、こうした環境的ノリは私たちにいわば「環境コード」（どう振る舞うのが適切かを規定する規則）を提示するのだが、私たちはこの種のコードへ完全に従属しているわけではない。むしろ私たちはそこから「距離をとること」ができる（二九頁）。そして、所与のノリへ参与することを停止し、そのノリへの固着から自由になり、「生活の別の可能性を開」いたうえで（五二頁）、新たなノリへ参入する、という運動を行なうことができる。千葉が「勉強」と呼ぶ事態もまた、かかる自己変容の運動の一種なのである。

こうした自己破壊には〈生の別の可能性を開く〉という意義がある（かかる可能性の増大は、いろいろなケースで、ひとを救うことがあるだろう）。ところで環境コードから距離をとるとはどのような事態か。千葉はこの点を「言語」に焦点を合わせて説明する。

押さえるべきは、言語が観念性と物質性を併せ持つ、という点である。

一方で、言語の観念性は私たちが生きる意味空間を開く。実に、人間的世界を構成するもののひとつが言語だ――例えば「カネ」や「恋」などの言葉がなければ人間の世界は存在しない――と言えるように、私たちにとって世界は〈言語的に分節化された場〉である。この意味で千葉は、「**人間は「言語的なヴァーチャル・リアリティ（VR）」を生きている**」と言う（二二六頁）。そして言語は、《こうした状況では……を「美しい」と言うべきだ》や《あのような状況では……を「愚かだ」と言うべきだ》などと環境コードを規定することによって、私たちの生を観念的に束縛してもいる。

他方で、言語は、たんなる音、たんなるインクの集まり、たんなる腕と指の動きなどでもある。すなわちこの点において言語は、積み木やレゴ・ブロックと同じく、物質あるいは物塊のカテゴリーに属す何かである。そして私たちは――意外かもしれないが――言語のかかる物質性のおかげで、意味の観念的束縛から自由になりうる。なぜなら私たちは、レゴ・ブロックを組み直すように、物質的言語の並びもまた組み替えうるからである。そして私たちは、ソシュール的な差異の観念的体系を媒体の物質的側面に即して編み直すことによって、所与の環境コードから自由になりうるのである。

以上が千葉の議論。ここですでに「反ヘーゲル的」契機が見てとれる。図式的に言えば、〈物質の個別性から観念の普遍性へ上昇すること〉を自由と見なすヘーゲルにたいして、千葉は〈観念の規範性から物質の偶然性へ下降すること〉に自由の重要な側面を見出す。この違いの意味は「遊び」という概念を通じて説明できる。

まず千葉の勉強論のさらなる要点を紹介したい。はたして〈言語の秩序を組み直して所与の環境コードから距離をとる〉とは具体的にどのような活動か。例えば、不倫報道のあった芸能人をみんなが非難している、という文脈にあなたが身を置いていると仮定しよう。この場合、所与の環境コードは「不倫するなんてひどい奴だ」と発言することへあなたを向かわせるかもしれない。だがあなたはこうしたコードが決して期待しない思考——例えば、配偶者がいるにもかかわらず別の人物と関係をもつことが「不-倫」と呼ばれるのだが、いったいぜんたい「倫」に関するいかなる先行了解がかかる把握を生み出したのか、などの思考——を展開することができる。これはコード的な適切さからズレた思考であり、笑いを喚起する。だが、千葉が的確に指摘することだが、ひとを吹き出させるくらいにズレた思考とズレた言葉使いこそが勉強の核心を形成している。例えばかつて石田純一は「不倫は文化だ」と言ったが（そして世間から顰蹙を買ったが）、この言葉が期せずして思考喚起的であり、不倫という現象の理解を深めさせてくれそうな兆しをもつという点に鑑みると、思わずニヤリとしてしまう。

さて、以上のような考察にもとづき、千葉は〈言語の秩序を組み直して所与の環境コードから距離をとる〉という活動を「遊び」という概念で特徴づける。ポイントは次の点。すなわち、一定の目的意識のもとで言語の秩序を組み直そうとしても不十分であり（なぜなら目的意識はコード従属的だから)、むしろ《とにかく言語の組み直しそれ自体が楽しい》という姿勢でそれをやってしまっている場合の方が、生の可能性の空間は創造的に拡大するのだ、という点。実に、笑いを誘うような言葉の遊戯的組み替え、例えば「ミシェル・フーコーはリベラルになるのをいやがるアイロニストであるのに対し、ユルゲン・ハーバーマスはアイロニストになるのをいやがるリベラルである」というローティの詩的キアズム、こうした遊びこそが私たちの脳天に雷を落とす。ハイデガー的に言えば、勉強における思索はまさしく詩作なのである。

以上の考えが凝縮されたパッセージを引用させて頂きたい。

慣れ親しんだ「こうするもんだ」から、別の「こうするもんだ」へと移ろうとする狭間における言語的な違和感を見つめる。そしてその違和感を、「言語をそれ自体として操作する意識」へと発展させる必要がある。

[…]

自分を言語的にバラす。そうして、多様な可能性が次々に構築されてはまたバラされ、また構築されるというプロセスに入る。それが勉強における自己破壊である。(五〇—五一頁)

ここには——すでに触れたように——ヘーゲル的な変容の運動があるが、同時に、注目すべき「反ヘーゲル的」側面もある。いまやこの点は以下の仕方で説明可能である。

ヘーゲルが〈物質の個別性から観念の普遍性へ上昇すること〉こそを自由と見なした理由のひとつは、彼がフロイト以前の合理主義者であったことである。ヘーゲルにとっては、諸概念の有意味な体系的連関こそが「知」の名にふさわしい。曰く、「真なるものは全体である」(『精神の現象学』一九頁)。

それゆえヘーゲルは、すべてのものを接続し、そこに合理的な意味連関を見出そうとする。曰く、「理性とは合目的な為すこと」である（同書、二〇頁）。かくしてヘーゲルは、物質の偶然性をいわば低いものと見なし、概念の必然的で全体的な連関を、すなわち「体系」を、学知の理想と捉える。

フロイト以後の世界に生きる千葉は、意味への拘りが「神経症的」状況を引き起こしうるという事態をよく知っている点で、ヘーゲルにたいしてアドバンテージを有する。千葉にとっては、勉強においても意味の接続過剰は禁物である。すなわちあらゆる行動に理由と意味を求める態度は却って自縛になる。むしろ、知の現場における未規定な「遊び」に価値を見出し、このゆとりの空間の確保のために言語の偶然性の活用を推奨する。結果として、千葉は詩的な遊戯こそを勉強において心掛けるべきものと捉える。ヘーゲルにとっては「知」は教養ある大人を鍛え上げる垂直的過程であったが、千葉にとってそれは遊びを楽しむバカ者（関西では「アホ」という）のモードをそれ自体「遊戯的に」転換していく水平的運動である。

さて、このように論じる場合、《知とは何か》にたいする姿勢に関してヘーゲルと千葉のどちらがベターか、という点が気になるかもしれない。私はさしあたり、これは難しい問いだ、と言いたい。それゆえ、ここでは直接の答えを与えるのを避け、むしろ両哲学者の学知観の違いを別の角度から説明するに留めたい。

思うに、ヘーゲルは「知」の目的をいわば公共空間の改善と捉える傾向がある。言い換えれば、彼にとっては〈われわれ〉の次元が重要なのであり、〈われ〉は〈われわれ〉に媒介されて初めて〈われ〉になる。かくして「知」はひとびとをして公共空間でよりよく生きることを可能にせしめる教養でなければならない。政治哲学の語彙を用いれば、ひとを、たんなる血族の一員に留まらず、市民社会の一員へ育て上げ、さらには国家の一員へ鍛え上げるような公共的「鍛練」こそが知の目指すべきところである。

他方で、ふたたび思うに、必ずしも『勉強の哲学』で明示化されているわけではないのだが、千葉は「知」の意義の重心をどちらかと言えば私的な次元に置く。いや、これは私がそう感じるということである。そして千葉は、公共的価値へ決して還元されることのない私的価値の存在をキチンと見据えており（その種の価値の存在はときに「正義」の名のもとに否認されることがある）、かかる価値を守る道として彼の勉強論を提示する。いや、これもまた私がそう感じるということなのだが、いずれにせよ、多かれ少なかれ私的な詩的言語行為を軸に理解された勉強は、自己創造という人生における重要な作業に貢献する（ご存知のように、ポエティックはポイエーシスであり、自己を自己たらしめる際に詩の力は無双である）。かくして、千葉にとっては、ローティが「私的な完成」を呼ぶものこそが勉強の意義だと言える。

前段落の指摘は何らかの正当化を必要とするかもしれない。いささか文脈無視の引用になるが、次を引いておこう。

> 小賢しく可能性を比較し続けるだけの状態から、行為へと私たちをプッシュするのは、私たちひとりひとりのこだわりなのです。それは、ずっと昔の自分が、何かとのトラウマ的な出会いの後、環境のなかで形成したバカな部分である。
>
> **享楽的こだわりとは、自分のバカな部分である。**［…］
>
> バカだというのは、英語では「idiot」です。これは、古代ギリシア語の「idios」から来ている。それは、「個人の」、「特異な」という意味をもっています。（一六三頁）

予め述べたようにあくまで文脈を無視した引用だが、それでも少なくとも《千葉が勉強の核を「自分のバカな部分」と捉えている》という点は読み取れると思う。このように千葉にとっては、勉強は私的で詩的な思索である、と指摘できるだろう。

さて——私の理解が正しければ——ヘーゲルと千葉の間では学知の理解に関して重心のズレがある。その結果、ともに変容の哲学に与するにもかかわらず、《体系か遊戯か》について見解を異にする。要するに、ヘーゲルがヘーゲル的で「ヘーゲル的な」学問論を提示するのにたいして、千葉はヘーゲル的で「反ヘーゲル的な」勉強論を彫琢している、ということである。そして私は、ひとつに、自己変容あるいは自己破壊の「非ヘーゲル的」理解を展開する点に『勉強の哲学』の面白みを感じている。

(2019/12/02)

＊　千葉雅也『勉強の哲学——来たるべきバカのために　増補版』文春文庫、二〇二〇年

自由のための右翼・左翼の言葉が空回るとき

——アクセル・ホネット『自由であることの苦しみ』[*]を読みながら

アクセル・ホネットの『自由であることの苦しみ』は、ヘーゲルの『法哲学』の議論に即して、自らの〈自由のモデル〉を彫琢する。それは形式的には「他者のなかで自己自身のもとにあること（Im-Anderen-bei-sich-selbst-Sein）」と表現される自由であり、孤立的自由でなくいわば「媒介的自由」を意味する。

他方でこうした「媒介的自由」とは具体的にどのようなものか——これについては本ノートでは論じない。むしろその手前の話題を取りあげる。それは、近代社会において顕在化している「自由の問題」とは何か、そしてそれに関するホネットの理解はどのようなものか、という問いである。このドイツの哲学者は彼の彫琢する自由概念がこうした問題への「治療的な」役割を担いうると考えるのだが、そうであるならば、まずは《その問題は何か》を摑むことが先決であろう。じつにホネットによると、近代においては或る種の自由が却って苦しみを生み出している。これが彼の本の題名にもある「自由であることの苦しみ［無規定的であることの苦しみ（Leiden an Unbestimmtheit）］」だ。では、なぜどのような自由がどのような苦しみを生んでいるのか。本ノートはこの点の確認を目指したい。

なら私はこの点の確認が、二一世紀初頭を生きる私たちの政治的言説の一側面へ光をあてると考えるからである。

はじめにホネットの議論の構図を述べておこう。彼はヘーゲルに即して以下のように論じる。「抽象法」は一定の自由の構想を有し、「道徳」も別の自由の構想を有す。とはいえいずれの構想も一面的であり、それらは「人倫」における自由の構想によって「止揚」されねばならない。かくして本ノートの問いは次である。抽象法における自由は、そして道徳における自由は、それぞれどのような意味で一面的なのか。

1 抽象法

はじめにホネットが「抽象法」と「道徳」のそれぞれの自由概念の問題点を形式的に指摘している箇所を引用しよう。

［…］ヘーゲルにとって二つの自由概念の価値は、両者が個人の自己実現の過程のなかでそれぞれ引き受けなければならない役割の代替不可能性ということから明らかとなる。このことはいままでの展開で明瞭になってきた。そして、ヘーゲルにとって両者の限界が生じるのは、そのもとで各個人が強制のない自己実現へと至ることのできる、そうした要求の高い条件を事実上保証するという目的にたいしては、両者〔法的自由と道徳的自由〕がそれぞれ独立でも、また両者あわせても不十分であるという事情からである。（六一―六二頁、ただし亀甲括弧は翻訳者らによる）

ここでは――ポイントをひとつずつ押さえていくと――はじめに自由概念の存在意義が《私たちの各人が自己実現すること》のうちに役割をもつことと規定され、そのうえで問題のふたつの自由概念の不可欠性が指摘される。加えていずれの概念もそうした自己実現の条件を「事実上保証する」という点において不十分だ、と主張されている。注目すべきは《自由の実現の条件を「事実的に」確保するという段階において各々の自由の構想は限界に突き当たる》とされている点である。そして――本ノートの議論の範囲を超えるが――自由の条件の「事実的」確保を行なうのが私たちの現実的コミュニケーションなのである。

要点を繰り返せば、抽象法および道徳の自由概念の不十分さはどちらも〈事実あるいは現実に根を下ろさない〉という点にある、ということだ。ホネットは、ヘーゲルの議論に即して（以下では煩雑さを避けるためこの種の但し書きを適宜省略する）、「抽象法」の原理を次のように説明する。

おのおのの主体は、外的な現実性のなかで自分自身の意志の自由を具現化しうるためには、任意の物件にたいする持続的な把持の可能性を必要とする（第四五節）。しかし、このような権限は、すべての主体が相互に同等の要求を許容しあうという条件のもとでのみ保証される要求として、その主体に帰属しうるものである。そのかぎりで形式法は、相互に保証しあう要求の領域として、ある原理によって基礎づけられるが、この原理は、「一個の人格であれ。そして他の人々を人格として尊敬せよ」という命法のことである（六四―六五頁）。

ここでは、私たちがお互いを「人格」として尊重し、それぞれの自由の領域（ここでは「所有の領域」）を許容し合う、ということが抽象法の原理として提示されている。第一に摑むべきことはかかる原理の重要性だ。私たちはこうした原理が認められた社会を生きている。そして、互いに権利を認めあわないような社会は「悪夢」だ、とさえ言えるだろう。とはいえ今から説明するように、ホネットによれば、引用の原理に基づく抽象法の自由は一面的であることを免れないのである。

問題は、権利要求を現実に生かそうとすれば、法の形式的指示以外のさまざまな事実を考慮せねばならない、という点である。例えば、たんなる個人的な言葉のレベルで「……は人権を損なう」や「人権を守れ！」と糾弾したとしても、それは一般に〈現実を変えることによって私たちの自由を増大させるような力〉を有さない。なぜならそれは現実という「ザラザラの」条件に接地していないからである。こうした点を指摘するものとしてホネットはヘーゲルの『法哲学』第三七節補遺の言葉を引く。

もしだれかが自分の形式的な法・権利以外に関心をもっていないとするならば、偏狭な心情の持ち主がしばしばそうであるように、これはまったくの我意でしかない。というのも、粗野な人間は自分の法・権利にもっとも強くこだわるが、ところが寛大な心の持ち主は、事柄がさらに多くの側面をもっていることに注意するからである。だから抽象法は、ようやくたんなる可能性にすぎないのであり、そのかぎりで、関係の全範囲にたいしてはなにか形式的なものでしかない。（六七頁）

ここで指摘されていることのひとつは、現実は複数の面をもち、法・権利はその一部に過ぎない、という点である。そして――ここが面白い点だが――ホネットによると、《抽象法の意義や役割が何か》を適切に把握するためには、むしろ法・権利の限界へ目を向ける方がよい。じつに、ホネット曰く、権利への訴えの重要な役割は「具体的な結合および社会的役割の背後に〔個人が〕場合によっては引き退くこと」を可能にすることである（六八頁、ただし亀甲括弧は翻訳者らによる）。例えば私たちは、権利への訴えによって、現実の具体的伝統のしがらみから離れた思考を行なうことができる。この意味で「個人は自分の無規定性および開放性に固執することができる」(六八頁)。かくしてホネットによれば抽象法における権利的自由の利点はいわばその「否定的性格」に、すなわち形式性と抽象性に、よりはっきり言えば一面性に、存するのである(六八頁)。

このように抽象法における自由の構想は決して無意義ではない。とはいえ、先にも指摘したように、かかる構想でもって自己実現の現実的条件を確保しようとすればただちに困難が生じる。なぜなら、これまた先に述べたように、抽象法それ自体はその形式性のために現実への接地を欠くからである。かくして、例えば言葉のレベルで人権尊重を訴え続けたとしても、ひとは現実的自由へまったく近づかない。自由のための法・権利的言説が自由へ近づかない空回り――これが第一の「自由であることの苦しみ」である。そして、権利要求によって具体的自由を増大させるためには、何かしらのものの媒介が必要になるのである。

2　道徳

人権に訴えることは少なく、むしろ危機感ゆえの自己決断を迫る者がいる。緊急事態なのだ、抽象的な議論はサスペンドすべきだ、必要なのは強い意志だ、難しいことをウダウダ言うやつは「現実」を知らないのだ――ホネットが論じる「道徳」はかかる言説へ関わるところが多い。じっさい、彼曰く、

〔道徳上の〕危機の瞬間とはそういうものであって、そのときには、すべての現存する規範を遠

ざけたり、社会的妥当性について括弧に入れたりすることが、自身の自由の実現の唯一残された形態となる。(七六頁、ただし亀甲括弧内は翻訳者による)

ここでは、法規範から離れた決断が道徳的行為として捉えられており、道徳的自由はこうした〈決断〉において実現されると言われている。とはいえ今から見るようにホネットは《道徳における自由の概念もまた、現実的自由の実現という目的にとっては不十分だ》と論じる。彼の理路を確認しよう。

いささか意外だが、以上の意味で捉えられた道徳への批判を、ホネットのヘーゲルはカント批判の文脈に置く(なぜ「意外」かと言うと、カントの議論を何かしらの「決断主義的な」考え方へ結びつけることは少なくとも非標準的だからである)。いずれにせよ同じ点を別の表現を用いて言えば次である。ホネットのヘーゲルは、カントの道徳をいわば「個人的道徳」と捉え、その特徴を〈制度的な規範のサスペンション〉と見る、と。このうえでホネットは道徳の次元の自由の概念を次のように定式化する。

[…]道徳的自律という理念においては、理性的な自己決定の帰結であるもののみが自由な行為とみなされる[…](七一頁)

引用において、道徳的自由を規定する中心的な要素は――ホネットの議論の全体から分かるように――「自己決定」である。そして、先にも述べたように、ホネットは《こうした自己決定的自由は、現実的自由の実現にとって不十分だ》と指摘するのであるが、その理由は純粋な自己決定が「コンテクストへの盲目(Kontextblindheit)」を伴わざるをえないからである(七三頁)。曰く、周知のように、ヘーゲルは道徳的自律の理念にたいして次のように異議を唱える。つまり、いかにして一個の主体がそのつど理性的行動に到達できるはずであるかということが、道徳的自律の理念の助けによっても実際には再構成できないというのだ。というのも、主体がみずからの環境の制度化された実践からある特定の規範的な準則を引き出すことがないとすれば、そのかぎりでは、定言命法の適用のさいに主体は方向づけもなく、「空虚な」ままにとどまるからである。（七三頁）

結局、自己決定や決断が「まとも」である場合には、それは私たちが生きている社会で制度化された規範へ相当程度頼っている、ということだ。そしてさらに踏み込んで言えば、〈決断〉が現実と噛み合って状況をより「自由な」ものへ変えていく力を得るためには、そうした〈決断〉は相当に多くのものを尊重しておらねばならない。かくして「決断だ！」や「派兵だ！」とばかり叫ぶ者は自由の増大へまったく寄与しない。

他方で――抽象法に関する議論と並行的だが――自己決定の限界への自覚は《道徳的自由がどの点で有意義であり有用か》の理解を深めてくれる。じつに、ホネットによれば、制度化された規範が妥当性を失うような積極的理由が存在する、という特殊な状況において自己決定は力を発揮する。こうした点を指摘するものとしてホネットはヘーゲルの『法哲学』第一三八節の言葉を引く。

何が正しく（recht）何が善で（gut）あるかを、内に向かって自分自身のなかに求め、自分自身のなかから知りかつ規定するという方向が、歴史上〔ソクラテス、ストア派などの場合に〕普遍的な形態化されたあり方として現われる。それは、現実と習俗のなかで正および善（das Rechte und Gute）と見なされるものが、より善い意志を満足させることのできない時代である。現存する自由の世界がこのより善い意志に信頼されないものとなれば、この意志は現行の義務のなかに自分をもはや見いだすことがないのであり、現実のなかで失われた調和をただ内面性のなかで獲得しようとせざるをえない。（七六頁、ただし亀甲括弧および丸括弧は翻訳者らによる）

押さえるべきは、こうした特殊な時代——現実の規範がすでに規範としての妥当性をすでに失ってしまっているという時代——においてこそ道徳的自由は単独で力を発揮しうるのだが、それは自己実現の一般的条件を整えるのに十分なものでは決してない、という点だ。むしろ一般的に言えば、現実的自由の増大のためには、制度化された規範は考慮されねばならない。なぜなら規範なき自己決断は「道徳的立場の自立化」を引き起こし、「むずかしい話は抜きだ！」・「ごちゃごちゃ言うな！」・「現実を見ろ！」などの空虚な叫びのもとでの「行為の喪失」を招来するからである。この意味で曰く、

〔…〕こうした場合に、〔道徳的立場の〕受容から道徳的立場の自立化が発生し、その自立化がすべての実践的な企図の消失へと至り、およびそれによって行為の喪失へと至らざるをえなくなるやいなや、社会的病理への敷居が踏み越えられてしまっているのである。（七七頁、ただし亀甲括弧は翻訳者らによる）

先にも述べたように道徳における自由の構想は無意義ではない。とはいえ——ホネットによれば——この引用で指摘されるとおり、かかる構想でもって自己実現の現実的条件を確保しようとすればただ

ちに困難が生じる。なぜなら道徳的自己決定それ自体もまた現実への接地を欠くからである（なぜなら現実の具体的規範への尊重を欠くので）。かくして、例えば言葉のレベルで決断を訴え続けたとしても、ひとは現実的自由へまったく近づかない。自由のための道徳的言説が自由へ近づかない空回り——これが第二の「自由であることの苦しみ」である。そして、自己決定によって具体的自由を増大させるためには、何かしらのものの媒介が必要になるのである。

——では抽象法と道徳の媒介的止揚の結果として至る境地は何か。それは、別のノートで論じたいが、「人倫」という現実的コミュニケーションの次元である。

（2020/01/05）

＊　アクセル・ホネット『自由であることの苦しみ』島崎隆・明石英人・大河内泰樹・徳地真弥訳、未來社、二〇〇九年

第八章　自由意志の深淵

はたして決定論は正しいのか

——大森荘蔵「決定論の論理と、自由」[*]を読む

はたして決定論は正しいのか——この問いへ大森荘蔵はどう答えただろうか。本ノートは、彼の論考「決定論の論理と、自由」を読みつつ、決定論および自由意志に関する大森の立場を確認する。

本論へ進む前に《なぜ大森か》を説明しておきたい。答えは単純で、それは《大森の議論が「独位」だから》というものだ。すなわちいわゆるSelbst-Denker、言い換えれば〈自分の頭で考える者〉としての大森は——以下で見るように——「ウィトゲンシュタイン的な」観点から自由意志に関して独特の議論を展開している。それゆえ、敢えてとりあげる価値がある立場だ、ということである。ところで「どの点が独特か」に対しては順を追って説明したい。

以下、「前置き的な」ことを述べたうえで、大森の議論を確認する。

問題の論考「決定論の論理と、自由」はふたつの区別すべき側面をもっている。第一に——彼の論考の常として——オリジナルな議論を展開するという側面があり、第二にいわゆる分析哲学の自由意志論の議論をわが国へ輸入するという側面だ。まず後者について説明しよう。

大森の論考はいわば「ストローソン以前の」英語圏の自由意志論の多くの議論を日本語化するもの

であり、この点においてその後の「日本自由意志論」のディスコースに対して無視できない影響を与えたと言える。実際、問題の論考を読んだ方々はご存知のように——「上から目線」を承知で敢えて言えば——大森はこの論考において分析的自由意志論をよく「勉強」している。例えば文献一覧にはHospers, Nowell-Smith, Schlick, Stout, Ayer, Hobart, Foot, Campbell, Edwardsなどの「ストローソン以前の」自由意志論の大御所が並ぶ。そしてシュリック、エヤー、ホバート、スタウト、ノーウェル‐スミスなどが「柔らかい決定論」を、エドワーズとホスパースが「固い決定論」を、キャンベルが「自由論」をとっている、というお馴染みの鼎的対立状況（すなわち両立論vs懐疑主義vsリバタリアニズムという三つ巴対立）にも触れられる。当時これを読んで勉強の手掛かりにしたひとも多かったのではないか、と私は想像する。

歴史的に注意すべき点をもうひとつ。前段落で記述したようなタイプの論考は、よきにつけあしきにつけ、いわば「新分野」を創出する。すなわち、大森の論考を受けて「たとえカントやベルクソンに詳しくなくても、柔らかい決定論や固い決定論のことを考察することによって自由意志の論文を書くことができるんだ！」と喜んだ学部生や大学院生も多かったのではないか。逆から言えば、大森の論考以前には、自由意志を論じるに当たっては、必ずしも自由意志だけに関わるわけでない分厚い本（例えば『純粋理性批判』や『意識の直接与件論』など）を読み込まねばならなかった。たしかに——言わずもがなだが——新しい風はいずれ保守的な向かい風に転化するのだが（例えば次第に、柔らかい決定論や固い決定論について十分に知らねば自由意志を語る資格はない、という空気が醸成される）、それでも、大森の論考は日本自由意志論に新風を呼び入れた、と述べても過言ではない。その結果、日本語における自由意志の新しい語り方が実践されていくことになる。

とはいえ——上で指摘したふたつの側面の第一のものへ焦点を移すが——大森は問題の論考におい

て、海外思想を輸入するだけでなく、独自の議論を展開してもいる。それは、簡潔に言えば、〈決定論と自由意志を言語実践の観点から考察する〉という「ウィトゲンシュタイン的な」議論である。「『ウィトゲンシュタイン的』と言うのであればそれも輸入的と言うべきではないか」と疑念を抱くひとがいるかもしれないが、必ずしもそうではない。なぜなら、シュリック（の英訳）やエヤーに代表される当時の英語圏の自由意志論はいわゆる「論理実証主義的な」スタンスをとっているのであり、そして大森はそこから意識的に距離をとりつつ「ウィトゲンシュタイン的な」スタンスで問題に取り組んでいる。結果として、エドワーズもキャンベルもホバートも述べなかったことを、大森は日本語で述べることになる。

以下、大森の議論の内容を確認したい。彼の議論は三つの部分に分けることができる。それは

i　決定論を真だが空虚なテーゼとして説明すること
ii　柔らかい決定論の問題点を指摘すること
iii　自由を〈予言を破ること〉として説明すること

の三つである。そしてこの三つを行なおうとするために大森は――現代的な視点から振り返ると――自由意志論における特異な立場を採ることになる。なぜなら i から iii を同時に行なおうとする大森は、決定論を真と認めると同時に自由意志の存在を認めつつ（こうなると両立論を採ることが期待されるのだが）、「柔らかい決定論」という両立論を批判しているからである。かくして、現代的な分類からすれば、大森は「非標準的」立場をとっていると言える。言い換えれば、両立論・リバタリアニズム・自由意志懐疑主義のどれにも収まり切らない立場をとっている、ということである。

ところでなぜ大森は「非標準的な」立場をとるに至ったのかと言えば、それは彼のアプローチが「非標準的」だからである。すなわち、先の言葉を使えば、「ウィトゲンシュタイン的な」スタンスで自由意志の問題に取り組むからこそ大森はⅰからⅲという特異な道に進むことになったということだ。したがって、本ノートは大森の議論を便宜上三つの部分に分けるのだが、これらは〈ひとつの精神の三つの発露〉と見なされるのが良いだろう。ⅰからⅲを通じて大森が最終的に言いたいことは《決定論と自由意志をめぐる問題は空虚であり、それはかかずらうに値しない問題だ》ということである。このようにして大森は、自由意志をめぐる問題の本性を指摘し、問題に煩わされなくなる視点を供給しようとするのである。

以上を前置きとして以下ⅰからⅲをひとつずつ見ていこう。

まず大森は決定論の正しさを指摘する。とはいえ彼は——ここがポイントだが——決定論の正しさはその空虚さに由来していると論じる。例えば、伏せて重ねたトランプについて、「一番上の札が何であるかは知らないが、何であるかは決まっている」という決定論的な命題が主張されたとしよう（『大森荘蔵セレクション』一三一頁、以下頁参照は同書による）。大森はこの命題の無内容さを強調する。曰く、

元来、この言葉には何の情報も含まれていないのではないだろうか。私にはそう思える。この命題の真偽を確かめようとしても、どうすればよいのかがわからないからである。上の札をめくってみてハートのキングが出たとする。「そら、ハートのキングだったじゃないか。ハートのキングにきまっていたんだ。だからもちろん、何かであることにきまっていたんだ」、こう言うのであれば、それがスペードであろうと何であろうと全く同じことになる。つまり、そういうのであ

れば、何が出ようとこの命題は証明される。(一三一―一三二頁)

大森はここで、「決まっている」という語の、言語実践における〈空回り〉を強調している。すなわちこの言葉には生をグイグイと牽引する力がない。むしろ、何が起ころうと適用可能であるような、その無内容さこそが特徴なのである。この意味で、「決まっている」という語は生の現場には属さない。すなわち、それを使ってひとが生を営むような言葉ではない、ということだ。

さて、何が起ころうと「決まっている」は適用可能であるため、決定論的な命題はつねに真であることになる。同様の趣旨で大森は「この決定論の空虚さはその空虚さのゆえに決定論の正しさを保証する」と言う(一五五頁)。そして、続けて曰く、

しかしこの決定論の正しさは以上の観察からもわかるように、次のトートトロギーの上に立っている。即ち「起ったことはそう起ったのであり、そう起るようにそう起るだろう」、または「過去はそうであった通りにそうであったのであり、未来はそうあるだろうようにそうあるだろう」。したがって、決定論はトートロギーなのであり、しかもトートロギー以外の形の決定論は恐らくはあり得ないのである。決定論は truism なのである。しかし、それゆえ正しいのである。(一五五頁)

この引用における「トートロギー以外の形の決定論は恐らくはあり得ない」という見方は後に丹治信春に批判されることになるのだが、この点は次のノートで取り上げることにする。まずは――いくつかの可能的であり正当な疑問はいったん措くとして――大森のアイデアを摑みたい。大森によれば、

決定論における「決まっている」は無内容なものであらざるをえない。かくして、たとえ決定論が真であっても、それは実生活において気にすべき何かを表現しているわけではないのである。

とはいえ「決まっている」という語に実質的な内容を与えることはできないだろうか――これは自然な問いであり、大森自身もこれに取り組んでいる。例えば「決まっている」に予言可能性の意味を与えてそれを実質化することはできはしないか。この点について大森は、「個々の予言、個々の自然法則はもちろんトートロギーではない」と認めつつも、「この世界全体の予言可能性の主張はトートロギーにならざるを得ない」と主張する（二四一頁）。そして、「決定論が一つの主張としての意義を持つのは、世界の相当部分（あるいは大部分）が予言可能だという時ではなく、世界は全部余す所なく予言可能だという時なのである」と指摘して（二四一頁）、大森は《予言可能性の概念で決定論に実質を与えようとしても結局はうまくいかない》と結論する。以下、その理屈を瞥見しよう。

まず、決定論を「予言可能性」の概念を用いて定式化すれば、《未来について適中する予言をする仕方が原理的に存在する》というものになるだろう（そうした予言が実際に行なえるかどうかは決定論の関与しない事柄である）。だが、大森によれば、こう捉えられた決定論もまた空虚である。例えば、投げた碁石がどこに落ちるのかを予測する、という事態を考えよう。大森曰く、

私が碁石分布の法則の奇妙な特性をもとにして、非科学的な予測をしても、まぐれ当りをする可能性は必ずある。さらに、次に投げられる碁石はともかく何処かに落ちるはずであるから、私が様々な可能な限りの予測をするならば、その予測のどれか一つは必ず適中するということも自明である。即ち、予測の根拠の科学性や自然さとは全く無関係に、適中する予言は必ず一つはあるのである。（二四七―二四八頁）

簡潔に言えば、可能な予言のどれかは必ず当たる、ということだ。このことは「未来の正確な予言は可能だ」という命題の虚しさを意味しており、曰く、「全面的予言可能性としての決定論の虚しい正しさ」を意味しているのである（一四八頁）。

次に——iiに移るが——大森は、決定論と折り合いがつく自由意志肯定説として、柔らかい決定論を検討する。彼はこの立場を次のようなテーゼを主張するものと理解する。

(a) 自然および人間が法則に従って決定されるということは、法則によって〈強制〉されることではない。法律は命令を与えある意味で人を強制するが、法則は記述するのであって強制するのではない。［…］

(b) 強制されるのはどんな場合かと言えば、「自分の望むようにすることを外からさまたげられる」［…］場合である。そして自由とはこのような強制がなくて行為することなのである。［…］

（二五七頁）

大森はいずれのテーゼにも難点を見出す。思うに、少なくとも(a)に対する大森の批判はそれほど考え抜かれたものでないように思われるが、いずれにせよ彼が次のように書いていることを記しておきたい。

自然法則や心理法則が法律が人を強制するような意味では人を強制するものでないことは明白

> である。しかし、別の意味でわれわれの自由と衝突する。もし、ある心理法則があり、これから三分後に君は体操をしたくなる、どんなにそうしまいと努力してもそうならざるを得ないのだ、ということがその法則から言えるとしたとすると、われわれは法則の強制を感じないだろうか。（一六〇頁）

ここは、大森は結論を急ぐためにいいかげんなことを語っている、と評せそうな箇所だ。例えば「法律が人を強制する」とはどのようなことか。法律の下でも人は自由に選択する。そして、仮に法律下で人が自由でなくなるのであれば、「ルールに従う」などの表現が空虚化してしまいそうだ。また引用の「心理法則」についても疑問は尽きない。「そうしまいと努力」できるのであれば、それは「法則」と呼びえないのではないか。例えば「私は万有引力の法則に反そうと努力する」というのは言葉づかいとして奇妙だ、と言えるような仕方で「法則」という語は使用されるべきでないのか。こうした論点をスキップしているので、(a)に対する大森の批判には価値がない（ただし以上の指摘は、言うまでもなく、(a)が正しいことを含意しない）。

とはいえ、(b)に対する大森の指摘の方は、よく分かるものである。曰く、

> 確かに(b)の自由が日常われわれの意味する自由であろう。しかし、われわれは今一つの別な意味の自由を理解している。それは、ああもできるしこうもできるという自由である。そしてこの〈選択の自由〉こそ自由の哲学的問題をひきおこしたものである。この選択の自由は(b)の自由と違い決定論と妥協できない自由である。（一六一―一六二頁）

敷衍して言えば、〈外的強制の不在〉というホッブズ的な自由の他に、〈選択〉の意味の自由もあり、後者の存否こそが真に重要な問題なのだ、ということである。この指摘をふまえて大森は「選択の自由の身分を確定すること」を、すなわち《選択の自由とは何であるか》に答えることを試みる（二六二頁）。

最後に——iiiであるが——大森は、「選択の自由」は私たちの言語実践のうちに実質的な内容を有する、と主張する。こちらは空虚でない、ということだ。これをサポートする理屈は以下である。例えば「君は五秒後に心臓を動かしているだろう」などの生理現象に関する予言ではなく、「君は五秒後も座っているだろう」などの行為に関する予言が与えられたとする。ひとは、事実として、個別具体的な予言に反する行動を選ぶことができる。大森はこれを「予言破りの自由」と呼ぶ（二六六頁）。大森がここでやっていることを正確に表現すれば次である。彼は、「選択の自由」という概念に、私たちの言語実践における〈予言破り〉という事態でもって実質的内容を与えている、と。大森は以下のように論じる。予言破りの自由とは、

君は次に立ち上る、と予言されれば坐ったままでいる、坐ったままだろう、と予言されれば立ち上る、この自由である。この予言破りの自由が検証可能であることは論を待たない。さらに、この予言破りの自由はかなり正確にわれわれの抱いている選択の自由を表現しているものと思う。第一に無生物には意味のない自由であるという点において、第二に決定論と真正面から衝突するように見えるという点において。（二六六頁）

「検証可能」という論理実証主義的な概念が用いられているが、大森のやっていることは〈言語実践へ目を向けよ〉という「ウィトゲンシュタイン的な」企てと解釈される方がいい。すなわち一方で、無生物は言語実践に参与しないので、それは〈与えられた予言に反抗する〉という自由を享受しない。逆に、言語実践に参与する者は必ずや予言破りの自由を享受しうる。言い換えれば、予言破りを行なえるということは、言語実践の「構成的な」部分である。すなわち言葉を使う存在は、「あなたは十秒後にAします」と言われたとき、（Aが必然的な行動でなければ）敢えてAしないことを選ぶことができる。要するに、こうした応じ方ができることは、言語を習得している条件の一部である、ということだ。かくして、私たちが言語実践に参与する限りにおいて、私たちはここで説明されたような〈選択の自由〉を有することになる。

直前の引用の最後の文に「［予言破りの自由は］決定論と真正面から衝突するように見える」という指摘があるが、この点を解きほぐすのが大森論考の最後の仕事である。彼は問題を以下のように定式化する。

> ［…］一方には論理的に正しい原理的決定論があり［…］、他方には確実な事実としての予言破りの自由がある。前者は、原理的には世界の全面的予言は可能だというのに対し、後者は、如何なる予言も少なくとも部分的には破ることができるというのである。そしてこの二つの命題は共に非常に強い確実性を持っている。特に前者は論理的な確実性を持っている。この二つの命題を満足させる結論はあるだろうか。（二六九頁）

この問題――決定論と予言破りの自由の折り合いに関する問題――に取り組む際にも、大森は決して、言語実践から遊離した「根のない」議論を行なおうとしない。彼は、徹頭徹尾、言語実践という生の現場においてその解決を見出そうとする。

大森によれば、全面的予言可能性を肯定する決定論は、いわば「二重帳簿」を仮定することによって、予言破りの自由とひとまずの折り合いをつけることができる。すなわち、

> 私に対してなされる予言は常に〈見せ帳簿〉で、その予言を破ることはできる。しかし本当の予言は〈かくし帳簿〉にある。この真の予言帳簿は誰も見ることはできない。そして私の〈見せ帳簿〉に対する反応、即ち私の予言破りもこのかくし帳簿に記載されているのだというのである。
> （二六九頁）

このような「二重帳簿」の存在を仮定すれば、全面的予言可能性は、私たちの言語実践に事実として含まれる〈予言破りの自由〉と必ずしも矛盾しない。だが——ここからが重要だが——大森はふたたび二重帳簿の仮定に頼る決定論の空虚さを強調する。ここでもまた何が起こってもそれはかくし帳簿に記載済みなのである。要するに、二重帳簿に頼る決定論もまた「トートロギー」だ、ということだ。以上の考察から大森は「決定論と自由の問題自体が不可避の空虚さを持つ」と結論する。実際、こうした決定論が主張する「決定性」や「予言可能性」は言語実践のうちに頑として存在する予言破りの自由の行使をまったく妨げるものでない。そして「決定されている」や「予言可能だ」などはむしろ「遊んで使われている」言葉に過ぎない。要するに、何ら気にする必要のない言葉だ、ということである。このようにして大森は、決定論は真だが空虚なテーゼだ、という独特の（すなわち例えばシュリックやホバートやキャンベルやエドワーズが採らなかった）立場を採るに至る。決定論の真理性は

自由意志の存在へ脅威ではない、ということである。

(2020/01/14)

＊　大森荘蔵「決定論の論理と、自由」、『人文科学科紀要』東京大学教養学部、二〇号、一九六〇年、飯田隆他編『大森荘蔵セレクション』平凡社ライブラリー、二〇一一年所収

自由意志をめぐる問題の難しさ

——丹治信春「行為の自由と決定論」*を読む

丹治信春の論考「行為の自由と決定論」は戦後日本の自由意志論史のいわば「岐路的な」著作だ、と私は考えているので、以下、まず丹治の文章にひたりついて彼の述べたことを確かめ、その後で《いかなる意味でこの論考が岐路であったのか》を説明したい。

本ノートの節の分け方は問題の論考のそれに対応している。前もって列挙しておくと、

である。以下、「前の方から（a priori）」精読していく。ちなみに以下の頁参照は、とくに断らない限り丹治の論考のそれへの参照である。

○　はじめに

論考の導入部は《著者自身が論考をどのように位置づけているのか》が表明される場であるので細心の注意を払って読まれねばならない。はたして「はじめに」においてはどのような思想が提示されているだろうか。

「はじめに」で丹治が行なうことは次である。すなわち、「行為」の問題をあらゆる哲学的問題の要と捉え、さらに「自由意志」を行為に関する問題の要と捉え、問題の論考で自由意志の問題を扱うことを宣言する、と。じっくり確認しよう。

丹治は、彼の論考を「行為の問題は、現代の哲学において、急激にその重要性を増しているように思われる」という文で開始し、その証左として次のような事柄を挙げる（一五六頁）。

- ・言語や認識をめぐる考察における、指示関係などを論じることから、言語をもってする人間の営み（言語行為や言語ゲーム）を論じることへのシフト
- ・科学哲学における、理論の論理的分析から、科学者の探究の営みの構造分析へのシフト

丹治はこうしたシフトを「十分な理由のある正当な推移」と見なす（一五六―一五七頁）。そして、「あらゆる哲学的問題の要となってきた人間の行為の問題」という表現を用いて、「行為」という主題のい

わば哲学的中心性を肯定する（一五七頁）。
とはいえ――ここが重要なのだが――丹治は〈行為を主題的に探究する〉という作業に「非常な躊躇」を感じていると言う（一五七頁）。その理由は次である。

と言うのは、行為についての中心問題の一つである自由の問題、とりわけ、古くから「決定論と自由」という形で問われてきた問題が、今日でもやはり極めて重大な難問であり、それに対して見込みのありそうな考え方を、私自身見出すことができずにいるからである。そして、自由意志の問題を棚上げにした行為論というものは、ありえないと思うのである。（一五七頁）

丹治は自分がいわば「アポリア的な」状態にあることを告白している。すなわち、一方で《哲学においてはいまや行為が論じられねばならない》と考えながらも、他方で《行為を論じる際に言及の避けられない自由意志は、自分には答えの見出すことのできない難問をいまなお提示している》と認めざるをえない、ということである。丹治にとって事態はいわば「整理のできない」状態にある。なんとか解きほぐさなければならない。そのためにも自由意志をめぐる問題を考察せねばならない。

かくして丹治の論考の取り組む作業は――解決を提示すること以前の作業として――自由意志をめぐる問題、とりわけ丹治が難しいと考える「決定論と自由」の問題、を考察するという作業である。そしてより具体的には次のようなことが行なわれる。

そこで小論においては、この困難な問題を考えるための出発点として、決定論と自由の問題に対して提出されてきた、いくつかの解決案を検討し、どこに困難の元凶があるのかを見定めるべく

努めてみたいと思う。（一五七頁）

引用の言葉に従うと、丹治は問題の論考で決定論と自由の問題の「困難の元凶」を見定めることに取り組む、ということである。すると気になるのは次である。はたして丹治はどこにその元凶を見出したのか。

先取りして言えば、丹治はこの作業をいわば「部分的」にしか実行しない（どういう意味で「部分的」なのかは今から説明する）。先ほど、彼の論考を「前の方から」精読していくと宣言したが、論考全体の結論についてはあらかじめ大まかに押さえておく方が便利だろう。丹治は最終的には次の地点に到達する。

「自由と決定論」の問題は、自由が〝脅かされる〟か否か、という問題ではないし、ましてや、決定論が正しいか否か、という問題でもない。「自由と決定論」の問題のポイントは、「人間」、「行為」、「自由」、「物理法則」といった事柄に関するわれわれの基本的了解の織りなす体系、「世界像」のどこかに重大な思い違いがあるのではないか、という問いを提起することにある、と思うのである。（一七七―一七八頁）

引用の細かな内容は丹治の展開した議論を確認した後でなければ正確に摑めないだろうが、だいたいの論旨を敷衍すれば次である。すなわち、自由と決定論の問題の趣旨はこれまでしばしば誤解されてきたが（例えば自由の存在への脅威の問題として解釈されるなど）、それはむしろ私たちの「世界像」に関わる問題なのだ、と。言い換えれば、《私たちの全体的な世界観のどこかに間違いがあるのではないか》と挑戦してくるのが自由と決定論の問題なのだ、ということである。

だがこうなると「どこに間違いがあるのか」が気になってくる。この点について丹治は次のように言う。

> しかし、私は今、どこがどう間違っているのか、ということを明らかにすることができない。そして、それを明らかにしえない限り、未だすべては茫漠としたままである。それゆえ私は、「自由と決定論」の問題に関して、なお全くの闇の中にいる、ということを告白しなければならない。（一七八頁）

結局、問題の論考において丹治は私たちの世界像の「どこがどう間違っているのか」を指摘することができない。これが、私が先ほど《丹治は彼の課題を「部分的」にしか達成しない》と述べた所以である。

以上をまとめると丹治の論考の中心的な主張は次のように表現できるだろう。

［丹治テーゼ］——自由意志と決定論の問題は、それが本来的に理解される場合には、「人間」・「行為」・「自然法則」などの諸概念の織物である私たちの世界像を再検討する（すなわち、どこかに不都合がないかを探し、それが見つかれば改定する、など）という問題と捉えられるべきだ。

私は〈世界観の全体的な検討を促す〉というのが丹治の論考の重要な点だと考えている。この点については後に取り上げたい。

いずれにせよ——話を「はじめに」に戻せば——丹治が彼の論考で行なうことは〈自由意志と決定論の問題に対する従来の解決案のいくつかを検討し、問題の核心を探ること〉である。以下、彼の議論を追っていこう。

一　「決定論」は空虚か?

丹治の論考の主題は、「自由と決定論」の問題——あるいは、この文脈の「自由」は、政治的文脈の自由(英語でしばしば"liberty"と呼ばれるもの)ではなく、形而上学的な自由意志であることは明白なので、「自由意志と決定論」の問題と呼んでも同じ——であるので、まずはこの問題を定式化する必要がある。これは大雑把には「物理的決定論と行為の自由とが、両立可能であるか否か」(一五七頁)と表現されうる問題だが、丹治自身指摘するように、これでは「まだ事柄は曖昧なまま」である(一五七頁)。「物理的決定論」などの術語が何を意味するのか、が説明されねばならない。

丹治は「物理的決定論」を次のような理説と捉える。

> すべての物理的出来事あるいは状態は、それに時間的に先行する物理的出来事あるいは状態によって、一義的に決定されている。(一五八頁)

もし「物理的決定論」がこのように理解されれば、それが正しいときには行為が自由に選ばれるという事態は排除されるように思われる。

とはいえ——自由意志と決定論の問題への解決として丹治が取り上げるひとつめの考え方だが——

かつて大森荘蔵はこうした定式化における「決定」という語の使われ方を詳細に検討し、この語が「全く空虚なことば」だと指摘した（二五八頁）。これを受けて丹治は次のように言う。

もし、決定論の主張に内実を与えることができず、決定論は「空虚な決定論」でしかありえないのであれば、「決定論と自由」の問題もまた、「空虚な問題」として打ち捨てることができよう。（二五八頁）

大森の論考の内容を熟知した丹治の文章はここでのキーワードである「空虚」を説明なしで用いているので、私たちは大森の論考へ直接あたってこの点を確認せねばならない。はたして大森の言う「決定論は空虚だ」とはどのような意味だろうか（以下数段落、前ノートの内容と重複する）。

大森は、（彼の言う）決定論は真なテーゼだ、と考える。とはいえ彼は——ここがポイントだが——決定論の正しさはその空虚さに由来していると論じる。例えば、伏せて重ねたトランプについて、「一番上の札が何であるかは知らないが、何であるかは決まっている」という決定論的な命題が主張されたとしよう（「決定論の論理と、自由」、初出は一九六〇年、引用は飯田隆他編『大森荘蔵セレクション』平凡社、二〇一一年、一三二頁、以下「大森」でリファーする）。ひとつ前のノートで見た議論だが、大森はこの命題の無内容さを強調する。曰く、

元来、この言葉には何の情報も含まれていないのではないだろうか。私にはそう思える。この命題の真偽を確かめようとしても、どうすればよいのかがわからないからである。上の札をめくってみてハートのキングが出たとする。「そら、ハートのキングだったじゃないか。ハートのキン

グにきまっていたんだ。だからもちろん、何かであることにきまっていたんだ」、こう言うのであれば、それがスペードであろうと何であろうと全く同じことになる。つまり、そういうのであれば、何が出ようとこの命題は証明される。（大森 一三一―一三二頁）

ここでは、「決まっている」という語が言語実践において「空回り」している、という事態が指摘されている。じっさい、「決まっている」という語はこの文脈では何が起ころうと適用可能な仕方で用いられており、その内容は「空虚だ」と言わざるをえない。この意味で——先のノートでも強調したように——「決まっている」という語は生の現場には属してはいない。

決定論の命題の正しさは、何が起ころうと「決まっている」という語が適用可能だという事実に由来する。この点を大森は「この決定論の空虚さはその空虚さのゆえに決定論の正しさを保証する」と表現する（大森 一五五頁）。そして、続けて曰く、

しかしこの決定論の正しさは以上の観察からもわかるように、次のトートロギーの上に立っている。即ち「起ったことはそう起ったのであり、そう起るようにそう起るだろう」、または「過去はそうであった通りにそうであったのであり、未来はそうあるだろうようにそうあるだろう」。したがって、決定論はトートロギーなのであり、しかもトートロギー以外の形の決定論は恐らくはあり得ないのである。決定論は truism なのである。しかし、それゆえ正しいのである。（大森 一五五頁）

この引用における「トートロギー以外の形の決定論は恐らくはあり得ない」という見方が丹治に批判

される点なのだが、これについてはすぐ後で触れる。まずは——いくつかの可能的であり正当な疑問はいったん措くとして——大森のアイデアを摑むことが肝要である。大森によれば、決定論における「決まっている」は無内容なものであらざるをえない。かくして、たとえ決定論が真であっても、それは実生活において気にすべき何かを表現しているわけではないのである。

とはいえ——前のノートでも確認した議論だが——「決まっている」という語に実質的な内容を与えることはできないか。ひょっとしたら、「決まっている」という語が予言可能性の意味で解釈されれば、決定論の命題は実質をもちうるかもしれない。この問いについて大森は、「個々の予言、個々の自然法則はもちろんトートロギーではない」と認めつつも、「この世界全体の予言可能性の主張はトートロギーにならざるを得ない」と主張する（大森 一四一頁）。そして、「決定論が一つの主張としての意義を持つのは、世界の相当部分（あるいは大部分）が予言可能だという時ではなく、世界は全部余す所なく予言可能だという時なのである」と指摘して（大森 一四一頁）、大森は《予言可能性の概念で決定論に実質を与えようとしても結局はうまくいかない》と結論する。以下、その理屈を瞥見しよう。

まず、決定論を「予言可能性」の概念を用いて定式化すれば、《未来について適中する予言をする仕方が原理的に存在する》というものになるだろう（そうした予言が実際に行なえるかどうかは決定論の関与しない事柄である）。とはいえ大森は、こう捉えられた決定論もまた空虚だ、と言う。例えば、投げた碁石がどこに落ちるのかを予測する、という事態を考えよう。大森曰く、

私が碁石分布の法則の奇妙な特性をもとにして、非科学的な予測をしても、まぐれ当りをする可能性は必ずある。さらに、次に投げられる碁石はともかく何処かに落ちるはずであるから、私が様々な可能な限りの予測をするならば、その予測のどれか一つは必ず適中するということも自明

である。即ち、予測の根拠の科学性や自然さとは全く無関係に、適中する予言は必ず一つはあるのである。（大森 一四七―一四八頁）

簡潔に言えば、可能な予言のどれかは必ず当たる、ということだ。このことは「未来の正確な予言は可能だ」という命題の虚しさを意味しており、曰く、「全面的予言可能性としての決定論の虚しい正しさ」を意味しているのである（大森 一四八頁）。

以上のような仕方で大森は決定論を空虚なテーゼと捉え、この理解にもとづき彼は決定論と自由意志の問題をいわば〈心煩わされるに値しない問題〉として排する。とはいえ、丹治曰く、「この点で大森氏に賛成できない」（一五八頁）。その理由は以下である。

> 大森氏はそこで［すなわち大森の論考で］、決定論の規定の候補者として、「ある一定の（物理的）先行状態があれば、ある一定の（物理的）後行状態しかありえない、それ以外の可能性がない」といった言い方を全く取り上げておられず、そして、おそらくそのような言い方が、普通われわれがごく直観的に「決定論」という表現で理解していることではないのか、ということである。（一五八頁、角括弧内補足は引用者による）

思うに、仮に丹治の大森批判がここで終わっていたとしたら、それは批判として非常に「弱い」ものにとどまっていたであろう。なぜなら、たとえ丹治が決定論の別の定式化の存在を指摘したとしても、大森は例えば「ここでの『しかありえない』というフレーズもまた空虚である――なぜなら、何が起ろうと、『しかありえない』は適用できるのだから」と応答したりできるだろうからである。とはいえ丹治の大森批判はうえの引用にとどまらない。そして、追加で指摘されることこそが重要なのである。

丹治は、大森の「議論の運び」を「実証主義」あるいは「検証主義」と特徴づけ（一五八頁）、《自分はそうした姿勢をとらない》と述べる。この点を説明する際、丹治は、右で引用した大森の文章、すなわち「伏せて重ねたトランプを見て、「一番上の札が何であるかは知らないが、何であるかはきまっている」という時、一体何がいわれているのだろうか。……元来、この言葉には何の情報も含まれていないのではないだろうか。私にはそう思える。この命題の真偽を確かめようとしても、どうすればよいのかがわからないからである」という文章を引き（一五九頁）、これに対して次のように批判する。

しかし、例えば古典物理学を信じている人は、当然、その論理的帰結として、一番上の札が何であるかは見る前から「きまっている」と信じているであろう。その意味は、トランプの図柄について、例えば量子論的な非決定性はない、ということである。そして、古典物理学の体系全体は、様々の実験・観察を通じて、絶大な経験的支持を得ている（あるいは、得ていた）。その支持はまた、トランプに関する命題の支持ともなっているのである。（一五九頁）

第一に強調すべきは、「トランプの一番上の札が何であるかはあらかじめ決まっていた」という文を丹治は、大森とは異なる仕方で理解している、という点である。だがそれはどのような理解だろうか。

先の引用における丹治の言葉は抽象的であるので、ここでは何らかの解釈が必要になる。ひょっとすると――あくまで私の解釈だが――丹治は次のようなことを考えているかもしれない。《重なったトランプの一番上の札がめくられる》というプロセスの各時点の状態は質量などのパラメータによって表現される。さて、古典物理学に従うと、時点t_1における状態は、時点t_0における状態（および力学的法則）によって決定されている。実際、t_0の状態を初期条件として式を立てれば、t_1の状態は計算することができる。ここでは、何が起ころうと「決まっている」は適用される、などという事態は生じていない、と。

　あらかじめ古典物理学の方程式を有しているので、私たちは、何が起ころうと「決まっている」を適用するという行為ではなく、初期条件に応じて一定の状態を「決まっている」と呼ぶことができる。そして——先の引用でもあったように——丹治によれば、古典物理学という決定論的な物理理論は多くの経験によって支えられている（思うに、こうした事態の記述の仕方の根本的な仕方が、丹治と大森を鋭く分かつ）。実に丹治は次のようにも言う。

> もし経験的探究の結果、われわれが、ある別の物理理論を信じるようになり、そしてその理論から、トランプの図柄（を実現している物理的状態の範囲）についても非決定性が帰結する（「シュレーディンガーのトランプ」とでも言うべきか）のであれば、われわれは先の命題を否定することになるであろう。（一五九頁）

現実には、トランプぐらいの大きさの物体の力学的運動については古典物理学が成立しているので、トランプの図柄の非決定論的過程の具体例を挙げることはできない（ひょっとしたら、シュレーディンガーの猫と同じようなやり方で具体例を作ることができるかもしれないが、こうした点をどう考えるかについては量子力学について私よりも詳しいひとの判断に委ねたい）。他方で量子力学に即せば《経験的探究との関わりで理論の非決定論的な解釈も提示されうる》と言えそうなので（ここの記述もまた難しい！）、こうなると《経験的探究は、場合によっては決定論的な理論を生み出し、場合によっては非決定論的な理論を作り上げる》と言えそうだ。

「物理理論」と「経験的探究」（これが丹治の言葉づかい）の関係は何だろうか。この点はさらに明確化される必要がある。丹治は決定論の命題――すなわち「すべての物理的出来事あるいは状態は、それに時間的に先行する物理的出来事あるいは状態によって、一義的に決定されている」という命題――について以下のように指摘する。

> だが先の命題は、単独で直接に、経験によって真偽を確かめることはできない。では、そのような、単独で直接に、経験によって真偽を確かめることができない命題、あるいはまた、経験によって直ちに適用の可否を決定できないような概念は、どのような意味をもつのか？　ここでは詳論できないが、そのような命題や概念は、全体として経験による支持や反駁を受ける〝信念の体系〟の内部構造を形作る、という役割をもつのだ、と私は考えている。（二五九頁）

まず丹治の言葉をそのまま繰り返せば、彼によると、決定論の命題は「信念の体系」の内部構造を形作るようなものだ、ということになる。これは、抽象的であるので、具体的に敷衍して理解する必要のある主張である。はたして丹治は何を言っているのか。

注目すべきは「構造」という語である。おそらく丹治の言葉は、決定論は信念体系にとっていわば枠あるいは骨組みのような働きをする命題だ、と主張しているものだと捉えるのが順当だろう。すなわち、決定論の正しさを肯定する特定のひとつの信念が存在する、というわけではなく、むしろ、信念群を統制する構造の一定のあり方こそが決定論を表現している、ということではないだろうか。かくして決定論の命題は、経験と個別的に照らし合わせて反駁される類のものではないが、それでも経験と関係をもっている――この点を丹治は以下のように表現する。決定論という命題は、

［…］個々に直接、経験と照らし合わされるものでもないし、また、それが属する体系全体が、経験による支持や反駁を受ける以上、「経験に関係のない」、「空虚な」命題や概念であるわけでもない。先のトランプについての命題も、経験的探究の結果、それを含意する理論と共に否定されうるだけの内容をもっているのである。（一五九―一六〇頁）

実際――歴史を振り返ると――西洋近代の科学者は、個々の経験に照らし合わせて決定論的な理論を確証したわけではなく、むしろ膨大な経験との全体論的なやり取りの結果として決定論的な理論を作り上げた、と言えるかもしれない。その結果、物理学は、論理学ほどに純粋な「アプリオリな」思考形式ではないのだが、信念体系にとって「枠的な」役割を果たしうるのである。

続けて丹治は、大森が「決定論の主張を予言可能性の主張へ追い込んでゆく」ことを取り上げ、大森による「可能性」などの様相の検証主義的理解を批判する。曰く、

もともと、「可能性」とか、その対概念である「必然性」といった、いわゆる様相概念は、経験主義にとって大変厄介な、あるいは経験主義の眼から見れば大いにいかがわしい概念である。それはまさに、例えばヒュームの因果性分析における「必然的結合」に関する議論が示しているように、可能性とか必然性を、経験的に直接見出すことができないからである。しかし、それゆえにそれらの概念は無意味であり空虚である、と言うことはできない。それらの概念も、先に触

> れたわれわれの〝信念の体系〟の内部構造を構成する役割をもちうる。（一六〇―一六一頁）

ここで丹治は様相（あるいは様相に関わる主張あるいは命題）を、決定論の命題と同様に、「信念の体系の内部構造」と見なしている。結局、丹治による大森批判の要点は次のようにまとめられるだろう。大森は、信念と経験の関わり方としていわば〈個別の突き合わせ〉しか考察しておらず、全体的信念の構造と多数の経験との「グローバルな」関わり合いを考慮していない、と。しかし、丹治によれば、各々の信念体系はそれ特有の構造を有しており、そうした枠は経験と「全体的な」仕方で関わるのである。

以上の議論を踏まえた、丹治による決定論の捉え方の総括は次である。

> 先に規定した決定論を主張することは、ある具体的な「決定論的法則」――すなわち、先行状態が指定されれば、後行状態が一義的に決まるような形の法則――を主張することではない。それゆえ、それに基づいて予言をしたり、その予言の当たりはずれを経験的に調べたりすることはできない。決定論の主張は、むしろ、そのような何等かの決定論的法則が現にこの世界で成り立っている、という主張である。（一六二頁）

要するに、決定論的法則についての「存在一般化された」命題が決定論の命題だ、ということである。丹治は、これまで述べてきたような理由から、こうした一般的命題が空虚でないと考えている。そしてこの後すぐ見るように、丹治によれば、決定論の命題は自由に関して深刻な問題を提起するのである。

二　物理的決定論と自由

第二節と第三節は、《決定論の正しさと自由意志の存在は両立する》という立場の検討を通じて、この立場の不十分さを示すことを目指す。これはいわば「両立論に対する批判」と記述できるような試みであり、こうした企てにおいて使用される定石についてもすでによく知られているであろうから、まず押さえるべきは〈両立論を批判する際の丹治特有の発想〉である。これはあらかじめ押さえたうえで、丹治の実際の議論を追いたい。

丹治は、彼の両立論批判の後半で、「できる（can）」の条件法分析を取り上げ、それが〈過去〉・〈行為〉・〈物理法則〉・〈できる〉などの諸概念に関する「われわれの基本的な了解」に抵触すると指摘する（一六八頁）。これが、後で確認するように、丹治による両立論批判の核となる発想である。丹治の見方では、決定論が主張するタイプの必然性と行為の自由の両項を両立させるような考え方は、必然性および自由に関する私たちの「基本的な」捉え方に反する。この意味で両立論は、〈必然性〉や〈自由〉の分析ではなく、むしろ「変更」または「歪曲」だ、とされるのである（一六九頁）。

だが、ただちに気になる点だが、《両立論が必然性や自由についての私たちの基本了解に反する》と言いうる根拠は何か。この点はしっかり説明されねばならない。そして丹治自身が一定の根拠を提示している。この点を見るに先立ち、第二節と第三節における彼の具体的な議論を確認しよう。

はじめに丹治は決定論を考察する文脈で問題になる〈自由〉の概念を明確化する。曰く、

物理的決定論との関係で問題とされるべき行為の自由は、一定範囲の基本動作の自由、すなわ

ち、身体に対する物理的拘束がない限り、いつでもそのような基本的動作（その範囲には個人差があるだろう）を、することもしないこともできる、という自由であろう。この意味での自由が、政治的、社会的、経済的自由、強制からの自由といった、他の様々に語られる自由の最も基本的な前提となっている。すなわち、政治的、経済的等々の自由があるとかないとかいう議論自体が、基本的動作の自由を認めることなしには、意味をなさないのである。「強制」ということ自体、動作の自由のないところでは意味をなさないであろう。（一六二頁）

ここでは、決定論の文脈で問題になる「基本的な」自由と、いわゆる政治的自由や経済的自由などのいわば「実践的」自由との間の関係が指摘されている。丹治によれば、これら二種類の自由はレベルを異にしており、前者の存在を認めることはそもそも後者の存否を論じる際の「前提」となっている。この点を敷衍して説明すれば以下である。

形而上学的自由と実践的自由のレベルの違いを気にしないひとは――私が実際に見たことのある例だが――「脅迫されてやむなくおこなった行為には自由意志は無い」と述べたりする。もちろんこのような言い方も可能である。とはいえ以下のようにも言える。脅迫という外的ファクターの存在のもとでAを選ぶことも、あるいはそうしたファクターなしにAを選ぶことも、いずれも根本的な意味での自由意志による選択のヴァリエーションである。実際、そもそも自由な存在についてでなければ「強制されている／いない」などは問題にならないであろう。ある存在者が自由意志で何かを選べることは、その存在者が強制によって何かを選ばされることの前提である。この点を踏まえれば、「脅迫されてやむなくおこなった行為には自由意志は無い」という文は事柄のレベルに関する混乱を含む、と言わざるをえない。スピノザは「自由」の反対物は「必然性」ではなく「強制」だと述べており、これも彼の文脈を踏まえれば理解可能なのだが、それでも、《自由の反対物は強制だ》というお決まりの言説が抑圧する真理が存在することも忘れてはならない。

さて、丹治によると、こうした根本的な自由――丹治は「動作の自由」と呼び、この呼び方にも問題がないわけではないのだが――の存在は決定論が正しいことと両立しない。彼の依拠する理屈のひとつは次である。

> もし物理的決定論が正しければ、例えば今、私の右手が上がっていないということ（事実、上がっていないとしよう）は、それに先立つ（例えば、私が生まれる以前の）世界の物理的状態によって決定されており、そのような先行状態があった以上、今、私の右手が上がっている可能性はない。他方、もし私に、今右手を上げるという動作の自由があるならば、私は今、右手を上げることができるはずである。（二六二頁）

このように、決定論が正しいことを主張する命題と、「動作の自由」が存在することを主張する命題は、相矛盾する帰結をもつ。それゆえふたつは両立不可能だ、というわけである。

こうした理屈にはいろいろな角度からの批判が可能であり、丹治自身もそれを知っている。彼は、例えば、いわば〈様相を弱める反論〉を取り上げる。丹治によればその反論曰く、

> ［…］Pが事実上真であり、「PならばQ」が必然的に真である、ということからせいぜい言えることは、Qもやはり事実上真だ、ということだけである。したがって、現にあった先行状態（それをCと呼ぼう）が現にあった、という前提のもとで、たとえ法則的必然性を認めたとしても、

そこから「私の右手が上がらないことは必然である」、「私の右手が上がることは不可能である」という帰結は出てこないのだ。（二六四頁）

これに対して丹治は、問題の前提からは、事実性だけでなく、ある種の必然性も帰結する、と再反論する。彼曰く、

> ここで要点となっているのは、もちろん、「私は右手を上げることによって、先行状態Cまで変えるわけではない」という点である。あるいはもっと一般的に、われわれは現在何をしようとも、決して過去を変えることはできない、という点である。これは、「行為」に関するわれわれの基本的了解の一つであろう。その意味で、過去の出来事には一種の必然性がある。（二六五頁）

ここで言われる〈過去の動かしえなさ〉が、法則的必然性を介して、〈現在における可能性的分岐の排除〉を帰結する、というわけである。ちなみに、引用において丹治が、《いかなる行為も過去を動かせない》というのを行為に関する私たちの「基本的了解の一つ」と呼んでいる、という点は見逃してはならない。こうした捉え方が後に「効いてくる」のである。

ちなみにここまでの議論は現代だと「帰結論証」と呼ばれるものに関わっているが、丹治が例えば直前の引用において参照するのはウィギンズの“Toward a Reasonable Libertarianism”であり、ヴァン・インワーゲンの論考ではない。丹治がどこでウィギンズの論考を知ったのかと言うと——後註を見れば難なく分かるが——ホンデリックが編集した *Essays on Freedom of Action* (1973) においてで

あろう。丹治の問題の論考（一九八五年公表）にはヴァン・インワーゲンへの言及がないので、当時はまだポピュラーでなかったのだろう。

三　両立可能論と概念の孤立化

続けて丹治は、決定論と自由意志の存在が両立可能だとする理路のふたつめとして、現在「条件法分析」として知られるものを取り上げる。それは、丹治の言葉を引いて規定すれば、「PはAをすることができる」という命題を、反事実的条件法を用いて、「もしPがAを選択した（意図した、試みた等々）ならば、PはAを成就したであろう」という命題へと分析する（一六七頁）というやり方である。この場合、たとえ《PはAをしない》が決定論的に必然的であっても、引用の後者の命題――《もしPがAを選んだならば、PはAをした》という命題――は真でありうる。この意味で、もとの「できる」を含む命題は決定論と両立しうる。

これは「条件法分析（conditional analysis）」と呼ばれる馴染みの議論であるが、はたして丹治はどう反論するだろうか。以下、この点を見ていこう。

まず丹治は前節で行なわれた彼自身の（帰結論証的な）議論を振り返る。それは次のようなものであった。

まず、現在、実際に私は右手を上げていないものとする。その場合、もし物理的決定論を認めるならば、次の二つの前提のもとでは、すなわち、⑴私は過去のものを変えることができず、⑵私は物理法則を変えることもできない、という前提のもとでは、私は現在、右手を上げることができないことになる。（一六八頁）

これは決定論と自由意志の両立不可能性を帰結する論証であるので、両立論者は必ずやこれに反論せねばならない。

以上の点を確認したうえで丹治は、いま振り返った議論の前提⑴と⑵がいわば「「過去」、「行為」、「物理法則」、「できる」といった事柄に関する、われわれの基本的な了解に属すること」だ、と指摘して（一六八頁）、次のように論じる。

［…］両立可能論者は、先の二つの前提⑴⑵のうちの、少なくとも一方を否定しなければならない。だが、そのどちらを否定するにしても、それは「過去」、「行為」、「物理法則」、「できる」といった事柄に関する、われわれの基本的な了解に抵触することになる。（一六八―一六九頁）

要するに、両立論者は自由意志と決定論に関連する何らかの概念の「われわれの基本的な了解」に反することを行なうことになる、ということだ。かくして丹治にとって両立論の主張はある種の「歪曲」でありうる（一六九頁）。それは決して素朴に受け入れられるものではない、ということである。

だが――読者はここで必ずや問わねばならないが――はたして丹治の言う「われわれの基本的な了解」とは何か。この点を丹治は明示的に説明しない。とはいえ彼の指摘の根拠となるような文も書いている。キーコンセプトは〈概念の結びつき〉である。

丹治の考えでは――いやむしろ、思うに、丹治の考えから離れたとしても言えることだが――個々の概念は諸概念の結びつく或る種のシステムの中にのみ存在する。逆から言えば、孤立した概念など存在しない。例えば、目下の文脈の例を挙げれば、〈できる〉という概念は〈自由意志〉や〈過去〉や〈自然法則〉などとの結びつきのもとにその概念としての力を保っている（例えば私たちは、過去は変えられない、などと言い、あのひとは過去を変えることができる、などと少なくとも大半の文脈において言うことができない）。

さて、諸概念が現に結びついている仕方が「われわれの基本的な了解」を形成する、と丹治は考える（と解釈できる）。そして、彼によれば、両立論はこうした結びつきを無視することに、すなわち「概念の孤立化」という過誤にコミットしてしまっている。曰く、

私はそこに、「Xとは何か?」という、哲学古来の問い方の中にひそむ「概念の孤立化」とでも呼ぶべき思考法の支配があるように思う。「(動作の)自由」とか「できる」とかいう概念は、実際には他の多くの概念（先に挙げた「物理法則」、「過去」等々）と様々な仕方で結びついているにも拘らず、それらの結びつきのうちの一部だけを問題にしているのである。（二六九頁）

丹治によれば、両立論者は、本来一定の結びつきの中で使用されるべき概念を、その結びつきから切り離して、いわば恣意的に用いてしまっているのである。

こうした「概念の孤立化」のどこが問題なのか――この点は具体的な話を通じてよりいっそう判明になる。例えば先に紹介した両立論的立場は「できる」という語を条件法で分析したが、丹治によれ

ば、それはせいぜい「「できる」という概念のある一面を正確に言い当てている」に過ぎない（一六九頁）。他方で、〈できる〉という概念には条件法分析が触れる側面以外のものも含まれており、こうしたその他の側面の無視は「われわれの信念体系（概念体系）全体の中に、歪みを生ずる危険」をもつ（一六九頁）。実際——丹治自身が強調するように——条件法分析を素朴に採用すれば「われわれは（過去を変えるのでない限り）物理法則を変えることができることになる」などの命題を認めることになってしまう。なぜなら、過去が固定されたうえで物理法則が《私は右手を上げない》を導き出すとき、（過去の変更不可能性を前提すると）《もし私が右手を上げることを選んだならば、私は物理法則を変えていただろう》と言えてしまうからである。ここには無視できない問題があるだろう（ちなみにこの種の問題を扱ったのがデイヴィド・ルイスの論文 "Are We Free to Break the Laws?" であり、そこでは或る種の法則破り——後に「局所的奇跡（local miracle）」と呼ばれるもの——の可能性が肯定的に論じられる）。

以上が丹治による両立論批判であった。押さえるべきは、丹治は両立論者を〈概念の孤立化という過ちにコミットしている〉とする、という点である。ここでコメントをひとつ。思うに、両立論の問題点を指摘するためだけならば「概念の孤立化」といういわば大掛かりなものに頼る必要はない。例えば——よく言われることだが——仮に議論のために「できる」の条件法分析を認めるとしても、《条件文の前件は可能なのか》すなわち《PはAを選ぶことができるのか》という問いが生じるのであって、それゆえ自由意志の問題において真に問題にされるべきことが先送りされている、などと言えば「概念の孤立化」に頼らずにピンポイントで条件法分析の問題点を指摘できるだろう（この指摘に対する条件法分析者の再反論も行なわれうるのだが）。

ではなぜ丹治はわざわざ「概念の孤立化」なるものを持ち出すのか。ここは論考全体の目標が関係すると思われる。丹治の論考は――冒頭で触れたが――「全体論」の観点から自由意志の問題を捉えようとする。それゆえ、両立論批判の文脈でも、「全体論」と関連する「概念の孤立化」という概念が用いられる、というわけだ。

四　「自由」の否定不可能性

第二節と第三節において丹治は両立論を批判的に検討してきた。彼が明らかにしたことを最も穏当な仕方で表現すれば次のようになる。両立論は決して無問題ではない、と。実際、「できる」が条件法分析などによって一見エレガントに取り扱われたとしても、そうしたやり方は従来の〈できる〉という概念とその他の概念との結びつき方にそぐわない側面をもつ。その結果、〈できる〉の両立論的分析は別のところで「しわ寄せ」を引き起こす。この意味で、両立論はいまだ「最終決着的な」立場たりえていない。

では非両立論の方はどうだろうか。丹治は「もし自由と決定論とが両立不可能であるとすれば、われわれは、それらのうちの少なくとも一方を否定しなければならない」と述べ、まず決定論の是非を考察する（一七〇頁）。

はたして決定論は正しいのか。丹治は、《物理的決定論は正しい》とするような「強力な証拠」は現在存在しないと指摘すると同時に、この話題に関連するいわゆる「量子力学」なるものについて以下のように論じる。

現在、大多数の物理学者が採用している量子力学は、決定論的な理論ではない。しかし、今世紀

［すなわち二〇世紀］の初めまで決定論的な物理理論が支持されていたし、現在でも、「隠れた変数」による決定論的理論を、量子力学に置き換えようとするグループが（現在のところ極めて劣勢ながら）存在する。また、量子力学が、基本的には時間に関する微分方程式によって状態変化を規定するという、決定論的法則の形をもつ理論でありながら、なおかつ非決定論的な面をもつために生ずる「観測問題」というアポリアは、量子力学自体の不安定さを物語っている、とも見ることができよう。いずれにせよ、近代以降の物理学は、決定論的理論を範型として探究されているのであり、将来の物理学が再び決定論的な理論となる可能性は大いにある、と言うべきであろう。（二七一頁、ただし角括弧内の補足は引用者による）

丹治の論旨は明快であり、それは《決定論は現在の基礎物理学が必ずしも与するところのものではないが、将来の物理学がそれに与する可能性はある》と表現できる。それゆえ決定論の是非については確定的なことは言えない。いずれにせよ、近世・近代以降長らく（二〇世紀の初頭まで）決定論的な物理理論が採用されてきた歴史があり（そして今後もそれが復活する可能性もあり）、決定論は安易に退けられるような考えではないのである。

だがこうなると自由意志の存在の方が否定されるべきなのだろうか。以下において丹治は、《そもそも自由意志の存在が否定されるというのはどういうことか》を考察し、そこから或る意味での〈自由意志の否定不可能性〉を引き出す。その際、議論の要になる命題は次である。

われわれの動作の自由は、第二節の初めに触れたように、政治的、社会的、経済的等々の自由について語りうるための前提となっているが、そればかりでなく、われわれの社会の様々な制度、

> 慣習、さらに最も基本的な人間同士の関わり合い方の基盤として、われわれの様々な実践《プラクティス》の基本的なあり方の中に、しっかりと組み込まれているのである。（一七一頁）

抽象的に書かれているので具体的に敷衍する必要がある。

例えば、このノートを読んでいるひともまた現実的生を生きている――この点は誰も否定しえないだろう。他方で、いまの引用で指摘されていることだが、そうした現実的生を生きながらこのノートを読んでいるとき、この〈ノートを読む〉ということは〈自由意志のもとでそれを行なっている〉という意味づけをもつ（この点はまったくピンとこないひとがいるようだが、すぐ後で述べるように、ここにピンとくることがすべての出発点なのである）。この意味で、現実的生を生きることはそもそも自由意志の存在を構成素として組み込んでいる。

こうした洞見をふまえて丹治は言う。

> だから、現実の生活が現実にあることを認めながら、「実はわれわれは自由ではない」と言われても、それが何を言っているのか、理解することができないのである。（一七二頁）

私たちは、生の実践において、つねにすでに自由意志の存在にコミットしている。仮にこうした生を生きる私たちが「自由意志は存在しない」と述べるならば、そうした主張には必ずや自分が現に行なっていることへの「裏切り」が見出される。この意味で「人間の自由を端的に否定することは不可能」なのである（一七二頁）。

私自身は以上の丹治の指摘がとてもよく分かる。他方で――経験上知っていることだが――丹治の以上のような議論がまったく理解できないひとも存在する。そうしたひとは例えば次のように反論する。私たちの実践は必ずしも自由意志の存在を前提していない、と。こうしたひとは、ここで論じられている「自由意志」の意味を、あるいはこの意味の〈自由意志〉という概念が他の諸概念に対して有する繋がりを摑んでいない——と私は言わねばならない。

おそらく丹治も私のように考えている。例えば彼曰く、

「人間は本当は自由ではないのだが、自由だと思って暮らしているのだ（そして、それでよいのだ）」と言って済ますこともできない。なぜなら、そのように言う当人は、自分自身について「私は本当は自由ではないのだが、自由だと思って暮らしているのだ」と考えることになるが、その前半部の「私は本当は自由でない」ということも、その人の信念である以上、その人は自分自身を自由でありかつ自由でない、と考えていることになってしまうからである。（一七二頁）

この議論は、《人間として何かを信じることは自由意志の存在と繋がっている》という点がピンとこないひとにとっては、まったく理解できないものになるかもしれない。この意味で——明示的に指摘せねばならない点だが——丹治の議論はもはや誰にでも理解できる論証ではない（と私は、私自身の経験にもとづいて、考えている）。むしろそれは、特定の仕方で世界が開かれている者にとってのみ理解可能な言葉である。そしてここにおいては〈丹治に対して開かれているのと同じような仕方で世界が開かれること〉が核心的に重要なのである。

さて——話を戻せば——先に引いたように丹治は自由意志を「生活形式の中に組み込まれた基本的前提であり、現にあるような人間の社会がある限り否定しえぬもの」と見なしている（一七三頁）。だ

がこうなると《なぜ決定論は自由意志と矛盾しうるのか》が却って分からなくなってくる。丹治は言う。

われわれの自由が否定しえないならば、自由が決定論によって〝脅かされる〟はずはない。したがってまた、自由が決定論と矛盾するはずがないのではないか、という疑念が出てくるかもしれない。（一七三頁）

これが彼の論考において丹治が最後に取り組む問いである。この問いの考察を通じて、彼は《自由意志と決定論の問題の本質は何か》に関する自らの理解を提示する（これが論考全体のゴールである）。ところで、今述べた問いに答える際に、丹治はP・ストローソンの「自由と怒り」（丹治はこれを「自由と憤り」と訳すが）に部分的に賛同する。私たちが丹治を読む際に気にせねばならないのは《彼がどの点でストローソンに賛成し、どの点で反対するか》である。――以下、こうした点を一歩ずつ確認していこう。

第一に丹治は「自由と怒り」におけるストローソンの主張のひとつを以下のように捉える。

［…］通常の人間相互の関係（そこには、他者に対するわれわれの様々の態度、感情のあり方が含まれる）に参入するわれわれのコミットメントは非常に徹底的で、深く根づいたものなので、何等かの理論的確信（例えば決定論のような）のゆえに、通常の人間相互の関係がもはや存在しないような世界へと、世界を変えるようなことは決して起こらない［…］（一七三―一七四頁）

これは――丹治によるストローソンからの引用の言葉を借りれば――「人間の態度や感情の一般的構造ないし体系(web)」のいわば原初性に関する指摘である(一七四頁)。そして、丹治も適切に指摘するように、こうした指摘からストローソンは《怒りの表明や非難などの(自由意志の存在を意味的に要求する)人間的なやり取り一般は、根本的には、正当化を必要としない実践だ》という点を引き出す。すなわちストローソンによれば、怒りの表明・非難・制裁・刑罰などの実践を、自由意志の存在を確証することによって正当化しようとする立場は、却って物事の「過度な知性化(over-intellectualization)」に陥っているのである。

以上の点に関して丹治はストローソンに同意する。彼は「われわれの生活のあり方に対して「外からの正当化」を与える必要はないと思う」と言う(一七四頁)。とはいえ――議論の第二のステップであるが――予め触れたように丹治はイギリスの哲学者に対して完全に同意するわけではない。彼は、ストローソンは決定論をめぐる知的な問題をいわば「避け過ぎ」ている、と考える。すなわち丹治にとってストローソンは、そのオリジナルな主張のいわば反作用として、人間的生の「了解的(intellectual)」側面を不当なほどに無視してしまっているのである。その結果、ストローソンの言説においては「実践」と「了解」が乖離するのだが、これを丹治は問題的だとする。なぜなら、丹治の考えでは、「実践」と「了解」は人間的生の全体的な地平において相互に関わり合っているからである。

以上がストローソンに関して丹治が同意しないところである。以下、この点を丹治の文章を引きながらあらためて確認しよう。まず次のように言われる。

[…]ストローソンは、例えばわれわれの「実践」と決定論との関係を論ずる際にも、決定論を

受け入れることの結果として、「通常の人間相互の関係」を廃棄するに至る可能性は……といった形で語り、決定論と自由との「両立可能性」といった、論理的（知性的）な問題の立て方を、極力避けているように見えるのである。（一七五頁）

これはストローソンの語り方に関する指摘であり、ここでは《彼が論理的‐知性的な話題を避けている》という点にフォーカスが置かれる。そのうえで、曰く、

しかし私には、そのような「実践」の事柄と「知性的な」事柄との分断（「実践の孤立化」と呼ぼう）が、正当であるとは思えない。（一七六頁）

だがなぜこう言えるのか――理由として、曰く、

例えば、もしある人が、「通常の人間相互の関係」に全面的に参与していながら、他方で、「人間は自由である」という基本的了解を否定したり、またはそれに対してまじめに疑問を呈したりしたならば、われわれはその人のあり方を理解することにある種の困難をもち、「何かがおかしい」と感じざるをえないのではなかろうか。（一七五頁）

ここは誤解を生みやすい箇所なのでじっくり説明したい。この引用で言われているのは、たとえ――ストローソンが言うように――決定論が真である可能性が私たちの自由意志の存在を脅かさないとしても、現実の実践において《決定論と自由意志は両立するか》などと問うことは「ナンセンスな」行

為ではない、ということだ。事実として――引用でも言われるように――「決定論は自由意志の存在を否定するかもしれない」などの主張は実践において意味をもちうる。なぜならそれは例えば〈おかしさ〉の感覚を喚起したりするからである。そしてこうした「知性的な」問いの有意味な提起も含んでいるのが人間の現実の生である。かくして、丹治の考えでは、ストローソンは事態を却って「過少に知性化（under-intellectualize）」してしまっていることになる。それは人間の生において生じる知的な事柄の可能性の少なくともいくつかを無視してしまっている。

丹治は以上のようなストローソン批判から彼の積極的な主張を引き出す。この主張の鍵概念は〈批判〉であるのだが、丹治曰く、

たしかに、われわれの「実践」の基本的なあり方や、それと一体となった人間や世界についての基本的了解に対する、何か究極的な「正当化」といったものはありえないし、また必要でもないであろう。［…］しかし、「正当化」の可能性の問題と、「批判」の可能性の問題とは――しばしば同列に扱われるが――別の問題だと思うのである。（二七五頁）

これは、私たちの生の基本的なあり方やそれについての了解を「批判的に」検討するという知的な活動が人間的生においては行なわれうる、という点の指摘だ。とりわけ、実践と理解を含む生の全体性のうちのどこかに「不調和」が見出されるときには、こうした批判は避けられない。この点について丹治曰く、

［…］「批判」は、直ちに「通常の人間相互の関係」への参入というわれわれの実践の不当性、

「人間は自由である」という了解の端的な否定を意味するわけではなく、それをも含み、また「物理法則」等々に関する様々の基本的了解をも含んだ「世界像」全体のどこかに、まずいところがある、という批判なのである。（一七六頁）

これは丹治の言う「批判」とは何かを説明する文章と読める。すなわち、生の全体性のどこかしらに潜む不調和を見つけ出したりそれを解消したりしようと努めることが「批判」という営みなのである。丹治はこうした知的営為の可能性を人間的活動に含め入れるのだが、彼はこの点を、自分がストローソンと袂を分かつ地点だと見なす。これが「ストローソンの「実践の孤立化」は、話を実践に限定することによって、このような「批判」の可能性に対して眼を塞ごうとしており」と丹治が指摘する所以である（一七六頁）。

さて目下考察中の問いは《自由意志の存在が否定不可能であるならば、なぜ決定論は自由意志と矛盾しうるのか》であった。丹治は以上の議論でもってこの問いに答えるのだが、その答えは以下である。

　そもそも、この議論の発端となった疑念、すなわち、もし自由が否定不可能であるならば、どうして自由は決定論と矛盾しうるのか、という疑念は、われわれの信念の体系は全体として矛盾を含まない、という前提の上に立っている。［…］しかし、そのような体系全体の無矛盾性を予め保証するものは、何もないであろう。（一七六頁）

ここでは丹治の考えにおける〈決定論と自由意志の問題が生じる仕方〉が説明されている。生の全体性、あるいは同じものを指すが、私たちの生を支える世界像の全体は必ずしも「無矛盾性」が保証されていない。むしろ私たちが現在もっている世界像には根本的な「矛盾」が内蔵されている恐れがある。決定論と自由意志の問題とは——すぐ後で再度確認するように——こうした「矛盾」をめぐる問題として生じうる。それゆえそれは、決定論によって自由意志の存在が「脅かされる」、という問題ではないのである。

五　むすび

私たちは冒頭で予告した終着点に到達した。はじめに引用したように丹治にとって自由意志と決定論をめぐる問題は「「人間」、「行為」、「自由」、「物理法則」といった事柄に関するわれわれの基本的了解の織りなす体系、「世界像」のどこかに重大な思い違いがあるのではないか」という問題であり（一七七頁）、それは、言ってみれば、知の個別的部分における問題ではなく、むしろ知の全体性に関連する問題なのである。かくしてその解決は、小手先の概念改定などによって達成されない。むしろ世界像全体の批判という「大々的な」作業が必要だと言えるだろう。

第四節の読解の頭の部分で述べたように、丹治は決定論を〈確固たる証拠のある立場〉とは見なさない。だがその一方で次のようにも考えている。「物理学的探究は、決定論的な理論を範型として営まれており、決定論的理論を受け入れうる構造を予めもっている」（一七七頁）。これは、解釈の難しい言葉だが、物理学の探究が具備する〈決定論的理論を受け入れうる構造〉と自由意志の存在との衝突という事態を指摘していると読めるだろう。そしてここから丹治は次のように主張する。

もしそうであれば、（そして、もし自由と決定論とが両立不可能であるならば）実際に決定論をとるとらない以前に、そのような物理学的探究の基本的態度、およびそれと一体となった基本的世界了解と、人間の自由との間には、既に重大な対立、緊張関係がある、と言うべきであろう。

（二七七頁）

私たちはガリレオやデカルトやニュートンやライプニッツ、そして――もう少し渋いところであれば――ホイヘンスやフックなどの頃に作り上げられた「近代的な」物理学的探究姿勢をいまなお受け継いでいる。すなわち、世界を物体の合法則的な運動および変化の集まりとして理解するような「近代的な」物理学的世界観は、いまなお私たちの世界像の重要な部分を構成している、ということだ。とはいえ、いま引用した丹治の文章は《そもそもこうした物理学的探究姿勢と自由意志の存在との間には緊張関係が存在する》ということを指摘している。それゆえ、丹治の考えに従うならば、自由意志の問題に取り組むことは、「近代的な」物理学的世界観を部分としてもつような「近代的」世界像の全体を批判的に検討することに繋がる。煎じ詰めて言えば、「近代」との対決を行なわざるをえない、ということだ。いや、いま述べたことはもはや私自身の立場の開陳になっているだろう。私は――私自身の立場として――丹治の論考を〈自由意志の問題を、より広い文脈に、すなわち近代科学批判という文脈、あるいはさらに広く近代批判という文脈に置き移すもの〉と読む。そして、自由意志の問題とは本来これほど「大きな」問題なのだ、と言いたいわけである。

実際のところを言うと、丹治の論考にこうした主張を読み込めるかどうかは怪しい。例えば、すでに見たように丹治は《私たちの世界像のどこかに不調和がある》と考えているのだが、その一方で「そうした不調和は、具体的には、どこにあるのか」という当然の問いに対しては、彼は次のように述べる（これはすでに引用した箇所である）。

しかし、私は今、どこがどう間違っているのか、ということを明らかにすることができない。そして、それを明らかにしえない限り、未だすべては茫漠としたままである。それゆえ私は、「自由と決定論」の問題に関して、なお全くの闇の中にいる、ということを告白しなければならない。

（一七八頁）

これが丹治の論考の最後の言葉である。丹治は《自分には、いま、どこがどう間違っているか分からない》と告白して論文を閉じる――プラトンの初期対話篇の多くのように「アポリア的な」終わり方をしている。それゆえ丹治に帰しうる主張を正確に書き出せば、それはせいぜい次のようなものに留まるだろう。すなわち、自由意志と決定論の問題は私たちの知の全体性に関わる問題だ、と。ここから近代批判の方向へ舵が切られるかどうかは未決である。

とはいえ、丹治の論考は近代的世界観の批判に向かいうる岐路たりえている、という点は確言できると思う。なぜなら、繰り返しになるが、丹治は近代物理学的な見方を含む世界像全体を問題にしているからである。その一方で、丹治以降に自由意志を論じるひとが近代の科学的世界観（ひいては近代そのもの）と対決してきたかと問うと、「そうしたひとはそれほど多くない（ゼロではないのだが）」と言わざるをえない。加えて、近代科学的世界観と相性のいい「自然主義的」自由意志論が勢力を強めている現状に鑑みると、丹治の論考という一九八〇年代の岐路以降に私たちは〈近代的世界観と融和的な方向〉へ舵を切ってきたと思われてくる。かかる現状に対して、丹治の論考を読んで気づかれることのひとつが、《別の方向へ進むことも可能であった》という事実なのである。

＊丹治信春「行為の自由と決定論」、『新・岩波講座 哲学10 行為 他我 自由』岩波書店、一九八五年所収

(2019/12/20)

無自由への自由

——青山拓央『時間と自由意志』[*]を読んで

以下は、二〇一七年八月五日に京都現代哲学コロキアムで行なわれた「青山拓央『時間と自由意志』合評会」（青山拓央×千葉雅也×山口尚）における私の発表原稿である。文中の「A氏」は青山を、「C氏」は千葉を、何となくイメージしている——私の勝手なイメージだが。

＞＞＞＞

青山拓央の『時間と自由意志』は、いわゆる「分岐問題」の考察を通じて、世界の根本相が「無自由（afree）」であると主張する。青山によれば「自由／不自由」という区別は、世界の根本的次元には属さず、そこから「離れた」次元に、すなわち〈ひと〉の次元に属している。言い換えれば、何事かを「自由」あるいは「不自由」と見なすことは、実のところ、物事を一人称・二人称・三人称という「人称的な」仕方のいずれかで捉えることだ、ということである。そして、私たちが自由や不自由のことを考える存在（すなわち自由や不自由を気にする存在）であるのは、私たちが〈ひと〉の「人称的」次元の内に生きる存在だからである。

本発表の目標は、『時間と自由意志』を踏み込んで読解することによって、青山の主張をより深く理解することである。青山に対する私の批判や非難や文句は、彼を理解しようとする私の考察の過程からおのずと滲み出してくるだろう。とはいえ《議論の目標は、青山を論駁することではなく（このような恣意的意図を哲学の目標にしてはならないと思う）、青山の考察する諸現象の理解を深めることだ》という点は強調しておきたい。青山が彼の著作において摑んだ真理をより明白なものへ展開する、というのが本発表の作業である。

以下では、自由をめぐる私自身の関心から出発して、徐々に青山の立場へアプローチしていく。思うに、『時間と自由意志』はいわゆる「運の問題」の考察の系譜に接続する——それゆえ、はじめに自由意志と運をめぐる問題を組み立てたうえで（第1節と第2節）、そこから「分岐問題」などに関する青山の議論の検討へ向かいたい（第3節以降）。

1　自由意志の概念系

まず自由意志が問題になるケースをひとつ見てみよう。

A氏が手にもっていた鉄砲から発射された弾丸がY氏の頭を貫いた（幸いケガで済んだとする）。さて、この件においてA氏をどう責めるかに大きく関わるのが、例えば《はたして彼は自由意志でY氏に向けて引き金をひいたのか、それとも誤ってひいてしまったのか、あるいは暴発などの事故によるのか》という問いである。〈Y氏を撃つつもりで撃った〉などの自由意志の有無がA氏の処遇に大きな違いを与える、ということである。

次にこの例を踏まえて、自由意志の哲学の出発点であるひとつの見方を確認しよう。それは、こうした「自由意志」の概念が「(道徳的)責任」や「コントロール」や「刑罰」や「非難」や「合理的説明」などのアイテムと密接な相互連関をもつ、という見方である。すなわちかかる見方においては、これらの諸項目は、以下の命題が述べるような、いわゆる「一蓮托生的な」関係にある。

・A氏が自由意志でY氏に向けて引き金をひいたというのは、Y氏に向けて引き金をひくか否かがA氏のコントロール下にあったことを意味する。
・A氏がY氏に向けて引き金をひいたことの(そしてその結果Y氏にケガをさせたことの)責任を有するのは、A氏がY氏に向けて引き金をひくことを(そしてその結果Y氏にケガをさせることを)コントロールできた場合だけである。
・A氏が問題の件のかどで非難されるべきなのは、A氏が問題の件に責任を有する場合だけである。
・A氏が問題の違法行為のために処罰されるべきとなるのは、A氏が問題の違法行為に責任を有する場合だけである。
・A氏が自由意志でY氏に向けて引き金をひいた場合には、A氏は「なぜそれを行なったのか」という問いに対して合理的な説明を与えることができる。

こうした見方は、先に「出発点」と名指したとおり、哲学者たちの叩き台としてさまざまな角度から批判的に考察されてきた。その結果、例えばフィッシャーとラヴィッツァの立場においては、「コントロール」の意味如何によっては、責任は必ずしもコントロールを前提しない、などと言われる

（Fischer and Ravizza 1998）。だが——私たちはまだ考察の端緒にいるので——目下重要なのは、先人の考察の結果として提示された「ひねり」のある立場の細部を見ることでなく、むしろ出発点の見方の自然さを確認することだろう。上記の諸命題は以下のように正当化できる。

引き金をひくか否かがコントロール下にないのに「引き金がひかれたのは自由意志による」などと言うことは不条理である。コントロールできないことに関して責任を負わされるなど理不尽である。責任のないことでもって非難されたり処罰されたりするのは不当である。本人が合理的に説明できない行動を「そのひとの自由意志による」と見なすことは奇妙である。云々。

このように、「自由意志」・「責任」・「コントロール」・「非難」・「刑罰」・「合理的説明」などは緊密な相互連関のうちにある、という見方が可能である。だが——さっそく問題的な領域へ足を踏み入れるが——この見方は、一見した自然さに反して、むしろ私たちをある仕方で困惑させるものなのである。

2　道徳的運

A氏のコントロールできない事態でもってA氏を非難することは不当だ、というのは何度も述べるように「自然な」見方である。だが、「コントロール」概念をいわば「理想的な」意味で用いれば、こうした見方は私たちの実践と折り合わなくなる——この点を確認するにはトマス・ネーゲルの論考「道徳的運」（Nagel 1976）を参照するのが役立つ。

まず具体的な話から。例えばA氏はゆっくりと銃口をあげ、それを立ちすくむY氏の額へ向ける。そして「合評会の恨みだ」とつぶやき、引き金をひいた。はたして、こうした場合、引き金をひくか否かがA氏のコントロール下にあったと言えるだろうか。

厳密には「否」である。例えば《A氏が首尾よく引き金をひけたこと》は《A氏がそのときたまたま激しく咳こまなかったこと》などの彼のコントロール下にない事態に依存している(cf. Nagel 1976: 32)。これだけでない。他人に向けて引き金をひけるためにはそれなりの気性や性格を具えておらねばならない。ここでも《A氏が引き金をひけたこと》は、遺伝や生育環境に生み出された彼の気性や性格(すなわち彼のコントロール下にないもの)に依存している。とはいえ——ここからが重要だが——目下のケースにおいて(特段の追加情報がなければ)私たちは、A氏は引き金をひいたことに関して非難されるに値する、と判断するだろう。要するに私たちは、仮に「コントロール」という語を最高度に厳密に用いるならば、《コントロール下にない事柄のためにひとが正当に非難されることはありうる》と考えているのである。

実際、私たちの実践においてはしばしば、コントロール下にない事柄のかどで非難が行なわれる。例えばうっかり車を歩道へ乗り上げてしまったとき、たまたま歩行者がいなかったとすればたいした問題にならないが、たまたま歩行者がいて轢いてしまった場合は厳しく責められるだろう(Nagel 1976: 29)。だが《歩行者がいるか否か》は運転手のコントロール下にない。かくしてこのケースにおいても、厳密にはコントロールできなかった出来事に依存する事柄でもってひとが非難される、という事態が生じている。

用語をひとつ導入しよう。あるひとのコントロール下にない事柄でもって私たちがそのひとを「非難に値する」などと判断する、という事態をネーゲルは「道徳的運(moral luck)」と呼んだ(Nagel 1976: 26)。より形式的には、X氏はAするか否かをコントロールできないが、Aをしたことでもって X氏は非難されている、という事態が「道徳的運」である。ネーゲルによれば道徳的運は「パラドクシカル」であり、理解不能な事態だと言わざるをえない。なぜなら——先の「自然な」見方が述べるように——「コントロール」と「責任」や「非難」は一蓮托生の関係にあるからである。とはいえ私は別の捉え方をしたい。ちなみに本発表で「道徳的運」の概念に触れるのは、これが青山の「分岐問題」の考察に関連しているからである。

私の考えでは、道徳的運がパラドクシカルに感じられる理由は、「コントロール」概念が極度に厳密な仕方で用いられている点にある。この点において状況は懐疑主義の問題と似ている。例えば「……であることを知っている」の基準を〈……が間違いである可能性をすべて排除できている〉と設定することはある意味で「自然」だが、このような基準をとる場合、いわゆる知覚的知識はすべて知識の資格を失う。なぜなら例えば《私はS女史が眼鏡をかけていることを知っている》などの知覚的知識は、夢や幻覚の可能性を考慮すれば、間違いである疑いをつねに伴うからである。だが——私はこう考えるが——知覚的知識に対する懐疑主義は、ひとつに、知識の基準をひたすらに「理想化」することの帰結であろう。そして私たちの実践における知識帰属はいわば「理想以下の」基準でもって行なわれている（すなわち間違いの可能性をすべて排除することは要求されない！）。コントロールと非難に関しても同様である。私たちは、現実の実践においては、「コントロール」概念をそれほど厳密でない仕方で用い、これでもって非難の正当性の根拠としている。例えばA氏は、引き金をひくか否かを理想的な意味ではコントロールできていないが、理想以下の何らかの意味ではそれをコントロールできている——これが実践における私たちの判断である。

以上のように考えるとき、ひとつの問いが生じる。はたしてこの「理想以下の何らかの意味」とは何か。私はこの問いに対するひとつの答えが『時間と自由意志』から抽出されうると考えている。そして——大事な点を指摘すれば——この問いへの回答は《ここでの理想は何の謂いか》の説明を含むだろう。「理想」にもさまざまな意味がある。世界の「理想的な」捉え方のひとつのあり方を提示することが『時間と自由意志』の重要な成果である。

3 〈最中の運〉と分岐問題

目下の文脈における「運」はコントロールの不在を意味するのだが、運にもいろいろな類別がある。例えば《ひとがどのような気質や性格をもつか》は究極的にはそのひとのコントロール外の事柄であるが、かかる気質や性格によってそのひとの行動が左右されることはときに「構成的運(constitutive luck)」と呼ばれる(Nagel 1976: 28)。また、例えばナチス政権下のドイツに生きた堅固な忠誠心をもったひとは戦中の「公的奉仕」でもって戦後に非難されうるが、フランスでレジスタンス活動の大義へ同じくらい固く忠誠を誓ったひとは戦中の「公的奉仕」でもって戦後に称賛されうる——このように外的な条件が道徳的評価へ影響を与えることはときに「環境における運(luck in one's circumstances)」と呼ばれる(Nagel 1976: 33)。

青山の議論と密接に関係するのはメレが「最中の運(present luck)」と呼ぶものである(Mele 2006: 77)。例えば、戸外での喫煙が犯罪となったディストピア的近未来において、鴨川沿いを歩くC氏がくわえた煙草に火をつけるかどうか迷っているとする。加えて——近未来人はみな知っていることだが——こうした選択が「非決定論的に」行なわれると仮定しよう。すなわち、選択以前の時点において、C氏は煙草に火をつけることもでき、つけないこともできる、ということである。C氏は迷いに迷ったが、延々と迷い続けるのも馬鹿ばかしいと考え(思案を切断し)、結果として煙草に火をつけ、監視していた特殊警察に逮捕された。とはいえ《C氏が煙草に火をつけるかどうか》の決定には運が介在しているのではないか！（運に左右される事柄でもって逮捕するとは何たることだ！）このように〈Aできる〉と〈非Aできる〉というふたつの可能性のもとで〈Aする〉が生じるプロセスの「最中」に現われる運を、メレは「最中の運」と呼ぶわけである。

『時間と自由意志』における分岐問題の考察はこうした「最中の運」の概念の解明とも捉えられる──と私は考えている。以下、この点を確認しよう。

歴史の分岐を理解する「自然な」考え方のひとつは以下である。〈着火できる〉と〈着火しないこともできる〉というふたつの可能性のうち、C氏が前者の可能性を選び、実際に着火する、と。もしこうした考え方が文字通り成り立つとすれば、C氏は〈着火〉あるいは〈非着火〉という結果をコントロールできていることになるだろう。だが、青山の重要な指摘だが、「C氏が前者の可能性を選び」と呼べるような瞬間kは歴史のいかなる時点にも存在しえないように思われる。理由の骨格は以下の「ジレンマ」、すなわち二本の角《つの》のどちらを摑んでも傷を負う状況である（青山2016：31-35）。

第一の角として、分岐するふたつの歴史の重なり合う時間セグメントのうちに問題の瞬間kがあるとしよう。この場合、kは一方の歴史をして他方の歴史から離反せしめる十分な契機たりえない。第二の角として、kが一方の歴史のみに属すとしよう。この場合、kは分岐より後の時間セグメントのうちに存することになり、分岐の決定要因たりえない。

こうしたジレンマが提起する問題を青山は「分岐問題」と呼び、彼は複数の可能的解決を指摘するのだが、ポイントは《いずれの解決においても、C氏が一方の可能性を選び、実際に着火する、というような描像が放棄される》という点である。例えば〈説明不可能な偶然を承認する解決〉においては、歴史の分岐は次のように捉えられる。

［…］「しかし、その分岐において一方が選ばれる要因は何なのか」と重ねて問うことはできない。そのような要因がないということが、偶然の選択ということの意味であり、つまり偶然はこの選択において主語の働きをするものではない。偶然が、とりわけ出来事化された偶然が無根拠に選択をするのではなく、無根拠な選択（主語なしの選択）がなされること自体が偶然なのであり、このとき「選択」という語は特殊な比喩となっている。実際には、偶然の選択などありえず、諸可能性の一つがなぜか、無根拠に、現実となっていくにすぎない［…］（青山2016: 90-91. 傍点強調は原著者による）

引用された文章は《歴史の分岐に主体的なコントロールが存さないこと》を指摘している。メレの用語を使えば、「選択」と呼ばれる現象を掘り下げればそこに〈最中の運〉を見出さざるをえず、結果として、コントロールの不在が明らかになる、ということである。かくして、仮にC氏を屋外喫煙のかどで逮捕し処罰することの正当性が〈彼の選択における一切の運の要素の排除〉を要求するのであれば、最中の運の存在はかかる正当性の土台を掘り崩すことになる。C氏の逮捕は不当だ、となるかもしれない。

4　無自由

分岐問題のいわば「侵食度」は予想外に大きい。例えばこの問題へ〈説明不可能な偶然を承認する解決〉で応じる場合、前節のロジックは「選択」と呼ばれる任意のケースに適用できるため、一切の「選択」はコントロールを伴わないことが判明する。他方で——この点は紙幅の都合上議論なしで言い切らせて頂くが——もし自由意志の働きうる場所が「選択」の局面に限られるのであれば、前節のロジックは突き詰めると《世界には自由意志による行動のコントロールなど存在しない》という帰結を齎す。

以上の議論が正しければ、コントロールは世界のうちに（とりわけ歴史のうちに）位置づけえない何かなのだと言える。そして、《世界にコントロールが不在だ》という事態が何を意味するかというと、青山はこれを「すべての出来事は［…］起こるままに起こる」と表現する（青山2016: 164）。かくして、曰く、

この描像下での人間も、決定／被決定関係としての自由／不自由の埒外にある点で、無自由な世界の住人だと言ってよい。（青山2016: 164）

分岐問題の考察は《世界の根本相は、自由／不自由の区別なき、無主体の「無自由な」ものだ》という洞見を齎す。すべては起こるままに起こる。ここにコントロールはない。

とはいえ、私たちの現実的実践を顧みれば言わざるをえないように、私たちは現に自由／不自由の区別を気にしているではないか。それはなぜか。そして、私たちのこうした現実的関心と、世界の無自由性の指摘との関係はどのようなものか。

『時間と自由意志』の全体的な議論構成に鑑みると、世界の無自由性の指摘もまた一種の「理想化」の帰結だと言える。すなわちそれは、人間として生きざるをえない私たちが被る認識上の「人間的」制約から離れて、世界をそれとして見る、という「理想化」の帰結だと言える。——この点を理解するためには、まずもって私たちの生の人間的次元を瞥見せねばならない。以下、第5・6・7節で自

由意志と〈ひと〉の次元を考察し、その後ふたたび世界の無自由性の話題へ還帰する。

5 二人称的自由

私たちは、少なくとも生の多くの局面において、自由／不自由の区別を気にする。例えば、同僚に挨拶をスルーされたとき、意図的に無視したのか、それとも考えごとに邪魔されて言葉が耳に入らなかったのか、を気にしたことがあるひとは多いだろう。一般に、コントロールをめぐる実践的関心から完全に自由なひとはいない。

だがなぜ私たちはこうした関心を有するのか。この問いに対して例えばある種の帰結主義者は「コントロールや責任への関心の存在は、一般的に、私たちの暮らしに有益である」などと答えるかもしれない。というのも、帰結主義者は物事の善悪をその結果を基準に測るのだが、こうしたひとにとっては《ひとびとが自己の責任をたいへん気にしており、その結果として社会における無謀な行動の数が減る》などの事態は、人間が責任やコントロールに関心をもつことの正当性の根拠たりうるからである。とはいえ《この種の説明は的外れだ》と主張する哲学者もおり、それがピーター・ストローソンである。彼は、有名な論考において、私たちが互いに行動のコントロールの有無や責任の有無を問題にし合うことを「人間の生活の一般形式の一部」と見なすべしと提案した（Strawson 1962: 83, 90）。彼の指摘のポイントは次のように表現できる。自由・コントロール・責任に対する関心は人間的生を構成する基礎的な要素であり、それは必ずしも生における他の要素（有益性など）によって基礎づけられているわけではない。要するに、ひととして生きることがそれ自体で自由・コントロール・責任への関心を含む、ということである。

思うに、青山の議論にはストローソン的な側面と反ストローソン的な側面があるのだが、『時間と自由意志』の第四章第3節と7節は次の意味で多分に「ストローソン的」である。それは、そこでの議論が《人間として生きることがそれ自体で自由／不自由の区別の承認を含む》ということを示唆する、という意味である。以下、その議論を再構成しよう。

まず具体的な話から。私はA氏が銃口を私の方に向けるのを見ていた。どうして？　私は心の中で問う。あなたはなぜ私を撃とうとするのか？

押さえるべきは、二人称の現われる空間は、本来的な意味の「他者」の現われる空間であり、他者の現前せぬ内面の存在が認められる空間だ、という点である。じっさい、道ですれ違う三人称的な他者も行動の意図などが「見え」ないところがあるが、私は彼ら／彼女らを一種の自然現象として〈規則的に動く対象〉と見なすことができる（そして私はじっさいそのような見方をしばしばとる）。これに対して、対面してやり取りする二人称的な他者としての「あなた」は、つねに私の予測や理解を超えた側面をもつ行動をとる。例えば、あなたが私と一緒に食事をしているとき、あなたの意図は――私がどれほど理解を深めても――私に理解しつくせないところをもつ（そして三人称的な他者の意図については私はそこまで関心をもたない）。この点を踏まえると、「あなた」は私にとっての未知の場の典型であり、人称的な他者にこそ〈私に現前せぬ未知なる内面〉があると言える。

加えて押さえるべき事柄は、二人称の現われる空間に生きることは、たんに「あなた」や「君」と呼ばれる何かが存在する空間に生きるということに留まらず、かなり多くのものを引き連れる、という点である。例えば、何か（というよりむしろ誰か）を「あなた」と呼ぶときには、挨拶すれば応えうる存在を認めることであり、特別な理由があれば挨拶をスルーしうる存在を認めることであり、「なぜ挨拶に応えないのか？」と問えば相応のリアクションを行なうだろう存在を認めることである。

抽象的に言えば、二人称の現われる空間に生きることとは、現前せぬ意図をもつ他者の存在する空間に生きることであり、そうした意図のもとで行為する他者の存在する空間に生きることであり、自由意志をもつ他者・自分の行動をコントロールする他者・自分の行為に責任をもつ他者の存在する空間に生きることとである。このように「二人称性の承認自体が自由意志の承認と結合している」わけである（青山2016: 176-177）。

要点を敷衍すれば以下のようになる。人間として生きることとは「一人称／二人称／三人称」という人称区別を行なうことを含むが、かかる人間的な生き方が（とりわけそこにおける二人称性の承認が）それ自体で自由意志・コントロール・責任の存在の肯定なのだ――これが青山の指摘である。こうした指摘において「コントロール」概念や「自由意志」概念がある種の原初性を有する点は看過されるべきでない。すなわち指摘のポイントは、決して《……という条件が満たされればそこにコントロールや自由意志の存在が認められる》という点にあるのではなく、むしろ《人間として生きることにコントロールや自由意志の存在へのコミットメントがくっついている》という点にある。かくして私たちは、ひととして生きるときただちに、コントロールと被コントロールの区別や自由と不自由の違いを問題にする。「二人称性の承認自体が自由意志の承認と結合している」（青山2016: 176-177）とはまさしくこの謂いなのである。

6　人称性と自由をめぐる問題

人間として生きることとは、いわば人称空間において生きることなのだが、これは同時に自由／不自由の空間において生きることでもある、というのが青山の主張であった。そして青山は、二人称が

〈行為の理由が見えないこと〉と、一人称が〈行為の理由が見えること〉と、そして三人称が〈行動が原因に支配されること〉と関連していると述べ、両立論的自由‐リバタリアニズム的自由‐不自由といういわば〈自由様相の三幅対〉の振る舞いを一人称‐二人称‐三人称を頂点とするいわゆる「人称三角形」で説明する（青山2016: 196-204）。以下、この点を確認しよう。

まず用語の定義から。両立論的自由、すなわち青山が「両立的自由」と呼ぶものは、「邪魔の無さ」で特徴づけられる。外的な強制や低級な欲求や意志の弱さに邪魔されずに行為することに具わるのがこの種の自由である。これに対してリバタリアニズム的自由、すなわち青山が「自由意志」と呼ぶものは、「起点的選択」で特徴づけられる。芸術活動などに代表されるいわゆる創造的行為に具わる自由がこれであると言えよう。ちなみに——大事な点なので強調するが——この二種の自由は決して排他的ではなく、行為の内容によってはそれらのハイブリッドもありうる（例えば怠惰な芸術家は両自由を発揮して制作に臨む）。

かかる定義を踏まえると気になる点が生じる。青山は《両立的自由は一人称と、自由意志は二人称と対応する》と指摘するのだが、私は低級な欲求に惑わされないという両立的自由をあなたに認めることもあれば、創造的決断に関わる自由意志を私自身に認めることもある。こうした事象に関して青山の枠組みは何らかの説明を与えねばならないのだが、この点については次のように言われる。

［…］二人称化された両立的自由と一人称化された自由意志は、二つの源泉がお互いに影響を受け合ったのちの産物である。他者は「私」化されることで、可視的な〈理由〉形成を伴う両立的自由の主体と見なされ、「私」は他者化されることで、不可視な〈起点〉性を伴う自由意志の主体と見なされる。（青山2016: 201）

どういうことか。具体的内容へ踏み込む前に押さえるべき点は《両立論的自由や自由意志が人称性の次元に沿ってダイナミックに交錯し合う》という形式的構図である。実に、「人称」はいわば観点であるので、私たちは同一の事柄を異なる人称のもとに捉えうる。かくして、人称的把握の動きに応じて、自由の捉え方もまた運動するのである。

7 〈私の他者化〉と〈他者の私化〉

では具体的な中身の話へ進もう。〈私の他者化〉とは何を指すか。この現象のメカニズムの青山自身による説明は以下である。

> 自分自身を他者と見ることで自己認知の材料を増やすのではなく、逆にその材料を減らす――自分自身に不可視な領域を設ける――ことによって、自己を自由と見なしうる［…］。（青山2016: 178）

実に、一人称は「不可視のものはない」領域なのだが（青山2016: 176）、ここに何らかの不可視な領域を認めることが〈私の他者化〉であり、私を起点的自由の主体と見なすことである。なるほど。とはいえこうした説明は私たちのどのような経験に光をあてるのだろうか（この点が摑めなければ説明の有難味も感得できない）。青山はこの点を踏み込んで論じていないので、私の考えを提示したい。

自由意志が典型的に働く場を創造的行為と見なすとき、「自分自身に不可視な領域を設ける」という表現は例えば芸術活動の重要な意味を解明することに繋がる。芸術家は自己自身にとって明白な理由に導かれてひとつの作品を創り上げる、というわけではない。むしろ〈内なるデーモンの声に促され非合理な跳躍を行なう〉というのが芸術活動の本質に属する。このように考えるとき創造的人間にとって最も重要な資質のひとつが〈勇気〉だという点が判明する。ゴーギャンは嘲笑されることもあった。だが、ピンク色で大地を描くことを促した彼のデーモンを信じ、文字通り新たな色の大地を創造した彼は、芸術家のエートスの体現者である。ゴーギャンの成功にはさまざまな運が関与しているが、それでもそれは彼の自由意志の所産なのである。

創造に他者性を見出す立場は決して恣意的なものではなく、例えば（以上の議論と強調点がだいぶズレるのだが）田島正樹もまた創造と他者を本質的に関連させる。彼においても他者性は〈見えなさ〉であり、〈理解できなさ〉である。それゆえ他者性との出会いは、それ自体で、何らかの解決が必要な問題との出会いなのである。そして、こうした点について、田島曰く、

> 我々は問題状況と直面する時、つまりは他者性と出会う時、いわば神と共に創造の課題に立ち会っているのであり、保証のないまま自由に賭けているのである。有限な我々にとって、思考するとは、このような不確かな自由への試み以外では有り得ない。（田島1990: 231）

自由の青山流の捉え方との共通点は、自由意志の行使が〈見えなさ〉を伴う一種の跳躍だ、という点だろう。非合理ナル創造ニコソ自由意志ハ存ス（in creatione irrationali est liberum arbitrium）、というのは重要な認識だと言いたい。

〈他者の私化〉という発想は――紙幅の都合上手短に済まさざるをえないが――道徳の本性に触れ

るものだと思われる。この点は青山も的確に言及している。

身体運動の感覚や、記憶や予期、そして効用や価値についての合理性を伴ったさまざまな内語（諸選択肢についての考慮）。こうした一人称的体験は、個々を見ればどれも平凡であり、自由の中核を担うものとは言えない。それらはせいぜい、私の自由感を支えるものに映る（→第二章第2節）。しかし、こうした平凡な要素があってこそ、他我の不可視性はその価値を増す。見えない他者の内部にもこの種の自由感が生じているのでなければ（そのようなものとして、私が他者を「私」化するのでなければ）、自由な他者の承認は過度の抽象化の負荷を負わされるからだ。私を叩いた他者への態度は、その他者の内面に何を読み込むかによって――私なら自由を「感じる」ような体験があったか否かによって――主体に向かうものにもなるし、客体に向かうものにもなる。（青山2016: 200. 丸括弧内の注記は原著者による）

例えばK氏が横になっているとしよう。何度も強調したように、他者性とは〈内面の見えなさ〉である。とはいえ、青山も指摘するように、現実の他者関係はこれに尽きない。例えば、いわゆる「他者の痛み」は文字通りには体験できるものではないが、私は《歯が痛いから横になっているのだ》や《午後の講義のためにいま休むことを最優先しているのだ》などとK氏に内面を読み込むことができる。実に――議論なしに断定して恐縮だが――かかる〈他者の私化〉は私たちの道徳を構成する重要な要素である。そして、何らかの意味で「道徳的に」生きることが人間的生に構成的であるならば、〈他者の私化〉もまた、ひとととして生きることの一部だと言えよう。

8　無自由の極致

無自由性の話へ戻りたい。

是非とも押さえて頂きたい点を繰り返そう。それは、人称空間のうちに生きる人間的な生が、それ自体で、自由／不自由の区別の存する空間のうちに生きることなのだ、という青山の指摘である。この指摘の含意はさまざまであろうが、本発表の文脈では次の点に注目したい。すなわち、青山の指摘にはいわば〈自由／不自由の区別に対する私たちの拘りの根深さ〉が表現されている、と。実に、ひととして生きることがそれ自体で自由／不自由の区別へのコミットメントを含む以上、ある意味で私たちは、人生のほとんどの時間において、この区別を認める「バイアス」に捕まって生きていることになる。それゆえ――私たちが第4節で見たような――世界の根本的な無自由性の自覚は、かかる人間的「偏見」から離れることによって初めて実現される。

以上の議論に「理想／現実」の区別を重ね合わせてみよう。この場合、指摘しうることは多い。第一に、本発表の前半でも見たように「コントロール」概念には理論的な捉え難さがあるのだが、それでも〈ひととして生きざるをえない〉という私たちの現実性がかかる概念の適用の十分な基礎になっている。逆から言えば、《最中の運の存在が一切のコントロールを不可能にするので、私たちは何ものにも主体的コントロールを認めえない》と嘯《うそぶ》くだけのひとは、自らの現実的あり方を看過している、ということになるだろう。

しかしながら、第二に、私たちはこうした人間的観点を「超える」こともできる。これは『時間と自由意志』の議論それ自体が立証していることだが、私たちは〈ひと〉の次元を離れて世界を無自由なものと見なすことができるのである。そして、仮に世界をいわば「冷淡に」出来事の流れと見ることを理想化と呼ぶことが妥当ならば、青山の《世界の根本相に自由／不自由は属さない》という指摘もまた一種の理想化の結果だと言えよう。人間は人間的視点を超えられる、というのは興味深い事象であるが、人間とはこうした不思議な存在なのである。

とはいえ核心的な問題がまだ手つかずである。そもそもなぜ私たちは、「する／される／させる／させられる」などの区別が存在する空間を脱して、すべてを「起こるがままに起こる」といういわば〈真如〉の境地で捉えねばならないのか。世界の無自由性を自覚することの意義は何か。この点に関して何らかの理解が得られなければ何かしらモヤモヤしたところが残り続けるだろう。本発表の締めとして、以下この点を考察したい。

なぜ世界の無自由性へ目を向けねばならないのか——ひとつの答えは、それが真理だから、とりわけそれとして把握することが困難な真理だから、というものであろう。青山の姿勢もこれである（と私は考える）。そして——重要な指摘だが——青山のこうした「ドライな」姿勢は、結果として、哲学史上稀にみるほどに「無自由な」無自由性のえぐり出しの成功に繋がっている（比肩するのは「あるものはあり、ないものはない」という不動の真理に迫ったパルメニデスくらいだろうか）。古代ギリシアに始まる哲学の歴史全体における『時間と自由意志』の成果を述べよと問われれば、私は〈無自由性をそれとして極めたこと〉と答えたい。——以下、具体的に見ていこう。

青山は「世界の根本相が無自由であることの自覚が実生活に何かしらの変化を齎すか」と問うて次のように言う。

変化はある。それも筆舌に尽くせないほどの変化があることを、散発的で短い時間のなかで、

> 私は個人的に――哲学的議論とは独立に――経験している。しかし、そのような変化を実感するような知り方は、知的には不純なものであり、その知り方に伴う生活の変化も、つかの間しか持続することはない。少なくとも哲学の探究においては、これは望ましいことだろう。というのも、そこで知ったと感じていることは、あたかも一種の悟りのようなものとして利用され、自己欺瞞的な生活をたやすく形成するからだ。（青山2016: 208. 傍点強調は原著者による）

要点は、実生活上の変化を意義として世界の無自由性を強調するなどの「プラグマティックな」逆算を青山は行なわない、ということである。かかる姿勢はニーチェ的運命愛に対する青山の批判にも見出せる。

世界の無自由な相を「ニーチェ主義的な」思想家が見れば、彼女あるいは彼は「ただこうである、それだけ！　それがすべて！」と叫びながら運命を愛するかもしれない。とはいえ、青山によれば、これは無自由性の認め方としては「不純」である。なぜなら、世界の根本たる無自由性をまさにそれとして感得する場合、もはや通常の意味の「運命愛」の余地は存さないからである（青山2016: 209）。実際、《すべてはあるようにある》という無自由な相をそれとして見るやいなや、世界は〈無いこともできたが有る〉という意味の恩寵であることを止める。すなわち――むしろそれは剝き出しの〈ただ有るもの〉になる。これはそもそも愛すべき対象でも、愛しうる対象でもない。この意味において、世界の無自由な相の認知は、世界を最も「ドライな」仕方で見ることと連動している。彼女あるいは彼は、もはや愛さず、もはや驚かないだろう。

――こうした視座に『時間と自由意志』の真価がある、と私は考えている。敷衍して説明すれば以下である。

ニーチェ主義者の例からも示唆されるように、私たちは「自由」や「可能性」などの形而上学的様相に絶えず欺かれる傾向にある。その結果、〈ただある〉という世界の根本的側面を〈ただある〉という仕方で見ることに失敗し続けている。これは、「運命愛」を説くニーチェ然り、「神への知的愛」を説くスピノザ然り、である。このように無自由の真理を摑むことはきわめて難しい。だが、だからこそ無自由を無自由として捉えるべきだ、というのが青山の主張であろう。過去の偉大な哲学者が超えられなかった壁がある。すなわち私たちは、つねに「自由」なるものに囚われており、無自由へ向けて自由になることができない。自由から自由になり無自由へ向かう、というある意味で根本的に「自由な」視座を与えていること――これこそが『時間と自由意志』の重要な成果だと言いたい。

無自由性をそれとして見る視座に立てば、人間を「外部から」見る視点が獲得される。こうなると、自由意志をより深く理解しようとする際、〈人間〉と〈人間ならざるもの〉のさらに踏み込んだ考察が必要になるだろう。この種の作業には次のコメンテーターであるC氏が取り組むかもしれないし（彼のアブストラクトから私が推察することだが）、取り組まないかもしれない。Y氏はC氏の内面を見通せないのだが、それだけに彼の創造的自由について確信している、と書き、筆を擱きたい。

文献

青山拓央2016.『時間と自由意志』筑摩書房

Fischer, J. M. and Ravizza, M. 1998. *Responsibility and Control*, Cambridge: Cambridge

University Press.
Mele, A. R. 2006. *Free Will and Luck*, Oxford: Oxford University Press.
Nagel, Th. 1976. "Moral Luck," *Proceedings of the Aristotelian Society*, supplementary vol. 50, reprinted in his *Mortal Questions*, Cambridge: Cambridge University Press: 24-38.
Strawson, Peter, 1962. "Freedom and Resentment," *Proceedings of the British Academy*, 48: 1-25, reprinted in Watson 2003: 72-93.
田島正樹 1990.「形而上学という物語」、野家啓一他編著『現代哲学の冒険 8 物語』岩波書店、一九九〇年所収、一六三―二三七頁
Watson, Gary, 2003. *Free Will*, 2nd ed., Oxford, New York: Oxford University Press.

第九章　考えることの哲学

思考の哲学への入門

――ティム・クレイン『心は機械で作れるか』[*]を読む

コンピュータはものを考えることができるのか――これは現代哲学においてしばしば考察される問いである。こうした問いが提起されることの理由のひとつは、二〇世紀後半から続く情報科学・技術の発展であろう。例えば将棋に関してはもはや或る意味で人間よりも機械の方が「強い」。とはいえこれは、思考という点において機械が人間を凌駕している、ということを意味するだろうか。いや、そもそも機械はものを考えることができるのか。

――こうした問いへティム・クレインの著書『心は機械で作れるか』は取り組む。この作品は目下の問いへ「確定的な」解答を与えるものではないが、その一方で私たちは、クレインの議論を追うことによって、《心とは何か》や《思考とは何か》の理解を深めることができる。本ノートでも、このイギリスの哲学者の議論の要所を押さえながら、〈心を機械で作ること〉に関して何が問題と見なされうるのかを確認したい。

本ノートの議論はおおむねクレインの理路に沿ったものだが、その順序は以下のとおりである。はじめに前置きとして「思考」という用語の意味を摑む――これが「クオリア」と峻別される点は、心の哲学の文脈において重要である（第1節）。つぎに「コンピュータとは何か」を手短に確認し（第2節）、《コンピュータは思考できない》と主張する議論をふたつ見る（第3節）。そのうえで、思考を説明する理論の候補を検討し（第4節）、最後に《思考を説明するという企ては（不可能とは言えないが）難しい》という点を確認する（第5節）。

1　前置き――表象作用と因果作用を併せ持つものとしての〈思考〉

クレイン自身の議論を読み進める前に「思考」という概念を大まかに摑まねばならない。そしてこのためには或る重要な区別を理解せねばならない。それは心の状態――これはしばしば「心的状態（mental state）」と呼ばれる――のうちのいわゆる「表象的」状態と「非表象的」状態の区別である。具体的に説明しよう。

〈痛み〉は代表的な心的状態だと言える。例えば心をもたない（と考えられている）岩石は痛みを感じることはないが、心をもつ人間は痛みを感じる。加えて、仮にイヌやネコが何かしらの心をもつならば（現代人の多くはこれを認めるが）、彼ら／彼女らもまた何かしらの機会に痛みを感じると言ってよいだろう。じつに《痛みを感じうるか否か》は、心をもっているか否かのメルクマールすなわち指標になりうる。

他方で「……と思っている」などの語で表現される状態も、別種の代表的な心的状態である。例えば私は《日本の学問・研究の低迷の原因は国家がそれに十分な予算を割かないことだ》と信じており《何年後かに国は方針を転換するだろう》と考えている――こうした「信念（belief）」や「期待（expectation）」は人間生活を形づくる重要な心的状態である。哲学者はしばしば、こうした信念や期待を、さらには希望や（ときに）欲求を、「思考（thought）」というカテゴリーで括る。なぜなら信念・期待・希望・欲求などは、先述の〈痛み〉という心的状態がもたないような、共通の特性をもつからである。

とはいえ、はたして信念・期待・希望・欲求にはあって、痛みにはないものとは何か。それはひとつには「命題内容」である――以下、この点を手短に説明したうえで、《なぜ信念や期待が「思考」のカテゴリーに括られるのか》の理由を述べたい。

一方で、例えば先述の私の信念は《日本の研究・学問の低迷は国家がそれに十分な予算を割かないことが原因だ》という命題を内容として有している。逆にこうした命題内容を一切もたない信念や期待などは考えがたい。さて――予定していた用語の導入だが――哲学者は心的状態が命題内容をもつことを「表象（representation）」という語で表現する。例えば、先述の私の信念は《日本の研究・学問の低迷は国家がそれに十分な予算を割かないことが原因だ》という事態を表象している、などと言われる。そして信念や期待などは「表象的」状態に分類される。

他方で〈痛み〉という状態には、いま述べたのと同じような命題内容がない。心における〈痛み〉の身分は、何かを表象することではなく、むしろ痛さの感覚それ自体である。かくして〈痛み〉は、そして同じく〈かゆみ〉や〈快感〉などは、「非表象的」状態に分類される（これはときに「クオリア（qualia）」と呼ばれる――他方でクオリアの表象作用を論じる者も少なからずいるのだが）。

表象的状態の重要な特徴のひとつは〈おおむね論理に従うこと〉だ。例えば――形式的に言えば――私が《Aである》を信じており、同時に《AであるならばBである》も信じているならば、私は《Bである》も信じているだろう。もちろん人間という有限者の信念が「完全に」論理に従うとは考えがたいが、それでも「何かしらの範囲で論理に従っている」とは言えるだろう。この点は期待・希望・欲求についても同様である。例えば欲求に関しては、たしかに或るひとが大人になることを欲しながら、同時に大人にならないことを欲する、という事態にあるように矛盾することもある。とはいえ《AならばB》を欲するひとは通常《非Bならば非A》を欲するだろうから、欲求も決して没論理ではない。そして、表象的状態がおおむね論理に従うからこそ、信念や期待などは「思考」に括られるわけである。

思考という状態にはさらに指摘すべき事柄がある。それは、思考はときに行動の原因でありうると思われる、という点だ。クレインは——断言するわけではないが——次の見方を蓋然性の高いものとして提示する。

> わたしが行動の背後に思考があると言うとき、わたしが言いたいことは、思考が直接知覚できないということにとどまるものではない。行動が思考の**結果**である、思考が行動を**起こさせる**、ということも言いたいのだ。われわれは、こうやって思考について知っている。つまり、われわれは、思考については、思考の結果を通じて知っているのである。すなわち、思考は行動の原因の一つである。（八三頁）

哲学史を振り返れば《思考と行動の間に因果関係があるか》は未決の問いだが（これに関してはさまざまな答えがある）、いま指摘された《思考が行動を起こす》という命題は少なくとも議論の叩き台としては十分なものである。じっさい例えば私は《「A」のキーを押すとディスプレイに「あ」と出力される》などと信じているからこそ「あ」を打ち出したいときに「A」のキーをたたく。ここでは少なくとも何かしらの意味で、信念が行為の原因の一部になっている、と言えそうだ。思考の理論はかかる事態を（例えば還元主義的にであれ）説明せねばならない。

——以上が前置きである。本論に入る前に押さえておくべき要点をあらためて箇条書きすれば以下である。

- 心的状態には、信念などの表象的な状態と、痛みなどの非表象的状態がある。
- 表象的状態は命題内容をもつ。
- 表象状態はおおむね論理に従うので、それは「思考」のカテゴリーに分類される。
- 思考は何かしらの意味で行動の原因になっている（あるいは少なくともそう思われる事例がある）。

さて、クレインが彼の本において考察するのは《機械は思考することができるか》であり、この「思考」がいま述べた因果的表象状態のことだという点はあらかじめ強調しておきたい。かくしてクレインの問いの一部は《機械は表象的な状態をもてるか》でもある（そして《機械は痛みを感じるか》などは——これも重要な問いだが——同書の関心の中心に属さない）。

2　アルゴリズムに従う情報処理装置としてのコンピュータ

前節では思考の特徴として「表象性」および「因果性」の二点が指摘された。かくしてクレインは思考の理論に関して次のように言う。

思考を説明するのであれば、世界の表象であると同時に行為の原因にもなりうるような状態が、いかにして存在しうるのかを説明しなければならない。（一二三頁）

要点を繰り返せば、思考という心的状態を説明することは、その核心的な部分として《いかにして表象的であり因果的であるような状態は可能か》へ答えることを含む。他方で——徐々に明らかになることだが——〈表象性を併せ持つ因果性〉というものはなかなか説明が難しい。そしてじつに、思考に関する哲学のひとつの目標は、表象性と因果性を併せ持つ心的状態を「理論的に」説明することの難しさを把握することである。

さて、ここからが話の本題だが、思考を理論的に説明しようとする見方として《心はコンピュータである》という考えがある。じつに——クレインもそう解釈するが——ここで言う「コンピュータ」を「表象を含む因果的な機械」と解釈すれば（一二四頁）、コンピュータは〈思考する心〉の適切なモデルたりうるかもしれない。はたして《心はコンピュータだ》という「仮説」は思考をどのくらい説明できるだろうか。あるいはそもそも心は適切な意味で「コンピュータ」と呼ばれうるのか。

こうした問いへ答えるためには「コンピュータ」の概念の精緻化が必要になる。いったいコンピュータとは何か。クレインが叩き台として与える答えは或る種の〈アルゴリズムに従う情報処理装置〉というものだ。ここには「アルゴリズム」や「情報処理」というタームが現われるので、その各々が何を意味するのかを確認していきたい。本節では、この作業——「コンピュータ」概念の精緻化——に取り組む。

まずクレインは、《アルゴリズムとはどのようなものか》を説明するために、次のような「掛け算プログラム X*Y」を考察する。

ステップｉ：《答》に０を書け。そして、ステップⅱに進め。
ステップⅱ：Ｘに書かれている数は０か？
　もしそうなら、ステップｖへ進め。
　もしそうでないから、ステップⅲへ進め。
ステップⅲ：Ｘに書かれている数から１を引き、その答をＸに書き、ステップⅳへ進め。
ステップⅳ：Ｙに書かれている数を《答》に足し、ステップⅱへ進め。
ステップｖ：終了せよ。（一三二頁）

これは、「足し算」および「引き算」という基礎的な演算が与えられた状態で、これらを組み合わせて（非負整数に関する）「掛け算」をつくるプログラムである。じっさい、「Ｘ」へ「４」を入れ、「Ｙ」へ「５」を入れて、このプログラムを実行してみると、終了時点で《答》には「20」が入っている。この計算を実行したさいのプロセスを図にすれば以下である。

使用ステップ	Ｘの中の数	Ｙの中の数	《答》の中の数
	4	5	
i	4	5	0
ii	4	5	0
iii	3	5	0
iv	3	5	5
ii	3	5	5
iii	2	5	5
iv	2	5	10
ii	2	5	10
iii	1	5	10
iv	1	5	15
ii	1	5	15
iii	0	5	15
iv	0	5	20
ii	0	5	20
v	0	5	20

そして、当プログラムで行なわれていることを検討するならば、これが「X」と「Y」へのふたつの非負整数の入力にたいして「X×Y」という積を返すものだということが分かる。

押さえるべきは、ここでの「プログラム」が一定の手順に従って情報を処理し結果を導き出すものだ、という点である。クレイン曰く、

［…］関数の値を算出するための方法は、**アルゴリズム**として知られている。アルゴリズムはまた「有効な手順」とも呼ばれる。なぜなら、それらは、もし正しく適用されるなら、(人とうまくやっていくときに使う手順とは違って) 答えを導くのに完全に有効だからである。それらはまた「機械的手順」とも呼ばれる。(一三〇頁)

例えば、先述の掛け算プログラムに関しては、《XとYのそれぞれへ非負整数を入れれば、必ずプログラムは有限時間内に終了し (すなわち終わりなく処理が続くことはない)、そして必ず「答え」としてX×Yを返す》と言える。ここで強調すべきは、どのステップにおいても作業は「機械的に」行なわれており、自由意志にもとづく恣意的な判断は行なわれていない、という点である。まさにこのために、何かしらの部品を組み合わせてiからvを行なうものを作れば、いわば「掛け算装置」が出来上がるのである。
ここで――かなり非現実的な想定だが (これは要点をつかむための架空の話である) ――人間の脳のどこかの部位のニューロンが組み合わさってiからvを行ないうる装置を作り上げていると仮定しよう。この場合、「4かける5は?」と尋ねられたひとは、そのニューロンネットワークのXノードへ「4」を、Yノードへ「5」を入れプログラミングを実行し、処理が止まったら《答》ノードに入

っている「20」を言う、ということが起こっているかもしれない。《心はコンピュータである》という先述の見方は、いま述べた話をより洗練したものだと言える。

以上、「コンピュータ」の概念を〈アルゴリズム〉という側面から説明してきたが、押さえるべき点のひとつは《コンピュータは、金属からでも、ニューロンからでも作られうる》というところだ。クレイン曰く、

今まで述べてきたことの一つの重要な結論は、コンピュータが何から作られているかは実は問題ではないということである。コンピュータであるために重要なことは、**それが何をするか**である。つまり、それがどんな計算の作業をするか、もしくは、それがどんな**プログラム**を実行しているかである。（二六三頁）

同じプログラムを実行するならば、シリコンを素材とする電子回路で作られていても、ブリキの缶を組み合わせたもので作られていても、化学的作用を引き起こすニューロンで作られていても、或る意味で「同じ」コンピュータである。ちなみに以上述べた意味のコンピュータを一般的に、かつ抽象的な次元で、表現するのがいわゆる「チューリング・マシン」である。

3　《コンピュータは思考できない》という議論——ドレイファスとサール

以上、コンピュータを〈アルゴリズムに従う情報処理装置〉として説明してきたが、「心が機械で作れるか」という問いに関して核心的な問題のひとつは次である。

［…］**コンピュータ**の行う情報処理が、**思考**に含まれている「情報処理」と何らかの関連性を持ちうるか［…］（一六六頁）

コンピュータが少なくとも何かしらの意味で「情報処理」を行なっていることは否定できない。とはいえ、この「情報処理」は思考の情報処理と同じものなのか。日常において「コンピュータが考える」と言われるさいの「考える」は、「人間が何かを考える」と言うときのそれと同じものなのか。

クレインは、コンピュータと心の関係を考えるために、《コンピュータは人間と同じような仕方でものを考えることはできない》と主張するふたつの議論を検討する。それは《人間的な思考には形式化されないタイプの知が必要だ》とするドレイファスの議論および《コンピュータは記号の意味を理解しない》とするサールの議論である。以下、クレインの紹介に従って、ひとつずつ見てみよう。

ヒューバート・ドレイファスは、著書『コンピュータには何ができないか』（黒崎政男、村若修訳、産業図書、一九九二年）において、「人工知能（ＡＩ）」の観念――とりわけ《機械が知性をもちうる》という観念――を批判する。例えばバスの運転手が職責を果たすには、明文化された規則に従うのみならず、明示的な規則から演繹される指示がないような状況（例えば乗っている三人の妊婦が同時に産気づいた場合など）にも対応せねばならない。そしてこうした場合、バスの運転手はいくつかの規則を破らねばならないかもしれない（例えば、一人の妊婦を優先するさい、別の妊婦の福利をないがしろにしてしまうかもしれない）。こうした状況でバスの運転手が判断のために用いることができるのは「常識」としか呼べないような何かである（一八一頁）。

ここから（クレインの紹介する）ドレイファスは次のように論じる。

もしコンピュータがこのような単純な問題［例えばバスの運転手の職責を果たすという一般的な問題］を処理することになったら、コンピュータも常識を使わなければならないだろう。しかし、コンピュータは、規則（アルゴリズムまたは発見的方法）に従って表象を処理することによって動くものである。だから、コンピュータがこの問題を扱うためには、常識が、規則と表象という形でコンピュータに蓄えられていなければならないだろう。そうなると、ＡＩがする必要があるのは、常識的知識をはっきりした形で表象し、それを使ってコンピュータをプログラムする方法を見つけることである。（二八一頁、ただし角括弧内は引用者補足）

ここでは、コンピュータが例えばバスの運転手の責務を果たすには「常識」を具えておらねばならない、と指摘されている。かくして、バスの運転手の責務を果たせるほどの知性をもつコンピュータを作るためには――前節の議論を踏まえれば――「常識」を何かしらのアルゴリズム（機械的手順）で形式化せねばならない。だがドレイファスは《これは無理だ》と主張する――それゆえ、彼によれば、コンピュータは人間と同等の知性を持てない。

コンピュータは常識というタイプの知を有しえない――これがドレイファスの主張の核心的部分である。（クレインのまとめる）ドレイファスによれば、人間は常識を、「知的な」過程によって知るのではなく、むしろ経験を通じて身につける。すなわち常識は、言語的に表現されるものではなく、むしろ非言語的に「肉体に」蓄積される。それゆえ適切な肉体および経験がないところでは常識の知はありえない。じっさい、例えば椅子に関する人間の常識的知識には、たんに〈椅子を同定するための知識〉にとどまらず、〈座るためのノウハウ〉も含まれている。そして、クレインのまとめるドレイ

ファスによれば、

その知識［椅子に関する常識的知識］は、身体をさまざまに使う技術の貯えがなければ成り立たない。その貯えが限りなく巨大になるのは無理もないことだ。なぜなら、椅子には限りなくさまざまな種類があり、椅子にちゃんと座るにも、限りなくさまざまな種類のやり方（上品に、心地よく、安心して、静かになど）があるように思われるからだ。世界の中での日常的な暮らし方の基礎となっているような知識は、この種の実践的な技術知であるか、この種の実践的な技術知に基づいているかのどちらかである。（一八二―一八三頁、ただし角括弧内は引用者補足）

ドレイファスの主張は、人間の知性はアルゴリズムで形式化できないタイプの知（「常識」と呼ばれるもの）を有しており、コンピュータはこのタイプの知をもてない、というものだ。この主張が正しければ《コンピュータは、重要な意味で、人間と同等の知的能力をもてない》ということになる。

議論の要点は「関連性（relevance）」という語を用いても説明できる。ひょっとしたら、膨大な量の規則を組み合わせれば常識のようなものを構築できる、と考えるひとがいるかもしれない。とはいえ、常識は量の問題ではない、とドレイファスは指摘する。じっさい、たくさんの規則を具えたコンピュータがあったとしても、問題解決に関連する規則を「常識的に」選び出せなければ、情報処理に無駄な時間がかかってしまうだろう。そして、

ドレイファスが論じるところによれば、どのような種類の物事が的外れで、何が何に関連しているかを知ることができるのは、ただ、われわれが世界の中で、（命題的知識、もしくは、「これこ

れが成り立っているという知識」の表象よりもむしろ）技能や事物とのやりとりに基づいた生活の仕方をしているからである。（一八五頁）

私たちは、例えば道で失神して倒れているひとを発見したとき、ただちに「救急には119番をかけよ」という規則へアクセスできる（そして「葬儀には黒系のネクタイで」などの規則を無視できる）。コンピュータは、どれほど規則を知ろうとも、こうした〈関連性の常識的判断〉を行なえないだろう――というのがドレイファスの指摘である。

ジョン・サールは、「中国語の部屋」と呼ばれる思考実験にもとづいて、《いわゆるチューリングテストをパスするコンピュータも思考しているわけではない》と主張する。ここで言う「チューリングテスト」とは《機械が思考しているか否か》を判定するためにチューリングが考案したテストであり、それは次の発想にもとづく。すなわち、ひとが機械と会話するとき、そのひとが機械との会話と人間との会話を区別できないならば、当の機械は「思考している」と判定できる、と。それゆえチューリングテストをパスするコンピュータは、傍目には人間と区別つかないような仕方で、言語的なやり取りを行ないうる。

チューリングテストは思考の有無の判定基準たりえない――ということの証明を意図してサールは次のように論じる。或るひとがふたつの窓、いわば「入窓」と「出窓」、がある部屋にいるとする。入窓から複雑な記号（これは中のひとに知られていないのだが中国語である）が書かれた紙が入ってくる。部屋には或る本（この本は、中のひとに分かる言葉で書かれている）があり、ここには「入窓から……という記号の紙が入ってきたら、出窓から……という記号を書いた紙を返せ」という形式の命令がたくさん書かれている。じつは、このプログラムに従うと、中国語のインプットに対して適切な中国語の応答がアウトプットされる。かくして――サールはこう想定するが――この部屋のプログラムはチューリングテストを合格しうる。

さてサールは、（いま述べたように）中国語の部屋のプログラムはチューリングテストをパスするのだが、この過程にはどこにも中国語の理解というものが現われない、と指摘する。例えば、コンピュータにおけるＣＰＵ（中央処理装置）にあたるであろう〈中のひと〉ですら、中国語のことが分かっておらずたんに記号を動かすだけである。そして、先のプロセスの中に中国語の理解が現われない以上、そこでは中国語を媒体とした思考もまた行なわれてはいないだろう。それゆえ、チューリングテストに合格するにもかかわらず、ものを考えているとは言えないものがあることになる。かくして――結論だが――チューリングテストは思考の有無の基準としては不適格である。

クレインによると、サールの議論の全体構造は次のようになる。

(i) コンピュータのプログラムは純粋に形式的、もしくは、「構文的」である。大雑把に言えば、それらは、処理する記号の「形」にだけ反応する。

(ii) 本物の理解（そして拡張すればすべての思考）は、記号の意味（もしくは「意味論」）に反応する。

(iii) 形式（もしくは構文論）は、意味（もしくは意味論）となることはできない。あるいは、意味（もしくは意味論）になるには十分ではありえない。

(iv) ゆえに、コンピュータプログラムを実行しても、それが理解もしくは思考になるには十分ではありえない。（一八八―一八九頁）

サールの議論はこのように《記号の形式的操作はそれだけでは記号の意味の理解を伴わない》と主張するものとしばしば解される。他方でサールの言いたいことを十全に捉えるためには彼の議論へのひとつの反論を見るのが便利である。

例えば、現実の誰かがじつはロボットであってその言語的振る舞いは中国語の部屋のやり方で実現されている、と仮定しよう。この場合、記号の処理のスピードが十分速ければ、このロボットとやりとりするひとは《相手が中国語を理解している》と考えるだろう。そしてこれにとどまらず、ロボットは言葉を使いこなして実生活を営んでいるのであるから、これは《ロボットは中国語の意味を理解している》ということを意味するのではないか。そしてこれはAIが、すなわち「人工の知性」が、可能だということを導くのではないか。

こうした批判へサールはどう応えるか。クレイン曰く、

> サールはこれに対して、このAIの擁護者は今やサールの論点を認めたと反論する。つまり、プログラムが実行されることだけでは理解にとって十分ではなく、本物の理解のためには世界との相互作用を必要とするというサールの論点を認めたことになる。しかし、サールによれば、AIのもともとの考えは、プログラムを実行しさえすれば**それだけで**理解していると言うのに十分であるということだったのである。(一九〇―一九一頁)

ここまでくると、サールがAI一般の不可能性を示しえているか否かは措くとして、彼の言いたいことは明らかになる。すなわちサールは、思考には少なくとも何かしらの「世界との相互作用」が必要だ、と言いたいのである。そして、中国語の部屋がいわば世界から孤立した純粋な記号操作装置と見

られる限り、それは中国語を理解しないし思考もしない。

ドレイファスとサールのそれぞれの議論が「客観的に」どこまで成功しているかは措くとして（本ノートでそれを検討するゆとりはない）、そこから何かしらの積極的な教訓を得ようとすれば以下の点は言えるだろう。すなわち、《コンピュータはものを考えうるか》は未決の問いであるとしても、適切な経験や肉体を欠いていたり外界から孤立していたりするような〈アルゴリズムに従う情報処理装置〉だけでは思考の実現にとって不十分だ、と。じつに――これは現在多くのひとが受け入れることだが――あらかじめ準備された規則に逐次的に従って計算を行なう装置だけでは、人間の行なうような思考は実現できない（とりわけ、ドレイファスが強調したように、関連性を見つけるという機能が得られない）。本節の結論は次である。コンピュータを純粋に〈アルゴリズムに従う情報処理装置〉と見なすときには、コンピュータは思考すると言えなくなる、と。

これは――ただちに強調するが――《コンピュータ一般が思考することのできない何かだ》ということを示していない。なぜなら、仮にいま指摘した点が正しいとしても、例えば〈アルゴリズムに従う情報処理装置〉へ何かが付け加わるか、あるいはコンピュータがたんなる逐次計算機を超えるかすれば、コンピュータが思考する余地はありうるからである。クレイン自身、「何ものもコンピュータであるという**だけの理由では**考えることができないということが正しいかもしれないが、同時に、また、**われわれは部分的には**計算することによって考えるのだ、ということも正しい可能性がある」と指摘し（一九五頁）、〈コンピュータへ何かが付け加えられることによって機械の思考が可能になる〉という道を模索する。

4　表象作用および思考を説明する企て

前節では、〈アルゴリズムに従う情報処理装置〉「だけ」では思考には足りない、という点が指摘された。こうなると——さきに手早く触れた点だが——コンピュータの思考を可能にするための道の候補としては次のふたつが思いつく。

・コンピュータを〈アルゴリズムに従う情報処理装置〉以外の何かと捉える。
・こうした情報処理装置へ「プラスα」の何かを加える。

前者としては例えばいわゆる「コネクショニスト・アプローチ」や私がまだ勉強していない諸々のやり方（その中のいくつかは数学的バック・グラウンドの不足のために私には理解できないだろう）があり、そこから学びうることも多い。とはいえ例えばコネクショニストの議論（これは私にもかろうじて理解できる）を追うさいにはテクニカルな説明が多く必要になるので、別の機会に譲ることにしたい。そして以下では、今挙げた二番目のアプローチ——すなわちコンピュータへ何かを加えるアプローチ——に関するクレインの検討を追う。

前節の指摘を——いささかくどいが——繰り返せば、適切な経験や肉体を欠いていたり外界から孤立していたりするような〈アルゴリズムに従う情報処理装置〉だけでは思考の実現にとって不十分だ、というものであった。となると、機械へ経験や肉体や外界との繋がりを与えることによって、コンピュータの思考は可能になるのではないか。これはいわゆる「自然主義者」の一部が追求してきた道である。

例えば中国語の「冰箱里有酒（bīngxiāng lǐ yǒu jiǔ）」は日本語で《冷蔵庫に酒がある》という事態を意味するが、はたしてこうした意味作用はいかにして可能なのか。より具体的には、帰宅してただちに「冰箱里有酒」とつぶやく中国人男性がいるとして、彼の言葉が《冷蔵庫に酒がある》を意味しており、そして彼が《冷蔵庫に酒がある》と信じていることは、いかにして説明されうるだろうか。クレインは、いわば主体を世界との相互作用の関係に置くことで、かかる事態を説明しようとする。曰く、

行為をするとき、われわれは何らかの目的を達成しようとしたり、欲求を満たそうとしている。そしてわれわれが**何**を欲求するかには、どのような事態が成り立っているとわれわれが考えているかに依存している部分がある。［…］さて、欲しいものを得るという試みに**成功する**かどうかは、事態をどのように考えているかということと事態が実際にどうなっているかということが一致するかどうかにかかっている。もしわたしがワインを欲し、かつ冷蔵庫にワインがあると信じているならば、わたしが冷蔵庫へ行くことによって首尾よくワインを飲めるかどうかは、わたしのこの信念が正しいかどうか、つまり実際に冷蔵庫にワインが**ある**かどうかにかかっている。（二七三頁）

ここには〈信念が外界を表象する仕方〉の一般的スキームと言えるかもしれないものが指摘されている。例えば中国人男性の脳内の「冰箱里有酒」という記号列が外界の《冷蔵庫に酒がある》という事態を表象していると言える根拠は――ここでのスキームに従うと――この記号列と、《酒が飲みたい》

という彼の欲求とが組み合わさって、彼をして冷蔵庫に向かわしめて、酒を飲むことを成功させるからである。逆に、問題の記号列が外界の表象に失敗している場合（例えば冷蔵庫に酒がない場合など）には、次が生じる。すなわち、この記号列と彼の欲求とのペアが引き起こす行動は酒を飲むことを成功させない、と。——以上の議論から引き出される見方は次。外界とのインタラクションを含む行為の成功／不成功が、脳内の記号列が外界を表象できているか否かのメルクマールになる、と。

以上においては（言葉にすれば当たり前に聞こえるが）重要な点が指摘された。じつに、思考は宙に浮いた何かではなく、世界の中で役割をもつのである。それゆえ、前節の指摘をふたたび強調することになるが、「冰箱里有酒」という信念媒体[i]は、外界とのインタラクションにおいて何かしらの役割を果たすことによって、《冷蔵庫に酒がある》という事態を表象する信念たりうる。この点は《機械が心をもちうるか》を考えるさいにも留意されるべき事柄である。

i 《冷蔵庫に酒がある》という信念を表現する「媒体」は複数ありうる。具体的には中国語の「冰箱里有酒」がそのひとつであり、他には日本語の「冷蔵庫に酒がある」などがある。「冰箱里有酒」という表現が脳などのどこかにストックされてひとは《冷蔵庫に酒がある》と信じるに至る、という考えは（検討が必要だが）分かりやすい見方のひとつである。

とはいえ、先の酒の事例は「表象とはどのようなものか」の理解を深めることには寄与するのだが、それは表象の説明にはなっていない——以下この点の説明。まず、右で確認された議論は、形式化すれば、信念の表象作用を次のスキームで理解しようとするものだった。

信念Bが条件Cを表象するのは、Bと欲求Dによって引き起こされるであろう行為が、Cが成り

立っているときに、Dが表象する事態をもたらすであろうときかつそのときだけである。（二七七頁）

具体的には、「冰箱里有酒」という信念媒体と《酒を飲みたい》という欲求が〈冷蔵庫へ向かう〉という行動を引き起こしたのだが、この行動が欲求の表象する目的を満足させたのは、冷蔵庫に酒がある（スキームにおけるC）という事態が成り立っていたからである（さもなければ〈冷蔵庫へ向かう〉という行動は欲求の表象する目的を満足させなかったであろう）。ここで押さえるべきは、目下の〈信念の表象作用の説明〉が〈欲求の表象作用〉を前提している、という点だ。《酒が飲みたい》という欲求は男性の脳内の「我想喝酒（wǒ xiǎng hē jiǔ）」などの記号で媒介されているだろう。そして、この記号が《酒を飲む》という目的を表象するからこそ、上のスキームは信念の表象作用の説明たりうるのである。

以上より何が言えるかというと、それは、仮に《記号が何かを意味あるいは表象する》という事態がいかにして可能かを根本的に説明したいのであれば、いわば一切の表象を丸ごと説明する必要がある、ということである。たしかに、一定の表象作用を前提すれば、個々の心的状態の表象的役割についての理解は深まる（酒のケースではこれが為された）。とはいえこれは表象作用の根本的な説明になっていない。そして——今から見るように——表象作用の根本的な説明は難しいのである。

じつに表象作用の根本的な説明はどうも「思弁的な」ものになりがちだ。例えばいわゆる「進化論」に頼る理路があるだろう。欲求や信念などの心的状態は個体の生存確率を高めるという機能をもつために進化してきた、という発想である。かかる路線の議論として、クレインは以下のような理路を考察する。

［…］行為が成功するとは、生存確率を高める事態がその行為によってもたらされるということである。信念と欲求の表象内容を還元するにあたって、この理論は「外側から内側へ」考える。つまり、まずどんな事態がその生物の生存確率を高めるかを割り出し、次にこの事態を引き起こす機能をもった状態を見つけるのである。この状態とは欲求であり、この状態がその事態を表象するのである。このようにして欲求の表象力は説明される。

欲求の表象力が説明できれば、その説明を信念の表象力にも適用できる（すべての生物学的理論がこのようなやり方をしているわけではないが、この提案は自然である）。思い出して欲しいのだが、成功説は、行為による欲求の充足ということによって信念の表象内容を説明した。（二七九頁）

ここでは、欲求と信念のそれぞれの表象作用が「進化論的な」やり方で説明されうる、という展望が述べられている。これは先にも述べたように「思弁的な」議論であり、個々の問題点を指摘できるほどの作り込みは無いのだが、それでも——クレインによれば——問題点の指摘は可能である。《心は機械で作れるか》というクレインの著作の関心からすれば、表象作用の進化説は代償がありうる。すなわち、この説は《進化の産物のみが思考をもちうる》ということを示唆し、それゆえコンピュータの思考という観念へただちに「否」と言いかねない。とはいえ、クレイン自身強調するが、物質の人為的な寄せ集めから生まれた思考者もありうるのではないか。かくしてクレインは言う。

［…］この理論［表象作用の進化説］を受け入れると、心の観念を作り変えて、基本的には、進

化してきた生物だけが心をもつことができるということを認めなくてはならなくなる。これは払うに価する犠牲ではない、とわたしは思う。読者にはこれに同意してもらえるだろう。（二八三頁、ただし角括弧内補足は引用者による）

クレインの本が書かれた一九九五年から二五年経た現在においては、この指摘が決定的でないことは気づかれる。なぜなら、表象作用の進化説を認めながら同時に「進化」の概念を拡張すれば（例えば「進化」という語でコンピュータ内においてシミュレート可能なものも指しうるとするならば）、《機械は思考しうる》という命題を擁護する余地は残るからである。とはいえこうなるとクレインの要点は明確である。すなわち、「進化」という語で〈現実の歴史に生じた個別的事実〉を指すならば、表象作用の進化説はコンピュータの思考に対して否定的にならざるをえない、ということだ。

5　思考の説明の難しさ

前節で表象作用の進化説を大枠で確認したが、本節——本ノートの最終節——では、この見方をさらに踏み込んで検討したい。それによって〈思考や表象作用を自然的世界に属すアイテムで説明する〉という企てが少なくとも今のところ困難を含む点が確認されるだろう。

はじめに押さえるべきは、表象作用を自然のアイテムで説明しようとするとき、利用可能なアイテムは自然に存在する力学的要素すなわち「因果（causation）」である、という点だ。じっさい、表象作用の進化論も、個体と外界の因果的なやり取りから出発する（と言うよりむしろこれしかリソースがない）。とはいえいまから見るように、〈因果関係〉と〈表象関係〉には無視できない違いがあり、これらを架橋することは容易でない。因果から表象を作ることは難しい、ということだ。

例えば、はしかの発疹ははしかのウィルスが存在していることを意味（表象）すると言えそうであるが、表象の自然主義的理論はかかる事態を《発疹とウィルスの存在の間に因果関係がある》という事柄で説明しようとするかもしれない。この考えを一般化すれば次のようなスキームが得られる。

XがYを表象するのは、XとYの間に因果関係があるときに限る。

これはきわめて単純な図式であるが、これが複雑化すると人間のもついろいろな表象もできあがるかもしれない。例えばいわゆる「知覚（perception）」の表象はこうしたやり方で説明できるかもしれない（じつに、後で強調するように、説明できないかもしれないが）。目の前にあるりんごが一定の波長の光を反射しそれでもって網膜の細胞を刺激し、それを原因として生じた脳内の知覚が外界のりんごを表象する。一般的には、知覚は因果作用を含むからこそ外界を表象しうる、ということだ。

とはいえ、先にも述べたように、因果と表象には無視できない違いがある。例えばはしかのウィルスと発疹の間の因果関係がはしかの発疹の表象作用を説明するとしよう。だが、この場合、はしかの発疹はいかにしていわゆる「誤表象（misrepresentation）」を行なうのか。例えば《ジョルジュ・サンドは男性だ》と信じていたひとがあとでジョルジュ・サンドが女性だと気づくように、表象は定義的に〈誤りの可能性〉を含む。とはいえ、因果の関係は或る意味で「繋がりが強い」ので、はしかのウィルスが無いときにはしかの発疹があるというのは（この場合、定義的に）ありえない。そうなると《はしかの発疹は表象作用をもつ》とは言えないのではないか。――これはときに「誤表象の問題」と呼ばれるものである。

要点は一般的な次元で捉えるのが却って分かりやすい。押さえるべきは、「誤り」というものが概念的に考えがたい因果関係を用いて、「誤り」の可能性を含む表象関係を作るという作業には超え難いギャップがあるように見える、という点だ。さらに言えば――第1節で述べたように――表象は、論理の秩序に従い、「否定」などの論理的操作を受け入れる。例えば《はしかのウィルスが存在する》という信念を否定すると《はしかのウィルスが存在しない》という否定的な信念が得られる。他方で、はしかの発疹とウィルスの間の因果で表象を「説明」するさい、はしかの発疹へ何かしらの「論理的な」操作を施して《はしかのウィルスが存在しない》という否定的事態を表象することは可能だろうか。すぐに気づくように、はしかの発疹が無い状態は多くのものを表象し過ぎる（《はしかのウィルスが存在しない》という事態をピンポイントで表象することはできない）。ポイントを別の角度から敷衍すれば以下である。論理の秩序では「否定」という作用が意味をもつが、因果の秩序には「否定演算子」と呼べるようなものが無い、と。

因果にもとづく「自然的な意味」は、一般に、《Xが原因Yを意味する》という関係が原因Yの実在を含意してしまう。ここから問題が生じる――クレイン曰く、

> 一般に、Xが自然的にYを意味するとき、このことはYが存在することを保証するように思われる。しかしほとんどの心的表象は、それが表象しているものが存在していることを保証しない。言うまでもなく、われわれの思考は、実際には成り立っていないことでも実際に起こったこととして表象できる。心的表象が誤ることはありうるのだ。したがって、誤りを許容しないような表象の理論は、決して心的表象の基礎にはなりえない。（二六一頁）

ここで根本的に問題になっているのは、心の表象（思考）の秩序と自然の因果の秩序の違いである。じつに、前者は否定などが働く論理の秩序であるが、後者は実在で充満しており「否定性」が場をもたない。あるいは少なくとも初見ではそう感じられる。——はたして物質の因果的なうごめきから《……でない》という表象を作ることはできるのか。

クレインは誤表象の問題への解決の試みも論じているが、本ノートでは割愛する。そしてむしろ、クレインが表象の自然主義的な理論はいまだ（少なくとも彼の本が執筆された一九九五年の段階で）誤表象の問題へ妥当な解決を与えていないと考えている、という点を強調しておきたい。因果の秩序から論理の秩序を作り上げるのは難しい、ということだ。

「コンピュータは思考できるか」という出発点の問いへ戻って締めくくりとしよう。クレインの本はこの問いへ最終的な答えを与えようとするものではなく、どちらかと言えばこの問いに伴う課題を指摘するものである。そして——本ノートで述べられたように——そうした課題のひとつが誤表象の問題であり、いわば〈因果の秩序と論理の秩序を架橋する〉という問題である。加えて、《思考はたんなる自然の秩序の存在ではなく論理の秩序の存在だ》という点を明確化することもクレインが同書で行なったことのひとつだと言える。

（2020/02/20）

＊　ティム・クレイン『心は機械で作れるか』
土屋賢二監訳、太田雅子・島田祥子・横山幹子・中川維子・吉原雅子訳、勁草書房、二〇〇一年

人間を〈考える存在〉と見なすことは止めるべきだ

――ポール・チャーチランド「消去的唯物論と命題的態度*」を読む

A氏は自分の買った宝くじが大当たりすることを望んでいる。そして新聞の当選番号発表を読みA氏は自分の買った宝くじが大当たりしていることを知る。――ここから何が生じるか。答えはいろいろあるだろうが、A氏に関しては次の予測が可能である。すなわち、A氏は自分の買った宝くじが大当たりしていることを喜ぶ、と。なぜなら彼はそれを望んでいたからだ。形式的には（Pを命題として）、Pの希望とPの知識はPを喜ぶことを帰結する、などと言えるだろうか。

ここで言及された「……と望む」・「……と知る」・「……を喜ぶ」などは哲学において「命題的態度（propositional attitude）」と呼ばれるものである（なぜなら命題を対象とする心的姿勢なので）。そしてこれらの心的態度は――ひとつ前のノートで指摘したように――多かれ少なかれ論理に従うので、哲学において命題的態度はときに「思考（thought）」のカテゴリーに分類される。今回のノートでも希望・信念・期待・欲求などを総称する言葉として「思考」を用いることにする。

イヌやネコなどの動物が思考しうるかは措くとして、《人間が複雑な思考を行なえる》という点は否定できない。それゆえ〈思考すること〉や〈複雑な仕方で思考すること〉を人間固有の能力と考える者もいるし、思考する者であるがゆえに人間を他の動物よりも「高い」存在と見なす者もいる。とはいえ——今回のノートの主題だが——或る重要な意味で《私たちは思考することを「止める」べきだ》と主張する哲学者もいる。より正確に言えば、「……と望む」や「……と信じる」などの語彙は問題を含んでいるのでもはや使用されるべきではなく、私たちは人間を別のボキャブラリーで（例えば後で説明するように神経科学などの用語で）語るべきだ、と主張するわけである。かかる主張は〈私たちの言語から命題的態度に言及する語彙を消し去ること〉を提案するので「消去主義（eliminativism）」あるいは「消去的唯物論（eliminative materialism）」と呼ばれる。

本ノートでは、消去主義を擁護する哲学者ポール・チャーチランドの論考「消去的唯物論と命題的態度」を読みながら、《思考の消去は何を意味するのか》の理解を深めることを目指す。はたして信念や欲求に言及する語彙は何が問題であるのか。あるいは、仮に命題的態度を表現する語彙が駆逐される場合、人間はどうなるのか。こうした点に関するチャーチランドの考えを確認しよう。

本ノートの議論は以下の順序で進む。チャーチランドの議論は「素朴心理学」を鍵概念とするので、まずはこの用語の内実を確認する（第1節と第2節）。そこでは《素朴心理学は一種の理論であり、それについて真偽を語ることが意味をなす》というチャーチランド独特の立場が説明されるだろう。これをふまえて消去主義を支持するこのアメリカの哲学者の議論を追う（第3節）。最後に消去主義に対する重要な反論のひとつを見る（第4節）。

1　「素朴心理学」という術語のチャーチランドの理解

チャーチランドの議論を追うためには彼の用いる「素朴心理学」という術語の意味を理解せねばな

らない（大まかな説明を第1節の目標とする）。素朴心理学とは（チャーチランドによれば）或る根本的な意味での「理論」なのだが、はたしてそれはいったい何か。

例えば子どもBがおもちゃを或る箱の中に入れてふたを閉じる。そのあとBは園庭に遊びに行く。別の子どもCが、Bの見ていないときに、その箱を開けて中からおもちゃを取り出し自分の服の下に隠す。園庭から戻ってきたBは先生に「おもちゃを取りに来た！」と叫ぶ。そしてBは箱をかかえて（ふたを開けずに）ふたたび園庭へ出て行く。

以上の出来事に関して私たちはBの行動の意味が理解できる。そしてBの次の行動を予想することもできる（例えば私たちは《箱のふたを開けたBが驚く》などと予想する）。ではなぜこうした行動の理解や行動の予測ができるかと言えば――ここが第一のポイントだが――私たちがBに信念や欲求を帰しうるからである。例えばふたたび園庭へ向かうBに対して私たちは、《Bは園庭でおもちゃを使って遊ぶことを欲している》および《Bは箱の中におもちゃが入っていると信じている》と考えることによって、Bに一定の信念と欲求を帰属する。そしてこの信念‐欲求ペアが〈箱をかかえて園庭へ向かう〉というBの行動を説明するのである。

このように信念や欲求の帰属は行動理解や行動予測に役立つのだが、加えて――第二のポイントとして――《帰属される信念や欲求の内容は「恣意的な」ものではない》という点も重要である。例えば先のBに対して（たまたま思いついた極端な例を挙げるが）《Bはごはんが食べたい》や《Bは17と19が双子素数であると信じている》などの命題的態度を帰することは不条理である。要点を繰り返せば、どんな信念や欲求でも恣意的に帰することができる、というのは私たちの現実の実践では成り立たないということだ。

チャーチランドは以上で述べた事態を「法則」という語で分析する。すなわち、命題的態度の帰属

が恣意的でありえない理由はそれが何かしらの法則に従うから、というわけだ。このアメリカの哲学者曰く、

ふつうの人間は驚くほど容易にかつ首尾よく他者の行動を説明できるばかりか、さらに予測までもできる。そのような説明や予測の際に、われわれは標準的には、行為者がもつとされる欲求や信念、恐怖、意図、知覚などに言及する。しかし、説明は法則を——少なくとも大ざっぱな法則を——前提とする。法則によって説明条件が、説明されるべき行動に結びつけられる。(二二七頁)

ここでチャーチランドは《法則が説明項と被説明項を結びつける》と言う。こうした法則としては——あくまで形式的で抽象的なものだが——彼自身は次のようなものを挙げる。

すべてのxとpについて、xがpということを望み、かつxがpということを発見するならば、xはpということを喜ぶ。(二三一頁)

例えば——冒頭で挙げた例だが——〈宝くじで大当たりを当てて喜ぶ〉というA氏の行動はこうしたスキームの法則で説明できる。そして、宝くじで大当たりを当てたA氏について私たちは《A氏は喜ぶ》と予測できるのは、まさにいま述べたような法則のおかげである。あるいは、チャーチランドはそのように指摘する、ということである。

たったいま付け加えた「チャーチランドはそのように指摘する」という但し書きは看過されてはならない。なぜなら行動予測などを「法則」という概念で分析するやり方に反対する哲学者もいるから

である（有名どころはロバート・ゴードンやジェーン・ヒールなど）。この点についてはすぐ後でもう一歩踏み込んで解説するが、さしあたり《人間の行動予測という事態を「法則」という語で記述する点においてすでにチャーチランド自身の積極的主張は開始している》という点は押さえられたい。

さて、チャーチランドの用いる「素朴心理学」の意味を摑むのが本節の目標であったが、今やこの点は説明できる。このアメリカの哲学者は「われわれは外的状況、内的状態、および外的行動の間に成立している法則的な関係に関する知識の総合体を暗黙のうちに駆使する能力を共有している」と述べ、次のように言う。

この知識の総合体を、その本性と機能を考慮するならば、「素朴心理学（folk psychology）」と呼ぶのがまさしく適切だろう。（一二七頁）

すなわち、人間の行動の意味の理解や行動の予測に用いられる法則をまとめあげた体系（これを私たちは日々暗黙のうちに使っている）が「素朴心理学」と言われる、ということだ。ここで、なぜ「素朴」かと言えば、ひとつには理論的心理学のように教室や教科書で学ぶ必要がないからである。チャーチランドは素朴心理学を「常識的な」法則体系とも呼ぶ（一二七頁）。

2　チャーチランドの「素朴心理学」の理解の正当化

チャーチランドの「素朴心理学」の理解の特徴は何だろうか――それは素朴心理学を「理論」と捉える点にある（法則の体系はときに「理論（theory）」と呼ばれるので）。これに対して行動の予測などは、法則という「体系的な」道具立てによるのではなく、心内のシミュレーションという非体系的操作によって行なわれる、とする立場もある。そして《いかにして人間は互いの行動を予測するか》などに関していわゆる「理論説（theory theory）」vs「シミュレーション説（simulation theory）」という対立があったりもするのだが、これは本ノートの関心を超える。とはいえ、チャーチランドによる「素朴心理学」の理解が唯一的かつ普遍的なわけではない、という点は留意されたい。

さて——話を進めると——じつを言えばチャーチランド自身も反対意見の存在を知っており、彼は問題の論考において《素朴心理学は理論と捉えられるべきだ》と積極的に主張する議論を複数提示している。本節ではその中で最も重要なひとつ（と私が考えるもの）を確認しよう。

思考あるいは命題的態度は多かれ少なかれ論理に従う、と冒頭でも述べられたが、ここでチャーチランドは次を指摘する。すなわち、こうした〈思考の論理性〉は素朴心理学を理論と見なすときに説明されうる、と。第一に一般的に言って、理論は論理を骨格としている。例えば——チャーチランド自身が挙げる例だが——物理学の理論において「質量」や「力」は次のような論理的関係をもつ。

すべてのxとfとmについて、xがmの質量をもち、かつxが正味fの力を受けるならば、xはf/mで加速する。（一三〇頁）

この言明は一種の法則の表現だが、こうした法則によって「質量」と「力」は次の意味で論理的に振る舞う。それは、私たちが質量と力のそれぞれの値を知るときそこから論理的に加速度の値を導出できる、という意味である。

さて——第二の点だが——「なぜ命題的態度は多かれ少なかれ論理に従うのか」と問うてみよう。

素朴心理学の理論説はこの問いへ分かりやすい答えを提供する、とチャーチランドは言う。それはすなわち、命題論的態度の論理性は、理論（ここでは素朴心理学）の論理的骨格に由来する、という答えだ。チャーチランドは理論としての素朴心理学に属する法則として次のようなものを挙げる。

すべてのxとpとqについて、xがpということを信じ、かつxがpならばqということを信じるならば、混乱や動転などがなければ、xはqということを信じる。
すべてのxとpとqについて、xがpということを欲し、かつxがqならばpということを信じ、かつxがqということを生じさせられるならば、相容れない欲求や優先すべき戦略がなければ、xはqということを生じさせる。（二三一頁）

これは「信念」や「欲求」などに関する法則を表現する言明だが、チャーチランドによれば、こうした法則のおかげで「信念」や「欲求」は論理的に振る舞うわけである。

押さえるべきはチャーチランドが、引用の法則（とそれに類する一群の法則）が「……を信じる」や「……を欲する」などの言葉の使い方を「定義」しており、それによって私たちの理解する信念や欲求は論理的に振る舞う、と主張している点だ。ここでは事柄の順序に注意されたい。じつに話の順序は決して《思考が論理的に振る舞うからこそ、思考に関する理論が構築可能になる》というものではない。むしろ、そもそも「……を信じる」や「……を欲する」などの語彙が理論のうちで定義されているからこそ、私たちは信念や欲求を論理に従うものと把握するのである。そして、このように考える場合、《思考は論理的に振る舞う》という事態はまったく神秘的でなくなる。――このようにチャーチランドは考え、次のように言う。すなわち「心的状態の志向性は今や自然の神秘として出現するのではなく、素朴心理学に属する概念の構造的特徴として出現する」（二二九頁）。

3　消去主義を支持する論証

ここまでチャーチランドが私たちの行動予測などの実践の枠組み（すなわち素朴心理学）を「理論」と見なすことが確認された。他方で――本ノートのメインの議論へ進むが――彼は同時にこの理論を「誤った」理論と見なす。すなわち彼は、素朴心理学を「われわれの内的活動の説明として根本的に不適切」と捉え、それを〈廃棄されるべき理論〉そして〈ベターな他の理論によって置き換えられるべき理論〉と見なすのである（二三二頁）。

いったいチャーチランドは素朴心理学がどの点で誤っていると考えるのか――これについてはすぐ後で説明することにして、その前に注意点をふたつ述べる。

第一に、チャーチランドは、素朴心理学は誤った理論であるので廃棄されるべきだ、と主張するが、彼の実際にやっていることは少なくとも彼の外部に視点を置けば以下のように記述できる。すなわちチャーチランドは、素朴心理学を誤ったものと見なしたいがために、《素朴心理学は理論だ》という立場に拘っている、と。というのも、理論に関してであれば「正しい／誤っている」を語ることは意味をもつが、もし素朴心理学が理論でなかったとすれば、それを「誤っている」と言うことはナンセンスになりかねないからだ。要点は繰り返せば次である。《なぜチャーチランドは理論説に拘るのか》という問いに対しては《彼が素朴心理学を「誤り」と見なしたいからだ》と答えられる、と。

第二に、どんな理論によって素朴心理学が置き換えられるべきだとチャーチランドが考えているか、についてもあらかじめ述べておきたい。彼は次のように言う（引用の「ＦＰ」は素朴心理学を指す）。

自然誌と物理科学の観点からホモ・サピエンスにアプローチするならば、われわれは人間の組成、発達、行動能力に関して、素粒子物理学、原子・分子理論、有機化学、進化論、生物学、生理学、そして唯物論的な神経科学を含む整合的な物語を語れる。その物語は、まだ根本的に不完全ではあるが、すでにきわめて説得力があり、FPをFP自身の領域においてさえ多くの点でしのぐ。

（二三七頁）

すなわち、（チャーチランドの理解では）素朴心理学は〈人間の行動を説明したり予測したりすること〉を目的とする理論であるが、こうした目的にとって自然科学にもとづく理論の方がより役に立つ、ということだ。かくしてチャーチランドは人間の行動の説明や予測という実践から素朴心理学の語彙（例えば「……と信じる」や「……と欲する」など）を取り除くことを奨める——これが冒頭で触れた「消去主義」の考え方だ。

では《なぜチャーチランドは素朴心理学が誤っていると考えるのか》という点へ進もう。彼はその理由として複数挙げているのだが、ここでは代表的な三点を確認したい。箇条書きにすれば次である。

- 素朴心理学の説明力を超えた心的現象が多々ある（例えば学習過程など）。
- 素朴心理学は長期にわたって「停滞」しており、理論的に発展していない。
- 素朴心理学は他の諸学（とくに自然科学）と統合されない。

ひとつずつ見ておこう。

チャーチランドは、素朴心理学は例えば「精神病の本性や原因」や「適切な検索を瞬時に行う能力を備えた記憶」のような事象を説明できない、と言う。彼によればこの理論が説明できない心的現象はかなり多い。その顕著な例が「学習」である。曰く、

なぜならば、学習を命題的態度の操作や貯蔵とするFPの学習観は、命題的態度の豊富な組織を形成し、操作し、貯蔵する仕方そのものが学習されたものであり、多くの獲得された認知技能の一つにすぎないという事実によって破綻するからである。（一三五頁）

じつに人間は乳幼児期に言語のシャワーを浴びることによって〈命題を操作すること〉そのものを学ぶ。かかる根本的な学習を素朴心理学は説明できない。なぜならこの理論は学習を命題の操作の一種と見なす（それゆえこの理論によれば命題の操作ができない段階での学習は不可能である）からだ。かくしてチャーチランドは「FPはその構成からして、この最も基本的な謎に取り組むことさえできないように思われる」と言う（一三五頁）。

このように素朴心理学には解けない問題があるのだが、それにもかかわらず――チャーチランドは強調するが――それは未決の問いへ答えるために理論を発展させたりはしない。曰く、

［…］ここ二、三千年の間、FPはその内容と成功のいずれに関しても目立った進展を遂げていない。古代ギリシャ人のFPは本質的にわれわれが現代でも用いているFPであり、われわれがその用語によって人間の行動を説明するときソフォクレスよりも優れている点はないに等しい。これはどんな理論が示すにせよ、非常に長期にわたる沈滞と不毛であり、とりわけそれ自身の説

明領域において、そのような膨大な変則例と謎に直面するときはそうである。完全な理論であれば、ことによると、進化の必要はないかもしれない。しかし、FPはひどく不完全である。(一三六頁)

例えば物理学はガリレオの頃から考えても日進月歩であり、理論の説明力が増す出来事はしばしばある(例えば「エネルギー」概念の導入はいろいろな事象の説明を可能にした)。ひょっとすると、未決であった問いに対して発展によって新たな答えを生み出すという運動の有無こそが当該理論の正しさの「見込み」の基準だと言えるかもしれない。逆に長期にわたる停滞は「その基本的なカテゴリーの健全性に疑問を抱」くことの動機になる(一三六頁)。そしてチャーチランドは、いまや素朴心理学はその誤りが証明されるほどに停滞している、と主張するのである。

しかしながら——三点目の話に進むが——素朴心理学は、全体的に消去される必要はなく、むしろその大半の部分をより良い理論へ引き渡すべきものかもしれない。そしてその場合には「……と信じる」や「……と欲する」などの馴染みの語彙も存続する可能性がある。すなわち、より精密な理論が「信念」や「欲求」などの語彙を引き継いで、こうした言葉のより正確な使用を可能にする、ということがありうるかもしれない。この場合、文字通りの「消去」は必要ないだろう。——こうした意見へチャーチランドは反対する。

すなわちこのアメリカの哲学者は、素朴心理学の内容は物理学・化学・生物学を基礎とする「統合的な」自然科学へ引き継がれることはない、と主張する。曰く、

[…]FPはこの成長しつつある統合には属さない。その志向的なカテゴリーは大きく孤立して

おり、より大きな全体へ還元される見込みはほとんどない。私の見解では、還元される可能性は否定できないとはいえ、FPの説明上の無能さと長期にわたる停滞ゆえに、そのカテゴリーが神経科学の枠組みに適切に再現されるとはとうてい信じられない。（一三七頁）

ここでは、「電子」や「水素原子」や「アミノ酸」や「タンパク質」などの一群を成す自然科学的概念（これらが統合的な科学を形成する）に対して「……と信じる」や「……と欲する」などの語彙が孤立している、という点が強調されている。たしかに、命題的態度を表現する語彙と自然科学の術語を比較すると、何かしらの異質性に気づかざるをえない（どのような「異質性」であるかが問題なのだが）。かくしてチャーチランドは、自然科学で用いられる諸概念を組み合わせて「信念」や「欲求」のようなものを作るという可能性は「とうてい信じられない」、と言う。そして次のように結論する。すなわち、私たちは、いさぎよく素朴心理学を捨て去って、「人間の感覚入力、神経活動、そして運動制御に関する綿密な記述」という認知科学的な道具立てで人間の行動を理解すべきだ、と。

同じ点を別の言葉で説明しよう。じつにチャーチランドにとって素朴心理学は、古典力学が創られつつあったときのアリストテレス自然学や生化学や有機化学が創られつつあったときの生気論などと同じ地位にある（一三七－一三八頁）。これらは、以前には説明や理解や予測のために用いられていたが、より「正しい」理論の出現によって捨て去られた。そして（歴史学的興味の外では）もはや顧みられることはない。素朴心理学もこうした運命を辿るべきだ、とチャーチランドは主張しているのである。

4　消去主義に対する「規範性」にもとづく反論

以上が、チャーチランドが消去的唯物論を擁護するために提出する議論である。いささか抽象的であるが、議論の背景に二〇世紀半ば以降の認知科学や神経科学の発展があることは注意されたい。本ノートの残りの箇所では――紙幅の関係上踏み込んだ議論はできないのだが――消去主義への反論を瞥見する。それは複数存在するが、以下では最も重要なもののひとつ（と私が考えるもの）である「命題的態度の規範性」にもとづく反論を見てみよう。

素朴心理学は、私たちのあり方を記述するというよりも、私たちのあるべきあり方を指定するものだ――と指摘されることがある。次の「法則」を例にして説明しよう。

すべてのxとpについて、xがpということを信じるならば、xはpでないということを信じない。

じつに（この言明を人間のあり方の記述と見るとして）この記述に反するケースが多く存在することはすぐに分かる。例えば「致死性がある」と見なされている病気Zに罹ったかもしれないひとは「自分はZに罹った」と信じながら「自分はZに罹っていない」と信じるという動揺した状態に置かれるだろう。

このケースでは（素朴に考えれば）ひとりのひとが同じ命題の肯定と否定をともに信じている。これはうえで挙げた法則の記述に反している――そしてチャーチランドであればこれもまた素朴心理学の記述力の低さの証拠と見るかもしれない。しかしながら素朴心理学の規範性を重視するひとにとっては、こうしたケースは何ら問題ない。なぜならそうしたひとは、引用の言明を〈万人に当てはまる法則的記述〉と見るのではなく、それを〈理想を表現する規範〉と見るからである。簡単に言えば、素朴心理学には《どうすれば合理的に行動できるか》を教えるルールや規範の面がある、ということだ。例えば〈同じ命題の肯定と否定をともに信じない〉というのは「合理的」であるために必要な態度を指令するルールの一部なのである。

以上の指摘は消去主義への反論に繋がりうる。なぜなら、この指摘は素朴心理学に固有の役割（合理的振る舞いを規定すること）を認めるのだが、しかもこの役割は自然科学が代わりに担うことができないように見えるからだ。言い換えれば――チャーチランド自身のこの反論の定式化の言葉を引くが――すなわち、

神経科学はFPを有効に補完するかもしれないが［…］規範的な特徴づけとしては置き換えられないだろう。（二三九頁）

じつに神経科学は、現実のあり方（例えば人間の神経システム内の情報処理の行なわれ方）を探究するが、決してそれ自体では《どう振る舞えば合理的になれるか》を語らない。自然科学はあくまで現実の記述である。それゆえ、私たちが「合理性」という基準を大切にする限り、自然科学が代わりに担えない素朴心理学の仕事があることになる。かくして、少なくともチャーチランドの言う「ラディカルな」仕方では、素朴心理学は消去されない。

――以上の反論にチャーチランドは当該論文の内部で応答しているのだが、もはやその中身を見る余裕がない（関心のある方は論文を読まれたい）。本ノートの内部で語られた話の結論を書き表せば次のようになるだろう。仮に素朴心理学の（広い意味の）「記述的」役割（ここに行動の説明や予測は含まれる）がより良い理論に取って代わられるとしても、《はたして素朴心理学の規範的側面が他

の何かに取って代わられうるかどうか》についてはさらなる考察が必要である、と。命題的態度の合理性と素朴心理学の規範性についてはは回をあらためて論じることにしたい。

(2020/03/05)

＊　ポール・M・チャーチランド「消去的唯物論と命題的態度」関森隆史訳、信原幸弘編『シリーズ心の哲学Ⅲ　翻訳篇』勁草書房、二〇〇四年所収

心の哲学へのひとつのアプローチ

——古田徹也『それは私がしたことなのか』*の意図論に即して

心の哲学にはいろいろな接近法があるが、私は諸問題を羅列するやり方を好まない。なぜならそのやり方においては、たしかに当該分野の幅広さが初学者に伝えられるという利点もあるのだが、《心の哲学に取り組んで何が分かるのか》がいささか「ぼやけて」しまうからだ。私はむしろ「意図(intention)」という個別の主題を考えることがベターなやり方のひとつだと考えている。なぜなら、意図という心の働きの考察を通じて、〈物理の次元とそれ以外の次元のちがい〉という心の哲学における重要な事柄を深い水準で理解することができるからである。

それゆえ「心の哲学へのひとつのアプローチ」と題された本ノートでは〈意図〉をテーマとしたい。さいわい日本語で書かれた文献として古田徹也が『それは私がしたことなのか』の前半でいわば「目配りのきいた」意図論を提示しているので、以下では彼の叙述に従って《意図とは何か》を考察しよう。この文章全体の究極の目標は、心を「反物理主義的に」説明することの意義を摑むことである。

古田の意図論に即した本ノートの議論の順序は以下である。はじめに《なぜ意図が問題になるのか》を手短に確認し(第1節)、次に信念・欲求・意図などの主要な心的アイテムのちがいを押さえる（第2節）。そして、《意図は行為の原因だ》という分かりやすい考え方の問題点を指摘し（第3節）、そのうえで意図の物理主義的な説明を瞥見し（第4節）、意図をコミュニケーション的なアイテムと見なす古田の「反物理主義的」説明の内実を見る（第5節）。

1　意図はなぜ哲学の問題になるのか？

意図について考察することは世界の理解を深めるために必要だ、と私たちに考えさせるような問いがある。それは――古田からの孫引きだが――ウィトゲンシュタインの『哲学探究』に現われる次の問いである。

> 私が手をあげるという事実から、私の手があがるという事実を差し引いたとき、後に残るのは何か。（二一頁）

この問いの要点は「行為（action）」という概念で説明できる。じつに《私が手をあげる》という行為は《私の手があがる》という物理的運動を部分として含むと言えそうである。とはいえ――ここが問いの核心だが――この物理的運動だけでは行為に足りない。すなわち《私の手があがる》という物理的運動へプラスαの何かがつけ加わってはじめて《私が手をあげる》という行為になる、あるいは少なくともそのように思われる。だがそうなるとこのプラスαとは何か。逆から言えば《私が手をあげる》から《私の手があがる》を差し引いて残るものは何であるのか。

このプラスαの候補が意図である。すなわち――出発点となる捉え方だが――《私の手があがる》

に「手を挙げるぞ」という私の意図が付け加わったとき《私が手をあげる》という行為が成立するのではないか。だが、仮にそうであるならば、意図とは何かが気になってくる。というのも、こうした捉え方においては、意図はたんなる物理的運動を行為に変容させる「不思議な」何かだと言えるからである。では意図とは何か。なぜ意図はこの「不思議な」役割を果たしうるのか。

——以上で本ノートの出発点となる問いが定式化された。他方で、一般的な点に触れると、ここで定式化された《意図とは何か》という問いには、心の哲学の根本関心がすでに現われている。それは心と物（あるいは心と物理）の関係はどのようなものかという関心である。世界が原子（より小さくは素粒子）などを基礎的な材料としていることは周知のとおりだが、はたしてこうした物理的アイテムが組み合わさるだけで心は生じるのか。心と物の間の緊張関係へ目を向ける、というのが心の哲学の基本的なスタンスであり、《意図とは何か》という問いもまたこの関心を共有しているのである。

2　信念・欲求・意図の関係

《意図とは何か》が本ノートを導く問いである。とはいえ日常語の「意図」はいささか曖昧さを伴う言葉であるので、この文脈で問題になっている「意図」の意味を或る程度明確にしておく必要がある。このためには意図と「信念」および「欲求」との関係を考えるのが便利である。

私はシェイクスピアが実在したと思っており（その非実在を主張するひともいる）、また私はシェイクスピアとフランシス・ベーコンが別人だと考えている（同一人物説がある）。この種の「……と思っている」や「……と考えている」が哲学において「信念（belief）」と呼ばれるものである。人間は、自覚的であろうがなかろうが、さまざまな信念をもって日常生活を営んでいる。例えば「サクランボは果物だ」という文を人生で一度も口にしたことがないひとも《サクランボは果物だ》という信念を「暗黙的に」有していると言えよう。或るひとがどのような信念をもっているかをすべて列挙しようとしてもおそらく不可能である。

私はこってりしたとんこつラーメンをお店で食べたい――こうした「……したい」が哲学において「欲求（desire）」と呼ばれるものである。ここで、現在（二〇二〇年四月八日）兵庫県は非常事態宣言発令下におかれていて、私は外食などできる状態にないのだが、それでもどこかの店でとんこつラーメンを食べたいという欲求は依然としてある。単純化したうえでの対比だが、一方で不可能であることが判明している事柄を信じるのはまったき不条理だが、可能でないことを欲することは不条理さが少ない。このことの理由は、すぐ後で述べるところの、欲求と信念の特徴的な違いにあるかもしれない。

信念と欲求はどの点で本質的に異なるのか。少なからぬ哲学者が――多かれ少なかれ比喩的な解説だが――この点を「適合の方向」なる語で説明する。すなわち、信念においては心の状態が世界の状態に合うことが求められるが、逆に欲求においては世界の状態が心の状態に合うことが求められる、ということだ。例えば一方で、昨日晴れていたとしたら、《昨日雨であった》ではなく《昨日晴れていた》と考えることが求められる。ここには信念が世界へ向かうという方向性がある。他方で、《明日晴れてほしい》と欲されている場合には、明日〈雨〉ではなく〈晴れ〉が実現することが求められる。ここには世界が欲求へ向かうという方向性がある。こうした説明は何かしら比喩的な面をもつが、両項の違いに触れるところもある。

本節で確認したいのは、意図はこうした信念や欲求と区別されつつ関係する、という点である。古田自身も彼の論じる「意図」の意味をこの路線で特徴づける。例えば意図と欲求の関係について古田は次のように論じる。

> 手をあげようという意図をもっているときには、必ず手をあげたいという欲求ももっているのだろうか。そうとは言いがたい。なぜなら、全然手をあげたくはないけれどプレッシャーに耐えきれずに嫌々手をあげようとする、といったことは当然考えられるからである。（一〇頁）

例えば「議案Aに賛成のひとは挙手してください」と言われてジョンが手をあげるとする。ここで、ジョンはじっさいに手をあげているので――いささか不自然な言い方だが――彼は手をあげる「つもりで」手をあげたと言える。手をあげようという意図があった、ということである。とはいえこうした場合にも、ジョンはじっさいには手をあげたくなかったが、他のみんなが手をあげているプレッシャーに負けてあげてしまった、ということはありうる。意図は必ずしも欲求を前提しない、ということだ。

　この例を踏まえると欲求と意図の関係が「微妙な」ものであることが分かる。容易に思いつくように、Aしたいという欲求に随伴する形でAすることを意図して行為する、というのが日常で最もよくあるパターンに思われるが、それでも意図は必ずしも欲求を前提にしない。たしかに古田も指摘するように（六―七頁）、伝統的には意図を「最強の欲求」のように欲求の一種と見なすホッブズ流の立場もあるのだが（なぜなら意図は競合する他の欲求を押しのけて行為を引き起こす動因にも見えるので）、こうした立場は〈いやいやながらも行為する〉という現象を文字通り説明できない。それゆえ、ホッブズ流の分析の意義の如何は措くとして、本ノートでは意図と欲求を区別したい。また――追加の指摘だが――欲求はあるのだがそこに意図が追随しないケースも多々ある。例えば、私はとんこつラーメンを外食したいのだがそれでもそれを食べにいこうとはしない、というケースがそれである。

以上が意図と欲求の関係のいくつかの側面の指摘だが、意図と信念もまた容易に解きほぐせない関係にある。この点について古田は次のように論じる。

たとえば、蛇口をひねって水を出そうという意図をもっているときには必ず、蛇口をひねれば水が出るという信念や、自分は蛇口をひねることができるという信念などをもっている。また、手をあげようという意図をもっているときには必ず、自分は手をあげられるという信念や、手をあげたら学級委員に立候補できるなどの信念をもっている。このように、個々の意図は、それと関連する信念——個々の意図をもつことを可能にする信念——を必ず伴うのである。（九―一〇頁）

ここでは、何かしらの信念をもたねば意図をもつことはできない、と指摘されているが、この点もまた重要である。すなわち或るひとがAをしようと意図することは、決して〈何の手掛かりもなしに暗闇へ向けて跳躍すること〉ではなく、むしろ〈一定の信念を手掛かりとしてそれなりに理に適った仕方で選択すること〉である。ここには意図の合理性という事柄が関わるが、こうした点はいまのところぼんやりと知っておくだけで構わない。とりあえずここでは、信念のバック・グラウンドなしに意図はない、という根本的な点を確認されたい。

以上を踏まえると、意図の重要な特徴が指摘できる。それは、ひとは相容れない欲求をもちうるが、相容れない意図はもちえない、という点である。例えばひとりのひとが〈カツ丼を食べたい〉と〈カレーを食べたい〉という相容れない欲求をもつことは可能である（このひとの胃袋には物理的にカツ丼とカレーのいずれかしか入らない）。これに対して古田曰く、

［…］「…しよう」という思いの場合には、そうした矛盾した思いをもつことは基本的に不可能である。たとえば私が、「今日のお昼はカツ丼を食べようと思っているし、それからカレーも食べようと思っている。どちらかしか食べることはできないんだけどね」と言ったとしよう。これを聞いた人は、私が何を言っているか分からないだろう。（四―五頁）

この事例に意図の特徴が現われているが、それは《矛盾した意図をもつことは理屈に合わない》という点である。じつに――いささか天下り式に断言すると――欲求の方はしばしば矛盾するのだが、意図および信念は互いに整合的なまとまりを成す。そして、意図および信念のまとまりの中に不整合が見出されるときには、何か異常なこと（例えば不注意に陥っていたり心の病を患っていたりなど）が生じているので、それを匡したり治したりする必要があるのである。

意図の特徴はもうひとつ指摘可能だが、それは「コミットメント」という語で表現される。例えば、X氏が「今から外出するつもりだ」と言ったのに、観察しているとえんえんと外出する気配がなければ、あなたはどう考えるだろうか。おそらく、気が変わったか、あるいはもともと外出するつもりではなかった（何かしらの理由で嘘をついたのだろう）と考えて、あなたは《X氏は外出するつもりでない》と推論するだろう。ここから次の点が指摘できる。すなわち、意図は行為へつながらねばならない、と。

この点は――早急に付け加えるべき注意だが――じつのところもう少し複雑である。例えば外出するつもりであっても、急な電話があって、外出の意図が外出の行為につながらないときもある。それゆえ先述の《意図は行為へつながらねばならない》は制限的な条件を加えて《意図は邪魔がなければ行為へつながらねばならない》へ弱められる必要がある。そしてこの後者のテーゼは《Aをする意図は、Aへのコミットメントを含む》と表現されることが多い。古田もまた「食べようと思っている人は食べることに**コミットしている**（本当に食べようとしている、専念している、肩入れしている）」などと述べる（五頁）。

3　意図を〈行為の原因〉と見る見方の問題点

以上がこれから論じる「意図」の大まかな輪郭であり、とりわけこれが信念や欲求といささか複雑な関係にある点を押さえられたい。そしてそのうえで《意図とは何か》を問いたい。

とはいえただちに生じる疑義として、なぜさらに《意図とは何か》を問う必要があるのかと疑問に思うひとがいるかもしれない。これに対しては――今から確認することだが――多くのひとが共有している「意図」の理解が間違っていると言えそうだからと答えたい。じつに前節のような仕方で捉えられる「意図」はたいへん誤解を生みやすい。そしてその誤解はただされねばならない。

この点は古田も指摘している。じつに、前節で《意図は邪魔がなければ行為につながる》と述べられたが、こうなると意図はただちに〈行為の出発点となる心内の活動〉と捉えられてしまう。これは言い換えれば、心の中で「手をあげるぞ」と活動することが意図であり、その意図の結果として〈手をあげる〉という行為が生じる、ということだ。ここでは意図が行為の原因と見なされている――ただしこの理解の仕方は問題が多い。

だが何が問題なのか。問題点の核心部は、ひとつの捉え方によると、《意図を行為の原因と捉えたとき、意図もまた行為の一種と見なされざるをえない》という点にある。この点がいかなる問題を引き起こすかは後で述べることにして、以下ではまず《意図も行為の一種になる》と結論される理路を説明したい。

例えば、あなたの〈手をあげるぞ〉という意図が因果的な出発点となってあなたの〈手をあげる〉という行為が生じる、と仮定しよう。これは次のように図示できる。

あなたの〈手をあげるぞ〉という意図→あなたの〈手をあげる〉という行為

さて、このように図示すると、この意図はどのように生じたのかが問われうる。そして――ここが重要だが――もしこの意図があなたの選択を超えた原因から生じたのであれば、あなたの行為はあなた自身が選んだものでなくなる。それゆえ、行為が「あなたの選んだもの」と言えるためには、問題の意図もあなた自身が選んだものでなければならない。これは、意図もまたあなたの行為であり、言い換えればあなたの「すること」なのだ、ということを意味する。

以上の理路には――読んで気づかれるとおり――いくつかの前提がある。その中でも根本的な大前提は、「すること（doing）」とたんなる「起こること（happening）」とは区別される、というものだ。より具体的には、Yが放火によって家を燃やすことと落雷の結果として家が燃えることとは《そこに行為者がいるか否か》に関して異なるが、ここには行為とたんなる出来事の区別が現われている。そして、たんなる出来事からはたんなる出来事しか生じないとすれば（これはじっさいにそうであろう）、行為はたんなる出来事を原因としえない。こうなると行為の原因たる意図も人間の選ぶ行為でなければならない。――以上の理路は決して無条件的なものではないが、少なくとも無理のない前提のもとでそう論じることは可能である。

ここからどうなるか。じつに、《意図は行為の原因だ》と前提しつつ《意図も行為の一種だ》と認めると、悪しき無限背進が生じる。まず行為には意図という原因がある。だが、この意図が行為であるならば、この行為（意図）にも原因たる別の意図がなければならない。後者の意図についても……と無限に続く。

同じ点を古田は、より個別的な理論――すなわち意図を「……しよう」と内語することや〈……する様子〉をイメージすることと捉える理論――の問題点として述べているが、理屈の骨格は同じである。曰く、

> ポイントは、「手をあげよう」と内語すること（口に出さずにつぶやくこと）も、それから、手をあげる様子をイメージすることも、自分の意志とは関係なく勝手に生じてくるものではなく、それ自体がひとつの行為だということである。［…］そして、それらは行為である以上、それを成立させる意図が別に必要になる。すなわち、「手をあげよう」と内語しようという意図や、手をあげる様子をイメージしようという意図である。では、たとえば「手をあげよう」と内語しようという意図とは何だろうか。それは、『手をあげよう』と内語することだろうか。では、そう内語しようとする意図とは何だろうか。「『《手をあげよう》と内語しよう』と内語しよう」と内語することだろうか。以下、きりがない。（一三一―一四頁）

すなわち、意図を内語という行為と見なすとき、内語の内語、内語の内語の内語、……と無限の系列が生じてしまう、ということである。

以上の議論を全体的に整理しよう。出発点として《意図は行為の原因だ》という見方がある。この見方は分かりやすいのだが、とはいえそれについて《行為の原因は、出来事であるのか、行為である

のか》と問うとジレンマが生じる。第一に——ひとつめの角《つの》として——行為の原因（意図）が出来事であるとする。この場合、行為がたんなる「起こること」の流れに飲み込まれ、それはじつのところ行為でなかったことになる（これは不条理だ）。第二に——ふたつめの角だが——行為の原因（意図）が行為であるとする。この場合、この行為にも原因たる意図が存在しておらねばならず、無限背進が始まる（これも不条理だ）。かくして私たちは出発点である《意図は行為の原因だ》という分かりやすい見方を再考せねばならない。

ここからどこへ向かうかについては複数のオプションがある。ひとつは《意図は行為の原因だ》というテーゼを否定するものであり、私自身はこの道を好んでいる——ただし古田はこの方向へは進まない。彼は《意図は行為の原因だ》という見方を「脱構築する」ことを選ぶのである（ここで「脱構築」とは〈問題のテーゼを維持したうえでその意味を組み替える〉ということ）。これについては第5節で論じることにし、本節の残りの箇所では、たったいま述べた問題の、さらに別種の解決の方針について手短に触れたい。

じつに先のジレンマは特別なタイプの因果性を導入することによっても避けられうる。すなわち、一方で意図は行為の原因なのだが、他方で意図は他の何ものも原因としないような「始原的」活動である、と考えれば、意図の原因の無限の連鎖を遡る必要もなくなる。例えばいわゆる「行為者因果説（agent causation theory）」はこうした方策をとりうるだろう。ちなみに、この種の解決案をとるさいには、《何ものも原因なしには生じない》という因果律を否定する必要がある。私はこうした「形而上学的な」道も意義ありと考えるのだが、本ノートでは追求しない（古田自身も取りあげていない）。

4　消去主義と自由意志

前節では《意図は行為の原因だ》という見方が不条理を導きうることが確認されたが、ここでの問題の核心を〈行為の原因を、物質的なファクターではなく、心という不可思議なものの内に見ようとした点〉と捉えるひとがいるかもしれない。こうしたひとは人間の行動を、「意図」や「信念」などの心的な術語によってではなく、純粋に物理学的な語彙によって語ろうとする。古田は、こうしたひとのうちで心的なボキャブラリーをすべて捨て去ろうとするいわゆる「消去主義者（eliminativist）」を取りあげ、その立場を批判する。

古田は彼の批判対象を「物的一元論」と呼ぶのだが、その考え方は次のように説明される。

> 物的一元論を主張する人々によれば、我々がたとえば手をあげたいと欲したり、手をあげられると信じたり、手をあげようと意図したりといった心の働きは、実は脳内の無数の神経細胞の働きに他ならない。つまり、「欲求」や「信念」や「意図」なるものは実は存在しない。我々は日常において、欲求や信念や意図などを用いて人間の行動の原因を記述したり次の行動を予測したりしているが、この説明体系はひとつの理論にすぎず、しかも間違った理論だという。真の理論は、行動が引き起こされるに至る脳のメカニズムを記述するものだというのである。（三四頁）

ここで言及される立場は——古田自身も注意するが——いわゆる「物理主義（physicalism）」の中でも最も過激とされる「消去主義」である（三五頁）。それゆえこの立場を「物的一元論」と呼ぶのは誤解を招きうるのだが（なぜなら消去主義的でなくたんに還元主義的な物的一元論も存在しうるので）、とはいえいったん注意されれば問題はなくなる。いずれにせよ、より重要なのは立場の中身であり、ここでいう「物的一元論」は《私たちは人間の行動を説明したり予測したりするさい、意図や信念に言及するのではなく、脳のメカニズムを語るべきだ》というものである。なぜなら今から説明するように、この立場によると、信念や意図による行動説明はいまや廃棄されるべき「非妥当な」やり方だからである。

だがなぜ信念や意図による行動説明は「非妥当」と言えるのか。この点については消去主義者の代表格ポール・チャーチランドを論じるひとつ前のノート「人間を〈考える存在〉と見なすことは止めるべきだ」でも説明したが、古田自身も消去主義の論拠として次の三点を挙げる。

①数千年の間、特に進歩せずに停滞している。すなわち、我々は数千年間ずっと欲求や信念や意図などを用いて同じ仕方で人間の行動を説明しているが、特に行動の原因の記述が深まったり行動予測の精度が高まったりはしていない。他方、脳神経生理学などの科学は進歩を続けている。

②適用される範囲が減少し続けている。すなわち、昔は草木や自然現象などにも欲求や他の感情などを帰属させていたが（たとえば、「大地が怒っている」、「木が水を欲しがっている」など）、時代が下るにしたがってそうしたアニミズム的な傾向は衰退していき、現在ではせいぜい高等動物に対して「民間心理学」が適用されるにすぎない。

③脳神経生理学や物理学、生物学などの科学理論と整合しない。すなわち、科学理論は基本的に世界を自然法則に従った物質間の因果連鎖として捉えるものであるが、もし我々が自由に

欲したり信じたり意図したりできるのであれば、世界には自然法則に縛られない働きが存在することになってしまう。（三六頁）

要するに、信念や意図による行動説明は〈進歩の長期的な欠如〉・〈適用範囲の減少〉・〈他の科学との不整合〉のためにいまや「非妥当」と見なされざるをえない、ということだ。かくしてこの立場は「信念」や「意図」などの語彙の廃棄を是とする。こうしたボキャブラリーはより有用な神経科学の語彙によって置き換えられる、ということである。

古田は消去主義に難点を見出すのだが、それはいわゆる「自由意志」に関わる。じつに、消去主義的な物的一元論によると、人間の行動は物質の複雑なプロセスの一種として記述される。だが、かかる記述においては、人間はもはや自由に何かを意図する存在ではない。そこではむしろ人間は一定の物質的法則に従って運動する「機械」である。とはいえこうした人間観は受け入れがたい。

古田自身の言葉を引いておこう。

我々は、自分が自由に欲したり信じたり意図したりできると思っている。スーパーで秋刀魚を買おうか鯵を買おうか迷い、最終的に秋刀魚を買うことを自分で決めたと思っている。この考えは一般に、我々は**自由意志**（free will）をもつ、という言い方で表現される。しかし、物的一元論が正しいとするなら、脳を含めた人間の身体の働きは自然法則に従った物質間の因果連鎖として説明できるものであり、つまり、どう働くかは先行する世界の状態と自然法則によってあらかじめ決定されていることになる。この主張は**決定論**（因果的決定論、唯物論的決定論）と呼ばれ、「我々は自由意志をもつ」という主張と真っ向から対立するのである。（三七頁）

古田によると、消去主義の人間観は私たちに自由意志を認めるものではない（なぜなら、この立場においては、人間は物質機械として記述されるので）。他方で、自由意志は決して否定できるものでない以上、消去主義もまた採用できる立場ではない。

以上が古田の消去主義批判であり、そこには見るべき点が多い。かくして次節では、人間に自由意志を認めるような古田の意図論を確認しよう。本節の残りの箇所では、直前の引用に関する必要な注意を述べたい。

引用で古田は「我々は、自分が自由に欲したり信じたり意図したりできると思っている」と書くが、はたしてこれは本当にそうだろうか。じっさいには、欲求や信念に関しては、私たちはそれほど自由を有さない。なぜなら自分の欲求や信念をコントロールすることは容易ではないからだ（もちろん可能ではあるがそれは例外的だろう）。それゆえたしかに欲求や信念と自由意志の結びつきはないことはないのだが、それでもその連関はそれほど密ではない。その一方で、意図と自由意志は結びつきが強い。というのも、行動が選べるのと同様に、行動の意図もまた選ぶことが可能だからである。

引用で古田は《物的一元論はいわゆる決定論を帰結し、それゆえに自由意志の存在を否定する》と述べているが、これは正確でない。思うにむしろ次のように述べられるべきだろう。すなわち、物的一元論はすべてを「物質の戯れ」というたんなる出来事の流れの中に溶解し、それゆえに人間がみずから選択するという事態の余地を残さない、と。たしかに唯物論は自由意志の存在と折り合わないところがあるのだが、それはこの立場が決定論を帰結するからではない（というのも唯物論は非決定論とも両立可能であるから）。ここでは「決定／非決定」ではなく「行為／たんなる出来事」の区別が問題である。すなわち唯物論的な人間理解が、《人間が主体として行為する》という事態を拒否し、このような意味で自由意志の存在を否定する点が問題なのである。

5 相互理解の過程のひとつのファクターである意図

かくして古田は、自由意志の存在を守ることをひとつの目的として、人間行動の「非唯物論的な」捉え方を模索する。それは、心を人間のコミュニケーションに場をもつものと捉え、意図をそこに現われるアイテムと見る考え方である。以下、便宜的に議論を四つの段階に分けて、一歩ずつ説明しよう。それによって物理主義的でない心の捉え方の意義の理解が深められるのではないかと思う。

はじめに——第一番目の指摘として——よくよく考えれば意図は物理的な存在とあり方をかなり異にしていることに気づく。例えば、物理的な存在は時空の内部に比較的確定的な位置をもつが、意図についてはそんなことはない。例えば古田曰く、

〔…〕たとえば私がベッドから起きあがって台所の蛇口をひねるまで、いつ、どの瞬間に蛇口をひねろうと意図し始めたのかと聞かれても、その一連の行為を特に意識せずに滑らかにやった場合には——すなわち、普段通り行為した場合には——正確な時間やタイミングを答えることはできないだろう。（六六頁）

すなわち《どの神経細胞がいつ発火したか》などの「物理学的」問いは（正しく答えられるかは別として）意味のある設問だが、《古田はいつ蛇口をひねろうと意図し始めたかのか》などはそもそも意味のある問いとは思われない。このことは《意図は物理的存在とカテゴリーを異にする存在ではない

か》と推察させる。

意図は、時空の内部に比較的明確な場所をもつ物理的存在と異なる、と考えさせる根拠は他にもある。例えば意図は或る意味で「はっきりとした形をとらず」長期にわたって持続しうる。この点について古田は次のような例を挙げる。

たとえば埋蔵金の発掘作業を一生続けた人も、当然のことながら、発掘することに生涯にわたってずっと意識を集中し続けていたわけではないだろう。テレビを見ているときや、ご飯を食べているときには、発掘のことが全く頭から離れていたことも多かったに違いない。このとき、彼に向かって、「呑気にご飯なんか食べて。あなたは埋蔵金を発掘しようと思っていないのですか」とか、「あなたはいま、埋蔵金など存在しないと思っているのですか」と尋ねたとしたら、彼は激怒して否定しただろう。彼はこのときは確かにご飯を食べていて、意識もご飯に集中していたが、埋蔵金を発掘しようという意図や、埋蔵金が存在するという信念はもち続けていたのである。
（六八頁）

要点のひとつは、意識されなくても意図はありうる、という点である。例えば引用の人物は一生涯にわたって埋蔵金を探そうとしていたと言えるが、そのさいにも彼の人生を賭けた意図をずっと意識していたわけではない。このことは——いささか一足飛びで議論するが——《意図は、特定の脳状態として存在しているわけではない》ということを示唆する。すなわち意図は、脳状態という狭い領域を超えて、人間の営みのより広い範囲に場をもつのではないか。——古田はこうした着想を足掛かりに彼の意図論を構築する。

以上より《意図は物理的存在と同じレベルの何かではない》と推察されるのだが、ではあらためて意図とは何だろうか。日常生活において「意図」なるものが現われる場面を経験的に観察すれば――これが第二の指摘だが――意図は、「客観的実在の」次元にあるというよりも、「記述の」次元にあると言えそうなことが分かる。古田もまたこの点を、次のような事例に即して指摘する。

私が自転車に乗って走っているときに友人から携帯電話に着信があり、自転車を止めて電話に出たとする。友人は「いま何してた？」と尋ねる。このとき私は自分の行為を振り返り、「自転車に乗っていた」と答えることもできるし、「スーパーに行く途中だった」とか、あるいは「夕飯を用意しようとしていた」とか答えることもできる。さらに、「ギヤを変えたところだ」とか、「ブレーキレバーに右手をかけていた」とか、さらにまた、「ちょうど左足でペダルを漕いだところだった」等々と答えることもできるのである。（七二頁）

こうした日常生活における「意図」の現われ方を反省すれば、《個々の行為に対して特定の意図が客観的に存在する》という見方は成り立たないと言わざるをえない。むしろ、《行動の意図は語られ方に応じて姿を変える》という事実に鑑みると、意図は行動の記述の中で姿を現わすと言えそうである。

ただし――念のため注記するが――意図は好き勝手に語られるわけでもない。すなわち、たったいま《意図は語られ方に応じて姿を変える》と言われたが、行動にどんな意図でも恣意的に結びつけられるわけではない。例えば古田が友人に対して「ジョギングするつもりで外へ出ているんだ」と答えれば、それは意図の適切な記述ではない。あるいは、古田が夕飯をつくる約束をしていたにもかかわらず、古田の妻が帰宅すると彼の姿が見えない。妻が古田に電話をかけて「何してるの？」と尋ねる。

こうした場合には「夕飯の用意だよ」と答えることは彼が自転車に乗って外出していることの意図の説明として適切である。かくしてここでは次の点を押さえられたい。意図は多様に語られるが、《どんな語り方でもOK》というわけではない、と。

以上の議論からどのような方向へ話をもっていきたいかと言うと、それは《人間の生活には物質的存在の次元のほかに意味づけや解釈が属す「語り」の次元もある》という事態の指摘である。この次元は「コミュニケーションの次元」と呼ぶこともでき、古田は——第三番目の指摘だが——意図をかかる次元に属す存在と見なす。すなわち彼は、「「行なわれた行為の理由を尋ねられ、行為者当人がそれに答える」というコミュニケーション」に着目して（八五頁）、意図の「非物理主義的な」分析を提示する。この分析は以下のようなものだ。

あなたがN氏と一緒に外を歩いているとする。するとN氏がおもむろに手をあげた。あなたは考える。彼はいったい何をしているのか。なぜ手をあげたのか。わけが分からない。そしてわけの分からない状態はたいへん気持ちが悪い。それゆえこのわけの分からない状態を何とかして脱出せねばならない。

わけの分からない状態から脱出する手段——そのひとつが〈意図を尋ねること〉である。じつに意図というものは私たちの相互理解というコミュニケーションにおいて働きをもつ。古田曰く、

たとえば、N氏がさっと手をあげたとしよう。我々は彼に対して、「なぜ手をあげたのか？」と尋ねる。彼は、「君たちに挨拶しようと思ったからだ」と答えるかもしれない。あるいは、止まったタクシーに乗り込みながら、「タクシーを止めようと思ったからだ」と答えるかもしれない。（八六頁）

ここで注目したいのは、こうしたコミュニケーションにおいて意図の説明は行動の理解のために求められている、という点だ。私たちは一般に〈わけの分からない状況〉よりも〈わけの分かる状況〉を好み、後者を得るために他者の行動の意味を問いただしたりする。そして意図とはこうした相互理解のプロセスの中に姿を現わす存在なのである。

それゆえ――第四の指摘だが――仮に人間の行動を客観的に描写する物理学的な理論が存在するとしても（そこでは人間は例えば脳にＣＰＵをもつ機械と見なされる）、その事実は《意図とは何であるか》へ関係しない。なぜなら、そうした理論があろうがなかろうが、相互理解のコミュニケーションにおいて役割をもつところの「意図」というものは何の影響もなく存在しうるからである。人間は互いに語り合い、他者の行動を理解しようとする――私たちがこのような存在でありつづける限り、「意図」なるものは消去されない。

いったんまとめよう。古田は、意図は物理的な対象でないと指摘したうえで、意図の本性を次のように説明する。

たとえば、「なぜ自転車に乗ったのか?」と問い、「スーパーに行こうと思ったからだ」などと答えるというコミュニケーションの中で、「意図する」という心の働きがはじめて語られる。そうであるならば、この心の働きは根本的にコミュニケーションにおいてある――理由への問いと応答の中で輪郭づけられる――のであって、そうしたコミュニケーションから離れて「脳」や「霊魂」といったモノの働きとして自立的に存在するのではない。（九九頁）

ここでも注目すべきは物理的実体（あるいは霊的実体）の次元とコミュニケーションの次元の区別である。私たちは実生活において、前者へも目をむけるが、とりわけ後者からはめったに（あるいは決して）離れることがない。そしてかかる次元に意図という存在は属すのである。

以上が古田の意図論の中心部分であるが――それゆえ以上の話が理解できればさしあたり十分な地点に達したと言える――、他方で彼は以上の見方が自由意志の存在と整合することを指摘する。加えて彼は以上の分析にもとづき《意図は行為の原因である》というテーゼの意味を捉え直す。本ノートの最後にこうした点を確認しよう。

ここで核心的に重要になるのが、古田が物理の次元とは異なるコミュニケーションの次元を認める、という点である。かくして彼の立場においては、「タクシーを止めるつもりで手をあげた」などの語りがいわば「その背後にひそむ物理過程」とは独立の意義をもちうる。そしてそうした語りが自由意志の存在や意図の因果性を救うのである。

まず自由意志について古田は次のように論じる（引用における「付随（supervene）」は専門用語であるがこの文脈では直感的な理解で十分である）。

> このポイントは［…］自由意志と決定論をめぐる問題にも直結する。すなわち、心的過程が物理的過程に付随するからといって、出来事の生起を「自由な意志（意図や欲求）の働き」として語る方ではなく「自然法則に従った物質間の因果連鎖」と語る方が正しい、ということになるわけではない。どちらの立場も対等なのである。（一三一頁）

私たちはたしかに人間の行動を物質的過程として語ることができる。この場合、自由意志の現われる余地はない。とはいえ私たちは「N氏はタクシーを止めるつもりで手をあげた」などとも語る。この語りにおいては、〈手をあげること〉はたんなる出来事ではなく行為であり、N氏は自動機械というたんなるモノではなく行為主体である。かくして、私たちが行動の相互理解のコミュニケーションを維持する限り、《私たちは自由な主体だ》という一般的前提も保持されるわけである。

同様に古田は意図の因果性についても次のように論じる。

「ラーメンを食べようと思ったから、ラーメンを食べた」、「ラーメンを食べようと思ったから、その店に入った」、「タクシーを止めようと思ったから、手をあげた」——このように、行為の成立を「特定の意図によって特定の出来事が引き起こされる」という因果関係によって説明するというのは、人間が少なくとも数千年前から続けてきたあり方である。（一二四頁）

事実として例えば私は「こってりしたとんこつラーメンを食べようと思って希望軒に行った」などと言う。そして、このように言う限りにおいて、私は《自分がこってりとしたとんこつラーメンを食べようと思ったからこそ、私の希望軒来店という出来事は生じた》と認めている。私は日常の語りにおいて意図の因果性を認めている、ということだ。

注意すべきは、《意図は行為の原因だ》というテーゼの意味が、第3節で論じたそれと異なるものになっている、という点だ。なぜなら古田の認める《意図は行為の原因だ》というテーゼは、いまや、私たちは「……しようと思って……した」などとじっさいに語るという事実を指示するものに「すぎない」からである。ただし——念のため注意すればこれは古田の言っていることがつまらないと述べているわけではない。むしろ、古田はテーゼの意味を捉え直している、という点を強調したいのである。

以上、古田の意図論を追ってきた。この理説はさまざまな角度からさらに検討されうるが、本ノートでは《古田が心を論じるさいに物理とは異なる次元へ目を向けている》という点に着目したい。言うまでもなく心的存在は物的存在と何かしらの関係にあるのだが、それでも前者を後者へ単純に回収することはできない。そのようなことを試みる場合、心の重要な側面が取り逃されること必定である。このことは、意図（やその他の心的状態）の物理主義的説明が別の点の意義をもつ場合にもそうなのである。

（2020/04/09）

＊　古田徹也『それは私がしたことなのか』新曜社、二〇一三年

思考とは何か

——野矢茂樹編『子どもの難問』*における柏端達也と野矢茂樹の文章を読む

先日から、考えることについて考えている。すなわち、《思考とは何か》を考えている、ということだ。本ノートでは、思考の哲学の文脈の延長で、野矢茂樹編『子どもの難問』の第10章「考えるってどうすればいいの?」を読んでみたい。

まずは本の全体的な紹介から。

この本は——編者の野矢の説明によると——中学受験のための塾・四谷大塚が発行している月刊誌『Dream Navi』(小学生と保護者が対象読者)の連載を一冊にまとめたものであり、各章二人の哲学者が共通の話題を論じるというものだ。例えば「死んだらどうなるの?」と題された章では清水哲郎と雨宮民雄が、「過去はどこに行っちゃったの?」では野家啓一と永井均が、「哲学者って、何をする人なの?」では戸田山和久と入不二基義が、執筆している。

読んでみれば気づくことだが、執筆者ごとに〈書きぶり〉が違っており、そこがまず面白い。では、各々の〈書きぶり〉がどの点で異なってくるかと言うと、例えば《小学生も読むかもしれないこと》に対してどんな態度をとるかなどが軸になる。具体的には——私の読みだが——永井均はいわば「平常運転」であり、斎藤慶典は相当に意識して「子ども向け」の文体で書いている（一方が正しく他方が間違っているというわけではない）。ちなみに今回は紹介できないが「きれいなものはどうしてきれいなの？」を論じる鈴木泉の文章はいろいろな工夫があって相当に良い。

さて「考えるってどうすればいいの？」を論じるのは柏端達也と野矢茂樹である（執筆の順序もこの通り）。私の読みでは、柏端と野矢は〈考える〉という事柄の対蹠的な側面に光を当てる。じつに柏端はいわば〈思考が根本へ退きさがっていく事態〉を、そして野矢は〈思考が根本から立ち現われる事態〉を描く。以下、順に確認しよう。

うまく思考することは案外難しい――これが柏端の指摘の一部である。柏端は、是非引いておきたいが、次のようなエピソードから話を始める。

> すこし込み入ったことを考えるとき私はよく部屋の中を歩き回る。ゆっくりと円を描くように。あるとき、それがいつもきまって反時計回りであることに気づいた。それでためしに時計回りに歩いてみたところ、どうにも考えがまとまらない。変な方向に針金を入れられたような感じがして落ち着かないのだ。私に関しては、考えるときに時計回りに歩いてはいけないようだ。（八九頁）

ここで述べられているのは、思考には意識されない条件がある、ということだ。柏端は、時計回りを試してみるまで、《自分がうまくものを考えるには反時計回りでなければならない》という条件を知らなかった。人間の心は完全に自由でありそれは無条件的にものを考えることができる、などといった単純な事態は成立していない。むしろ人間の思考は（個別的なものであれ一般的なものであれ）さまざまな条件のもとで可能になる。

次に柏端は、こうした思考の条件は〈ものを考えること〉を可能にするものであり同時にそれを束縛するものでもある、という点を指摘する。曰く、

主題や内容に応じて無数の先入観があり、私たちはそれらにとらわれている。そのすべてを意識することはできないし、意識しようとすべきでもない。時間は有限である。人間は無数の事柄を当然の前提としてはじめて、思考を開始できる。先入観は、思考の内容を狭めると同時に、思考を可能にしてくれる。（九〇頁）

例えば――あまりよくない例かもしれないが――街で愚連隊に襲われたとき《奴らは銃器はもっていないだろう》という先入観のおかげで私たちは《どう逃げ出すか》を考えることができる。そして、仮に《奴らは銃器をもっているかもしれない》などを含めたあらゆる可能性を「偏見なしに」考慮しようとすれば、「まともな」思考は開始しえない。もちろん、不幸なことに、逃げ出した途端に背中を銃器で撃たれることはありうる（先入観は間違いうる！）。とはいえ、「先入観」と呼ばれうる〈考慮されない前提〉なしには思考は行ないえない、という点も事実である。これは（少なくとも論理学や数学などの「理念的な」学ではなく）現実の世界について思考する場合はそうである。

ここから柏端は思考することの難しさを指摘する。曰く、

さてどうすればいいのだろう。満足いくようにちゃんと考えるのはとても難しそうだ。いろいろなものが知らないうちに考えを左右し、その多くは自分自身の内側にある。いくつかは思考の

不可欠な前提を構成しているから、それらのすべてを取り除くことはできない。(九一頁)

柏端が指摘するのは、人間の思考にまつわる「矛盾」とまでは言えないが、或る種の「不条理」である。なぜなら人間の思考を可能にしている要素(そのうちには先入観もある)が、私たちが正しく思考することを妨げうるように見えるからだ。こうなると、人間の思考はつねに偏見に囚われているという意味で「間違い」を含む、などとなりかねない。

はたして偏見などを脱して正しく思考する術はあるか。これに対して柏端が、これまでの叙述と一貫した態度で応答する、という点は注目に値する。曰く、

満足いく思考のためのマニュアルなどないように思える。ただ、自分の考えがほかならぬ自分のせいで予想外の方向に歪められている可能性は、つねに考慮しておいてよいかもしれない。せいぜい言えるのはそんなところだろうか。(九一頁)

ここでは、柏端が《……のようにすれば正しく思考できる》と主張することを意識的に避けている、という点を押さえねばならない。じっさい、仮にそう主張すれば、その主張は自らの「歪み」の可能性を看過することになるだろう。それゆえ柏端はここで、文字通りのことを「語ろう」としているのではなしに、むしろその態度によって次のことを「示そう」としている。それは、いかなる考えも気づかれない「前提」のために歪められているかもしれない、という或る意味で「語りえぬ」点である。

繰り返しになるが、この点は断言することができない。なぜならこの指摘(いかなる考えも「歪み」があるかもしれない)はこの指摘自体にも適用されるからだ。かくして、柏端においては、思考

の道は同時に〈不安の道〉でもある。そこにはつねに囚われと歪みの可能性があるからである。

野矢は、考えることは生きていることの（少なくとも人間として生きていることの）根本条件だ、と考えさせるような展望を開く。彼は、これも是非引いておきたいが、「見る」ということにまつわる次の話から議論を開始する。


なんでもいい、何かを見る。何かを見るということは、それだけを見ることじゃない。それと無数のほかのものとの関係も見ている。たとえば、机の上に一冊の本がある。その本には、それを書いた人がいる。印刷した人たちや、その本を売った本屋さん。あるいは、その本を読んでいるほかの人たち。その本は、そうした無数の人・無数のもの・無数のことと関わりあっている。そうした関係をこめて、その本が見えている。あらゆるもの・ことは、ほかの無数のもの・ことと関わりあっていて、そのすべてをこめて、私たちはそのものを見ている。（九二頁）

分析哲学者はこうした言葉から「論証」を抽出しようとするだろうが、それは止めた方がいい。なぜなら野矢は〈論証によって反論者を説得すること〉などをやろうとしていないから（例えばヒュームが好きなひとの中には、外的な関係なしに物（印象）そのものを見ることは可能だ、と考えるひとはいるはずだ――野矢はこうしたひとへ敢えて反論しない）。野矢はむしろ「展望を開く」と呼びうる作業を行なっている。いったんこの視点から見てみよう、ということを提案しているわけだ。

野矢はここから、「君」が友だちを見る、というケースへ話を進める。友だちは機嫌が悪そうだ。なぜそんなに「ぷんすか」（九二頁）しているんだ。ここで「君」は気づく。ひょっとしたら自分のさっきの一言が悪かったのかもしれない（コアラのマーチのことなど言わないほうがよかった）。このことに気づくと、友だちの見え方も変わる。不機嫌な様子は、自分への怒りのシグナルに変わる。見て、考えることによって、見えるものも変わる。

ここから野矢は一般的な指摘へ進む。

> どんなものも、他の何かと関係しあっている。そうした関係を、私たちは考える。その考えが、見ることを成り立たせている。だから、友だちの不機嫌の理由が自分にあるとわかったときのように、新たな関係が見つかったときには、その見え方も変わる。考えることは、見ることを成り立たせ、見ることを変えていく。（九三頁）

話が徐々に「生（Leben）」に関する方向へ進んでいる、という点はすでに見てとれる。私たちは関係性の中で生き、その関係性の中でものを見、ものを考える。そして、考えることによって、つながりの見方も変わる。かくして野矢は言う。「見ることを作り、変えていくこと、それが「考える」ということなんだ」（九三頁）。

他方で――ここからが重要だが――〈見ること〉や〈考えること〉も、見方によっては、世界のうちに存在する関係の一種である。いささか形式的になるが、《……は……を……と考える》などと書けば、これは事物の関係にも見えてくる。こうなると〈考えが変わる〉ということは〈世界の中の関係のひとつが変わる〉ということでもある。かくして、考えるとは、世界を変えていくことでもある。

例えば、あるひとを好きになるとき、そのひとにかんする考えも変わるが、そこで起こる変化はもっと大きい。それは文字通り「世界が変わる」というものである。野矢曰く、「いろんなものごとがその人に関係づけられ」、「そうして、世界全体の見え方が変わってくる」（九四頁）。他方で——先にも述べたように——見ることや考えることも世界の中の関係性であるので、世界の見え方の変化は世界自体の変化でもある。かくして野矢は言う。

好きな人を求める気持ち、問題の答えを求める気持ち、そうした気持ちが新たな関係の下に新たな見方でものごとを見させてくれる。これが、「考える」ということだ。だから、君自身が腕を組んで「うーん」とかうなっていなくとも、世界全体が考えている。（九四頁）

仮に〈生きること〉が「世界の更新」だと言えるならば（私は或る意味で「言える」と考えるが）、考えることによる世界の変化は〈生きること〉の根本的な部分でありうる。ただ漫然と過ごすのではなく、好奇心をもって世界と向き合うとき、この世の見え方はどんどん変わっていく。そして、このような生のあり方においては、ねじり鉢巻きでウンウンうなってなくても、ものは考えられている。中学受験の問題を解こうとするだけが、考えることではないのだ（もちろんこれもまた「考えること」でありうるが）。むしろ、何かに関心をもって生きているとき、そこでは思考が働いている。そしてそれが「君」を新たな世界へ誘うのだ——。

最後に、私なりに総括を手短に。

柏端の叙述においていわば「奥へ奥へと」消えて行った思考は、野矢の叙述においてこれまたいわば「根底から」再び現われるかのようである。柏端の文章を先に、そして野矢の文章を後に置いたのは編者の野矢自身だろうが、これは思うに「戦略的」である。

野矢において思考は人間の生の根本条件ほどの次元で捉えられている。じつに、思考をこのように捉えても、柏端の言う「先入観」などの可能性が消え去るわけではない。むしろ世界の変化の方向性もまた無意識の条件によって左右されているだろう。とはいえ、思考がつねに何かしらの意識されない条件に縛られているとしても、《私たちはまずは考えねばならない》というのも事実だろう。なぜなら、それが生きるということであり、私たちにはそれ以外の選択肢がないのだから。結局、私たちは生き、そして生きるという過程の一環として自らの生をよりよくするよう努める（そしてそうせざるをえない）。――「生」は根本的であり、かかる「生」の条件の一部に思考がある、ということだ。

（2020/02/25）

＊ 野矢茂樹編『子どもの難問』中央公論新社、二〇一三年

無意味の恐怖

——永井均『〈私〉のメタフィジックス』[*]の第II部を読む

永井均の『〈私〉のメタフィジックス』の第II部は私にとってたいへん面白い。思うに、それを読むことによって「人間とは何か」をめぐる哲学的理解が深められる。本ノートはそこで展開される議論の一部を私に分かる限りで紹介するものである。

同書第II部のテーマは〈私〉ではなくむしろ人間である（永井自身はそれを「人」と表現するが、その点は本ノートでは気にする必要はない）。すなわち、〈私〉という根源的なものではなく、人間という「つくられたもの」あるいはある種の「構成物」が主題となる。言い換えれば、この世界に類比物をなにひとつもたない唯一的な〈私〉ではなく、人間たち（私もあなたもそのメンバーである）が問題になるのである。永井はこのパートで、《人間とはどのような存在か》を指摘するとともに、倫理や意味についていくつかのテーゼを提示する。いわゆる「意志の自由」に関わる話題にも触れられるので私は好んで読んでいる。

本ノートでは標題にあるように、「無意味の恐怖」なるものを理解することを目指したい。永井は（以下で説明される意味の）「無意味」を、「『人』の成り立ちにとって最大の脅威」とも呼ぶ（一三四頁）。

無意味の「悪」は、いわゆる道徳的な悪よりも根源的だ、ということでもある。

本ノート（において私が再構成する永井）の議論は以下の順序で進む。はじめに第Ⅱ部を通して永井がやろうとしていること——すなわち人間の条件の明確化——を確認し（第1節）、そのうえで〈無意味の恐怖〉を説明するさいに必要となる諸概念を規定する（第2-4節）。そして、「道徳」と「倫理」の違いに触れたうえで、〈無意味の悪〉を「倫理的悪」として説明する（第5節）。

なお本ノートにおける山括弧〈 〉は、鉤括弧・二重山括弧と同じく、たんなる読みやすさのための記号である。

1 ステージセッティング——人間の条件の明確化

《人間とは何か》が第Ⅱ部を導く問いのひとつである。この問いに関して永井は《人間世界へ参入するための一定の条件を満たすものが人間だ》と考える。こうなると「その条件とは何か」と問われるだろうが、永井は——形式的には——或る種の〈自他の区別〉と捉える。そしてかかる自他区別は、今から説明するように、「自己知（self-knowledge）」および「自己利益（self-interest）」という形で与えられる。

第一に自己知とは何か。永井はそれに二種類のものがあると指摘する。曰く、

それは、まず第一に自分を多数の『私』の一事例として把握しつつ、その一事例を他から分かつ特殊性（独自性）の内容を知っていることである。［…］自己知とは、第二に、自分に起こる心的事象（感情、知覚、欲望、等）と自分が起こす心的・身体的事象（思考、意志、行為、等）を、

第一の意味ですでに知られている自己に起こることとして、あるいはその自己が起こすこととして理解すること、すなわち体験の自己帰属の知を意味する。（九八頁）

すなわち、自己の特殊性を知ることとしての自己知と、体験の自己帰属としての自己知がある、ということ。看過してはならない点は《これらが人間の条件として提示されている》という点である。じつに、人間はDNAの配列などではなくむしろ自他区別なるもので決まる、という人間観があるのである。

二種類の自己知について個別に説明していこう。第一に、ちょうどいま奥歯が痛いのだが、私は、友人のDKでなく私（山口）が奥歯の痛みを感じていることを知っている。この自己知はひとびとの中から山口という特定の個体を選出する――こうした自他区別を（少なくとも可能的に）行なえなくては人間の条件は満たされない。第二に私は、以上のように選出された私（山口）へ、痛みの状態を帰す。人間の痛みの自己知はこのように「構造化」されており、これに対してイヌやネコやフクロウの痛みの「自己知」は――そのようなものがあるとして――以上のような自他区別でもって構造化されていない。イヌなどはせいぜい痛みを感じているにすぎない。

繰り返しになるが、自己知に関する以上の指摘は人間の条件の明確化の文脈で行なわれている、という点は看過すべきではない。永井曰く、

『人』以外の心理現象を帰属されうる存在者――例えば人間以外の動物――は、痛みを感じたり食欲をもったりすることはできても、自分が「痛み」を感じ「食欲」をもっていることを知ることはできない（とみなされている）。再びカント風に表現すれば、感性に加えて悟性とその水準

での自己意識をもつ存在者にして始めて、「自己」と「痛み」「食欲」等とのあいだに「知」的な関係を設定しうるのである。『人』は自分自身に生起する心理現象を、ある特殊な意味で、知っているのでなければならない。なぜならば、そのことが『私』を（したがってまた『人』を）成立させる根本条件をなしているからである。（二〇九頁）

永井によれば「私」という語は多層的な機能をもつ。すなわち「私」という語を用いる存在者はこの語を用いることによって、全存在から特定の存在グループ（すなわち人間）を切り出し、自分をその特定の成員に位置づけるだろう。そしてこうした存在は、「私」という語を駆使して、さまざまな感情や意図および行為を自己に帰属するだろう。――こうした意味の〈自己知〉をもつものが「人間」と呼ばれる、というのが永井の第一の指摘である。

次に自己利益の話へ進もう。

「自己利益」という語にはいろいろな意味があるだろうが、永井が焦点を合わせるのは「自己知にもとづく自己利益」である（二一一頁）。なぜならこの意味の自己利益こそが人間を他の存在から区別するからである。具体的には、例えば複数の時点をまたいだ快・苦を総計して自己利益を考える場合には、「自分が何であるか」の知にもとづいて自己を通時的に同定する必要があるだろう。永井自身曰く、「快・苦（不快）の総計という概念をもちうるためには、自分の人生を対象化してとらえていなければならないはずである」（二一一頁）。

ポイントは先と同じで、永井が言いたいのは《かかる意味の自己利益の存在が人間を特徴づける》ということだ、という点である。じつに（先述の意味の）自己知をもたぬイヌやネコは――論理的帰結として――自己知にもとづく自己利益を持ちえない。かくして永井曰く、それゆえ、すべての生命活動が自己利益的であるなどとは実は言えない。われわれは無意識のうちに生物の活動を『人』の行為のごとくに解釈し、その意味を理解しようとする傾向がある。しかし、自己保存の本能にもとづく活動も、私の言う意味では自己利益的とは言えない。「利己的遺伝子」なるものも存在しえない。（一一二頁）

もちろん永井も、彼がここで言わない意味において「利己的遺伝子」が存在しうるという点は認めるが、目下の文脈――すなわち人間の条件を明確化するという文脈――では彼の言葉づかいを推す。じっさい、私たちが人間のあいだの利益配分を語ることにも象徴されるように、〈人間の次元の利益〉なるものは在る。永井の言う「自己利益」はこれに関わる。

2　意図の不可謬性とロゴス性

自己知と自己利益が人間を特徴づける――これが人間の条件の明確化の第一歩である。永井はここからさらに進んで、人間の条件との関連で、「意図（intention）」に関する指摘を行なう。

具体例から話を始めよう。例えば私が「私は今日1＋2の答えを4にするつもりでスクワットをした」などと言ったとする。これを聞いたひとはおそらく私がふざけていると解釈するだろう。そして私が文字通り〈1＋2の答えを4にする〉という意図をもっているなどとは考えないだろう。なぜなら、第一にこの意図は理解不能だからであり、第二に私たちは――「意図」という語を理想的な意味で用いるならば――人間へ理解不能な意図を帰すことができないからである。――以下、こうした点に関する永井の分析を見ていきたい。

はじめに核心的な着想が表現されているパッセージを引こう。永井曰く、

単純な身体運動に関して、たとえばすべってころんでいるのに「私はころんでいない」と主張する人の発言は端的に偽である。しかし、行為に関しては、たとえばソファーに身を横たえているのに「私はいま体操しているつもりだ」と主張する人の発言は、偽であるというよりはむしろ「理解しがたい」と言うべきであろう。なぜならば、つもり（意図）の知には感覚の知の場合と同種の不可謬性（訂正不可能性）が付与されており、それを疑うことは『人』であることそのものを疑うことに通じるからである。（二一七頁）

ここでは、《痛かったが、じつは痛くなかった》などの感覚信念の可謬性が異様であるのと同じく、意図にも不可謬性（訂正不可能性）がある、と指摘されている。例えば、「私はいま体操しているつもりだ」と主張していたひとがしばらくして「いや、間違えていた、私はじつはソファーに身を横たえているつもりだった」などと言ったとしたら、そのひとは意味不明である。ポイントは――同じことを繰り返していささか恐縮だが――《意図の不可謬性が人間の条件の一部だ》という点である。すなわち正確に言えば、人間が自分の行為の意図を述べるとき、私たちは（デフォールトで）それを不可謬なものと見なす、ということ。これはいわば人間の公理であり、かかる条件を満たさねば人間たりえない。

以上のように意図知は感覚知と同様に不可謬性をもつのだが、永井は、この二者には違いもある、と指摘する。すなわち、意図には（感覚にはない）ロゴス性があり、これによって行為の意図を知る

ことは行為の理由を知ることと繋がる。具体的に説明しよう。

（この文章を書いている時点の）私は永井均の『〈私〉のメタフィジックス』の第Ⅱ部に関するノートをアップロードするつもりだ――私はこうした意図をもつ。だがなぜ私はそうするつもりなのか――理由は何か。ひょっとして私は永井均の文章を読むことができることを披露して賞賛されたいのかもしれない。そして決して《安倍晋三が真実を隠しているから》などが、私が先の意図をもつことの理由になることはないだろう（なぜならこれは筋が通らないから）。逆に、私は永井均の議論の紹介をアップロードして通知アカウントのリツイート数を増やそうとしているから、などは問題の意図の理由たりうる。

押さえるべき命題は次のふたつである。第一に理由と意図は理解可能な繋がりをもっていなければならない。第二に――ここが大事だが――理由は「自己利益的」でなければならない。すなわち、〈リツイート数を増やす〉という理由は自己利益に関する知を前提するが、〈安倍が真実を隠す〉という「理由」は（これは決して理由ではないのだが）私の自己利益に関する知にかかわらない。――以上について永井曰く、

すなわち、人は自分がいま何をしているつもりであるか（これから何をするつもりであるか）を確実に知っており、同時に自分がなぜそうしている（なぜそうする）のかをも確実に知っているが、このふたつの自己知（それらは分かちがたく結びついている）は、自己利益の知を前提しているのである。意図（意志）には必ず理由がなければならない。そしてその理由は自己利益的であらざるをえないのである。約言すれば、『人』は自分の行為の意図を確実に知っていなければならないが、それを知っているとはすなわちそれが自分にとってどのように有益であるかを知っ

ていることなのである。（一一九頁）

具体例を振り返れば、私は永井に関するノートをアップロードするつもりだが、その理由はそれによって称賛を得るためである、などであった。ここには、自己利益に関する知を通して意図と理由が繋がる、という関係がある。逆に「首相が真実を隠すので、私は永井に関するノートをアップロードするつもりだ」などと私が述べる場合には、「どういうことか？」と聞き返したくなるだろう（そしてこうした疑問は「あんな難しい本をよく読むなあという称賛を得たいので、私は永井に関するノートをアップロードするつもりだ」と述べられる場合には生じない）。一般に、あるひとの行為の理由と意図が他者にとって納得のいくものとなるのは、その理由と意図がそのひとの自己利益を明らかにする仕方で結びついている場合である（さもなければ他者はそのひとの行為を理解できない）。ところで、感覚に関してはこうした関係はない。例えば痛みについて考えれば明白である（じっさい私たちは、ひとがなぜ痛いのかを合理的に説明できなくても、そのひとの「痛いのだ」という発言を受け入れることができる）。先に《意図には感覚と違ってロゴス性がある》と指摘されたが、その根拠はこの点にある。合理的説明が皆無の場所には意図は座をもたない、ということである。

以上の議論から永井は次のテーゼを引き出す。

それゆえ、『人』はいかなる意味でも自己利益に貢献しないことを意図的に行なうことはできない、いわば定義上できないことになる。（一一九頁）

言い換えれば、《意図的行為が自己利益的であること》は人間の条件である、ということだ。ここまでくると、現実のひとはときに「人間」の条件を外れることによって「人間」でなくなりうる、ということも分かる。じっさい永井は『人』でない成人のことを「狂人」と呼ぶ」と言う（九八頁）。かくしていま引用したテーゼは次の謂いである。あるひとが（狂人ではなく）人間であるならば、そのひとの意図的行為は自己利益的であらざるをえない、と。

永井のテーゼは例えば脅迫の事例についても成立する——さらに言えば、脅迫の事例は問題のテーゼのポイントを明らかにするために便利でもある。例えば銃で脅されて「金を出さないと撃つ」と言われたとしよう。ここで、私が金を出すとき、多くの場合私はそれを意図的に行なっており、そしてそれは文字通り自己利益的である。それゆえ、脅迫の事例において「望んで金を出したわけでない」と主張するさいには、いささか複雑な説明が必要であろう（私はそうした説明もまた可能だと考えている）。いずれにせよ、脅迫のケースにおいてさえ、人間の意図的行為は根本的には自己利益的なのである。

3　自由について少し——インタールード

脅迫に関する永井の文章を引いておこう。

［…］もし凶器で脅されて「命が惜しければ〜せよ」と仮言的に命令されたのであれば、彼によって選択された行為（彼には選択権がある！）は、その状況における彼にとって最も有益であると彼がみなしたものであったはずであり、彼がまともな『人』である限り、そうであったのでなければならないのである。彼は自分の行為の意図も理由もじゅうぶんに承知しているはずであり、

その意味で、それは「自由」な行為であるとさえ言えよう。（一二四頁）

ここでは——先に指摘したように——《脅迫下においても意図的行為は自己利益的だ》と述べられている。他方でいま注目したいのは、引用の最後に現われた〈自由〉という概念である。——『〈私〉のメタフィジックス』の永井は〈自由〉についてどのような考えをもっているのか。

永井はここでは、煎じ詰めて言えば、人間の条件に〈自由〉を含めるという道を進む。彼はまず曰く、

自由とは、外的（物理的）強制と内的（生理的）強制の不在を意味する。前者はたとえば縄で縛りつけられてまったく身動きができないことであり、後者はたとえば喘息で咳が止まらないことである。それ以外のすべての行為は自由になされる、とまずは認めるべきであると思う。（一二四頁）

引用終盤の「まずは」という限定は次を示唆する。すなわち、自由を否定する積極的な証拠が見出されない限り、意図的行為は（デフォールトでは）「自由」と見なされる、と。これは或る意味で「じっさいにそうだ」と言える指摘である。なぜなら私たち人間は、日常生活において、互いを（少なくともその意図的行為に関して）自由な存在だと見なしているから。この意味で〈自由であること〉もまた人間のコミュニケーション共同体へ参与するための条件なのである。

それゆえ現代の自由意志論でときに《脅迫は自由を奪う》と言われることがあるが、これがこの指摘に留まるとすればじゃっかん「浅い」。私たちは、そのように言うとき、同時に《そもそも自由な

存在に対してでなければ脅迫は意味は持たないだろう》などの点も考え入れるべきである。脅迫の有意味性の前提であるような〈自由〉もあり、そして人間的コミュニケーションの条件としての〈自由〉もある、ということだ。

話を本筋に戻すと、本ノートの目標は〈無意味の恐怖〉なるものの理解であった。次節において「欲求の合理化」という概念を確認すれば、ただちに〈行為の道徳的正当化〉と〈行為の倫理的正当化〉の違いも理解できる——ここから〈無意味の恐怖〉の説明はわずかに一歩である。

4　欲求の動機化（合理化）と理由の動因化（原因化）

本節ではこれまで説明した枠組みをふまえたうえで、〈欲求の動機化〉と〈理由の動因化〉という事態を確認しよう（本ノートの目標に直接かかわるのは前者のファクターすなわち〈欲求の動機化〉のほうである）。

議論の出発点は、人間は「突如としてまったく場ちがいな欲求をもつことができる」という事実である（一三〇頁）。私は仕事をせねばならない。椅子にすわってノートパソコンに向かう。だがコーヒーが飲みたくなる。いや、より極端な例（とはいえありうる例）だが、何が何でも起立したくなる。私は、縮こまった身体をほぐすのも大事だと「事後的に」理由づけをして、起立する。そして私の衝動的振る舞いは、仕事を効率よく行なう（そのためにはリラックスも必要だ）という意図的行為の中へ回収されていく。

何が何でも起立したい——というのは合理性のバックアップを欠く欲求である。永井はこうした欲求を「衝動（または欲動）」と呼ぶ（一三〇頁）。そして私たちが〈衝動にもとづく行動〉を合理化する過程を次のように説明する。

> ［…］人は真夜中に突如として路上で跳びはねたくなることができる。しかし、そうだとしても、その種の行為は人の理解を得ることができず、それゆえにまた自分を納得させることができない。無理由（不条理）な欲求の提示は行為の正当化としても役立たないだろう。しかし、『人』は自分の行動を正当化せざるをえない。それゆえ、人は無理由な欲求にも後から——だが多くの場合、即座に——理由をあたえる、つまり合理化（rationalize）するのである。（一三〇―一三一頁）

敷衍しよう。第一に——この点は後で再び論じるが——人間は、人間であるかぎり、自分の行為を「まともな」ものとして説明（あるいは納得）できなければならない。これもまた人間の条件の一部である。第二に、事実として、人間は理由のない衝動に駆られることがある。この二点からの帰結として、人間は衝動的行動に対しても事後的に（多くの場合即座に）何かしらの理解可能な理由を与える。

さてこの文脈で看過すべきでないのは、欲求や衝動と意図や理由の間にレベルの違いがある、という点だ。すなわち、一方で意図や理由はロゴス的であるが、他方で欲求や衝動はそれ自体としては非ロゴス的で「力動的」である。かくして衝動にもとづく行動は、何かしらの理由を「でっちあげる」ことによって合理化されねばならない。とはいえ——いまから説明する点だが——意図や理由の方はそれ自体としては力動性をもたない。かくして、意図や理由が行為を引き起こすと言えるためには、これらはいわば「動因化」されねばならない。

理由の動因化（これは欲求の合理化と対蹠的である）について永井は以下のように説明する。一般に、事実問題として、意図はたいていのばあいその意図する行為の動因になっている。例えば、私はコーヒーを飲むことを意図して立ち上がり、そして（いくつかの作業を経て）コーヒーを飲むに至るが、この場合、私がコーヒーを飲むことの動因の一部は私の意図である。とはいえ意図の存在は必ずしもそれが動因たりえていることを保証しない。例えば永井曰く、

［…］体操の意図と動作はそろっていても、その意図が動因となって体操の動作をひき起こしていない、というケースはじゅうぶんに考えられる。たとえば、体操の動作をしつつ、体操している夢を見ている夢遊病者の場合などがそうである。（一三二頁）

すなわちA氏は11：00の時点で〈体操をするぞ〉という意図をもった。そして、私たちの見るところでは、彼は11：01の時点で体操をしている。しかし、彼は11：01より前のいずれかの時点で眠りに落ちており、彼の11：01の時点の身体運動（私たちが「体操」と呼ぶ動作）は彼の意図とは無関係の脳内プロセスに端を発していた。この場合、意図が行為をひき起こした、とは言えない。

ポイントは、ロゴス性の次元と力動性の次元とは異なる、という点だ（「力動性」とは私が説明の便宜のため導入した言葉）。それゆえ、力動性の側の存在たる欲求は合理化されなければ「動機」たりえず、ロゴス性の側の存在たる意図や理由（や動機）は力動化されなければ「動因」たりえない。以上をまとめて永井は次のように言う。

第一に、自己欺瞞であろうと嘘であろうと、人は無動機な欲求（すなわち衝動）を有意味化し、動機化しなければならないこと。第二には、逆に、動因化されない意図や理由は、どれほどもっ

ともらしく、理にかなっていても、やはり人を動かす力をもってはいないこと、である。（一三三頁）

繰り返せば、人間が人間であることのうちに、〈欲求や衝動の合理化〉と〈意図や理由の動因化〉という事態がひそむということだ。以下の議論で重要になるのが、どちらかと言えば前者——動因の動機化——である。

5　無意味の恐怖

さて永井は「なぜ衝動は合理化され、理解可能なものとされねばならないのか」と問う（一三四頁）。ここで——先に予告したが——〈行為の倫理的正当化〉と〈行為の道徳的正当化〉の区別が現われる。まず核心的なパッセージを引こう。すなわち、「なぜ衝動は合理化されねばならないか」に対して、曰く、

> それは、理解不可能（不可解）なこと、不条理なこと、無意味・無理由・無動機なことはよくないことだからである。逆に言えば、理にかなったこと、意味のあることは、それだけで何かよいことなのである。（一三四頁）

存在者の行動が合理化され理解可能な行為となること、そしてその存在者が人間になること——これは或る意味で「よい」ことなのである。これは〈人間であること〉はよいことだということを意味し、

さらに〈人間であるべし〉という規範が存在することさえ示唆する。とはいえ〈人間であるべし〉という規範は——仮にそのようなものがあるとして——「道徳的規範」ではない。なぜなら道徳的規範はすでに人間が存在する領域において力をもつ規範だからだ。こうした考慮にもとづき永井は、先の引用に続けて、次のように言う。

もちろんそれは、後者［有意味なこと］が道徳的に善で、前者［理解不可能なこと］が道徳的に悪だ、という意味ではない。しかし、「倫理」という語を——「道徳」と区別して——『人』の成り立ちそのものに適用するならば、後者が倫理的に善で、前者は倫理的に悪である、とは言えるであろう。『人』の成り立ちにとって最大の脅威は、道徳的な悪ではなく、この意味での倫理的な悪、すなわち無理由、無動機、不条理の方だからである。（一三四頁、角括弧内補足は引用者による）

ここでは悪のふたつの水準が区別されている。一方で人間たちのあいだの何かしらの決まりをやぶる意味の「悪」がある（本ノートでの説明は割愛するが永井の言う「道徳的悪」はそうしたものとして解釈できる）。他方でそもそも「人間たち」を形づくることを拒むような悪もある。それは、人間の側からの理解を拒み、それによって人間を恐怖させるような悪である。この意味の〈悪〉の象徴として挙げられうるのが『異邦人』のムルソーである。

この殺人者について永井曰く、

『異邦人』のムルソーが人々によって死刑にされたのは、アラビア人を殺したからではなく、母親の葬儀で悲しみのそぶりを見せなかったからである、という事実は、そのこと［すなわち理解不能というタイプの悪こそが人間にとって根本的に悪いものだという事態」を象徴している。彼はただ悪事をはたらいたのではなく、無理由にそれを行ない、その無理由さが断罪されたのである。（一三四頁、角括弧内補足は引用者による）

アラビア人を殺しただけでは死刑にならなかったかもしれないムルソーは、法廷で彼の「ひとでなしな」側面が明らかにされるに及び、その結果として死刑判決を受けることになる。じつに怨恨による殺人は、その（相当程度の）理解可能性のために、ムルソーの行為ほどには人間へ恐怖を与えない。

永井はいま述べた「倫理的な悪」を表現する言葉として「狂人」を以下のように規定する（以下の引用においては『人』が人間の条件を満たしたひとを表わす）。

「異邦人」の極限形態として「狂人」という概念を位置づけることができる。「狂人」とは『人』仲間の理解と意味づけを受けつけない人間のことである。彼は——道徳をではなく——倫理を無視するという意味で、やはり悪人であり、しかもある意味では道徳上の悪人よりもより根源的な悪人である。なぜならば、『人』がその成り立ちそのものの本質からして恐怖せざるをえないのは、むしろこの倫理的な悪人の方だからである。逆に言えば、「狂人」こそ『人』の成り立ちそのものを総体として問題化しうる唯一の存在者なのである。（一三五頁）

行為を道徳的に正当化あるいは合理化することとそれを「倫理的に」正当化あるいは合理化することとは異なる。いずれの失敗もいわば〈当該行為の悪さ〉を示唆するが——何度も強調するように——その〈悪さ〉は水準が異なる。私たちはときに〈嘘〉を悪の典型とするが、嘘の悪さなど或る意味で

「かわいい」ものである。なぜならこの種の悪は理解可能でありひとを恐怖させないからである。そして、これとは別種の悪があり、それはひとを恐怖させる。その理由は、永井によれば、それが人間の成り立ちを「揺るがす」からである。

(2020/02/13)

＊　永井均『〈私〉のメタフィジックス』勁草書房、一九八六年

第一〇章

動物の心や物体の心について

人間以外の動物は思考しない

――ドナルド・デイヴィドソン「合理的動物」*を読む

動物は思考しない、と考える哲学者のひとりがドナルド・デイヴィドソンである。ただし、ここでの「動物」が人間も含めば、彼の考えはただちに間違いになる（なぜなら人間は思考するので）。それゆえ彼の主張をより正確に表現すれば次だ。人間以外の動物は思考しない、と。これが彼の論文「合理的動物」の結論である。

とはいえデイヴィドソンはなぜそう考えるのか。そもそも彼の言う「思考」とは何か。本ノートではこの点を説明したい。デイヴィドソンの「思考」概念は《言語をもつ存在者しか思考できない》という命題を含意する。結果として、彼の考えにおいては、例えば犬は――比較的「知的」に見える存在だが――思考しないと言われるのである。

私自身はとくに最近《動物もまた何かしらの仕方で思考する》と考えている――それゆえデイヴィドソンの立場に完全に与するわけではない。とはいえ同時に、デイヴィドソンの議論にも無視できない真理性が含まれているとも考えている。以下では、彼の考えを紹介しながら、その中の正しいであろう（と私が考える）部分を抽出したい。

本ノートの議論は以下の順序で進む。はじめに思考を論じるさいに重要になる「命題的態度」と「合理性」の概念を説明する（第1節）。そして《言語をもたない存在は思考をしない》というデイヴィドソンのテーゼを紹介し（第2節）、なぜそう考えるのかの彼自身の説明を解説する（第3節）。最後にごく手短に所感を述べる。

1　命題的態度と合理性

はじめに「命題的態度（propositional attitude）」なるものの説明である。次の具体例を見られたい。

・ジョンはあの樫の木のうえに猫がいると信じている。
・ジョンは猫が庭からいなくなることを欲している。
・ジョンは飼っているハムスターが猫に食われることを恐れている。

これらはどれもジョンの心の状態を表現する言明だが、文の形に注目されたい。それぞれ文構造を抜き出すと「ジョンは……と信じている」・「ジョンは……を欲している」・「ジョンは……を恐れている」となり、「……」の部分には何かしらの命題が入る。これは信念や欲求や恐怖は命題を対象とすることを意味する。かくして分析哲学においては信念や欲求や恐怖は「命題的態度」と総称される。

では、一般に、命題的態度の特徴は何か――この点は感覚状態との比較で摑むことができる。例えば、ジョンが右足首に痛みを感じる、とする。こうした感覚状態は、「感じ（feeling）」を含んでいるが、「命題的内容（propositional content）」を含まない。これに対して信念や欲求は命題的内容を含む。例えば上記一番目の信念の内容は《あの樫の木のうえに猫がいる》である。まとめると次である。心の状態には命題的内容を含むものと含まないものがあるが、信念や欲求などの命題的態度はそれを含む、と。

さて、本ノートの主題は「思考」であるが、これは感覚状態よりも命題的態度に関わる。なぜなら思考とは、或る意味で、命題上の計算であるからだ。例えばA氏が水を飲むために蛇口をひねるとしよう。この場合、A氏の頭の中には《自分が水を飲む》という欲求や《蛇口をひねれば水が出る》という信念があり、ここから《自分は蛇口をひねる》という意図が生じている、などと分析できる。逆に、命題的態度をもたないことが明らかな存在（例えばビー玉など）については、思考を行なう可能性がまったく開かれていないように思われる。かくして――分析哲学の伝統においては――命題的態度をもちうる存在のみが思考するとされる。

思考と合理性の関係についても一言述べておきたい。晴れているのに雨傘をさしているひとがいるとする。これは初見では理解の難しい行動だが、このひとが「家に日傘が一本もなくて雨傘で代用している」と説明したとすればそれなりに腑に落ちる。なぜなら、細かな点の是非は措くとして、このひとの思考過程が理解できるからである。一般に、思考の流れを明確化することは、行動の合理化（すなわち《なぜそのように行動したのか》を理に適うものにすること）に繋がる。もうひとつ例を挙げれば、近所に深夜徘徊しているひとがいるとして、《運動によって何とか眠気を引き起こそうとして散歩をしている》などの行動の意図が分かれば意味不明の不気味さはなくなる（別の底意があるかもしれないという不安は消えないが）。この意味で《何を考えているのか》の解明は《行動が理解可能かどうか》に関連している。思考は合理性に関連している、ということである。

さてデイヴィドソン自身もまた《生物が合理的でありうるかどうか》の基準を《それが命題的態度

をもちうるか》に置いている。曰く、

生後一週間の乳児も一匹のカタツムリも合理的な生物ではない。乳児がその後もじゅうぶんに長く生きたならば、彼または彼女はたぶん合理的になるであろう。他方、カタツムリに関してそのようなことはない。もし好むなら、乳児については最初から次のように言ってもよいだろう。乳児は、ずっと生き続けたならばおそらく合理的になるがゆえに、あるいはそのような潜在能力をもつ種に属しているがゆえに、合理的な生物であると。どちらの語り方をするにしても、合理性の点に関して、かたや乳児やカタツムリとかたや正常な大人とのあいだには違いが残る。（一五六頁）

ここでは、「正常な大人」とカタツムリなどの間に《行動の意味が分かるか》に関して何かしらの重要な差異がある、と指摘されている。そしてデイヴィドソンも、多くの分析哲学者と同様に、この違いを「信念や欲求、意図、恥といった命題的態度をもつかどうか」で説明する（一五六頁）。そしてこの方向性において独特の立場を展開する。

2　命題的態度の全体論

デイヴィドソンの積極的主張のひとつは、命題的態度のどれかが単独で有されることはない、というものだ。具体的には例えば《サクランボは果物だ》という命題をpとおくとして、pを信じておりp以外のものは何も信じていないような存在者はありえない、ということである。なぜなら、《サクランボは果物だ》という命題を私たちが信じているとおりの仕方で信じるためには、《果物は野菜と異なる》や《「サクランボ」は固有名ではなく一般名辞だ》などのいろいろなことを同時に信じておらねばならないからである。かくしてデイヴィドソン曰く、

なぜなら、一つの命題的態度をもつことは、それとともに全体を形成する他の膨大な数の命題的態度をもつことでもあるからである。一つの信念は多くの信念を必要とし、そしてそれらの信念は、意図や欲求といった他の基礎的な態度と、さらに、私が正しいなら、天賦の言葉の能力とを必要とする。(一五八頁)

ここでは先に述べられたことに加えて、信念をもつ存在は欲求や意図をもたねばならない、と指摘されている。これはじっさいにそうである。例えば保育園児のBちゃんが部屋の引き出しを片っ端からあさっているとする。この場合私たちは、Bちゃんは《自分の欲しいものが引き出しに入っている》と信じている、と考える。とはいえ信念の帰属は決して単独では行なわれない。例えばこのケースでは私たちは同時に、Bちゃんは何かを見つけることを欲している、そしてBちゃんは引き出しからそれを見つけ出すつもりだ、などの欲求や意図も帰属する。一般的に言うと、信念・欲求・意図は論理的な「全体論的」ネットワークを形成している。あるいは少なくともデイヴィドソンはそう考える。かくして、彼の考えにおいては、信念をもつ存在は必ず欲求や意図も有する。

先の引用には主張がもうひとつ含まれていた。それは、命題的態度をもつためには言語能力が必要だ、というものである。じつにデイヴィドソンの論考「合理的動物」においてはこのテーゼが鍵となるのだが、要点は徐々に明らかになるだろう。

さて、デイヴィドソンの最終的な指摘は《人間以外の動物は命題的態度を有さず、それゆえ思考しない》というものだが、そこに至る手始めとして彼はマルコムの議論を批判する。評伝『ウィトゲンシュタイン』の作者は、次のような言葉でもって、動物の思考に好意的な立場を示す。

私の家の犬が隣の猫を追いかけているとしよう。猫は樫の木に向かって全速力で駆けていく。しかし最後の瞬間、急に向きを変え、すぐ横のカエデの木の陰に消える。犬はこの作戦を見ておらず、樫の木にたどり着くと後ろ脚立ちをしてまるでよじ登ろうとするかのような仕草で幹を引掻き、そして上方の枝に向かって興奮した吠え声をあげる。このエピソードの一部始終を窓から観察していた者はみな、「犬は猫があの樫の木に登って行ったと思っている」と言うだろう。
(Norman Malcolm, "Thoughtless Brutes," *Proceedings and Addresses of the American Philosophical Association*, 46, 1972–1973: 13. ただしデイヴィドソンの論考の一五九頁からの孫引き)

マルコムは、一連の観察から、《犬は猫があの樫の木に登って行ったと思っている》という命題を十分に主張可能だと見なす。だがはたしてそうだろうか。

デイヴィドソンはこれを批判する鋭い指摘を行なうのだがそれは以下である。

たとえば、その犬はある対象について、それが木であると信じられるのだろうか。そのようなことは、その犬が木についての多くの一般的信念をもっているとわれわれが想定しないかぎり、不可能だと思われる。つまり、木とは成長するものであるとか、木には土と水が必要であるとか、木には広葉樹と針葉樹があるとか、木は燃えるといった諸々の信念である。(一六一頁)

よくよく考えれば判明することだが、犬は少なくとも私たちが知っているところの「木」を知らない。なぜなら（私たちにおいて）木というものを知っているとは《木は植物の一種だ》や《木にはいろいろな種類がある》や《木は燃料になる》などの諸々のことを知っていることであるからだ。そして犬は——後からより踏み込んだ理由を述べるが——木をこの仕方では知っていない。この点は「樫の木」についていよいよ妥当する（はたして犬は樫の木とカエデの木を弁別できるだろうか）。それゆえ「犬は猫があの樫の木に登って行ったと思っている」という言明の主張可能性は疑われうる。

早急に付け加えねばならないが、デイヴィドソンは決して《固定された一定のグループの信念を有さねば「木」についての信念をもつことができない》と言っているわけではない。むしろ彼によれば「木の概念をもつ者が信じていなければならない事柄についての固定的なリストはない」（二六一頁）。この哲学者が指摘したいのはむしろ命題的態度のいわゆる「全体論的」性格である。曰く、

われわれが思考を同定し、思考どうしのあいだの違いを区別し、ある思考をまさにそうであるようなものとして記述できるのは、それらの思考が、関連する諸信念の稠密なネットワークの中に位置づけられうるときにかぎられる。ある一つの信念を犬に帰属させるということがわれわれにほんとうに理解可能であるならば、その信念を有意味にするために必要であるような種類の他の多くの信念をその犬がもっているかどうかをどうやって決定するのかを、われわれが思い描けるのでなければならない。（二六一頁）

例えば人間のひとりであるジョンについて《ジョンはあの樫の木のうえに猫がいると信じている》と

言えるかどうかを確かめるにはいろいろな手段がある。なぜなら――ここは核心的だが――ジョンと私たちは言葉を通じてコミュニケーションを行なえるからである。私たちは例えばジョンに「この木は何の木？」と尋ねることができる。そして、彼が「樫の木だ」と答える場合には、先の命題の主張可能性は強まる。他方で、犬に関してはこの手の確認がまったくできない、という点が問題なのである。デイヴィドソン曰く、「そもそも発言がなければ、生物の何らかの思考を有意味にするのに必要な一般的信念を帰属させるための十分な根拠があるのかどうかが疑問である」のである（一六三頁）。

以上より、今回取り上げている論考におけるデイヴィドソンの究極的な主張が引き出される。それは次だ。

［…］生物は言語をもたなければ思考をもてない［…］（一六五頁）

これは――デイヴィドソンも注記する点だが――思考は言語に還元されるとか、《語りえないことは思考することもできない》とかいった、より強い命題までを含意するわけではない。むしろ正確には次が述べられている。すなわち、任意の存在者xについて、もしxが思考するならば、xは言語をもつ、と。言い換えれば、〈思考する〉というタイプの存在者のグループに属すものは同時に〈言葉を使う〉というタイプのそれにも属さねばならない、ということだ。この意味で、言語のないところに思考はないのである。

3　思考のために言語が必要であることの理由

だが言語はいかにして思考を可能にするのか——この点についてはさらに踏み込んだ説明が可能であり、デイヴィドソン自身もそれに取り組んでいる。本節ではこの点に関するこの哲学者の説明を見てみよう。

なぜ命題的態度をもつためには言語が必要なのか。デイヴィドソンは彼自身の説明をふたつの部分にわけている。すなわち曰く、

1　まず私は、信念をもつためには信念の概念をもつことが必要であることを論じる。
2　次に私は、信念の概念をもつためには言語をもたなければならないことを論じる。（一六七頁）

核心的なのは第一のステップであるが、それを説明するデイヴィドソンの議論はなかなか微妙でありそれゆえに面白い。検討する価値があると言える。

デイヴィドソンの議論はひとつの「全体論的な」前提をもつがそれは《思考する者は驚くことができる》というものだ。ここでの「驚くこと」は〈意外を覚えること〉を意味している。たしかに、何事にも意外を覚えない者は「ものを考えている」と言われえないかもしれない。思考はさまざまな要素を条件としているが、デイヴィドソンは〈驚きうること〉をそのひとつとする。

さて、デイヴィドソンによれば、何かを意外に思うためには反省的思考が必要である。すなわち、驚きには信念に関する信念が必要だ、ということだ。この点をデイヴィドソンは哲学者ドナルド・ワ

イスの架空のストーリーに即して説明する。すなわちワイスによれば、いわゆる「スーパードッグ」であるアーサーについての以下のような状況を観察すれば私たちは（犬の風貌をしている）アーサーに対しても思考を帰すだろう。このストーリーは、デイヴィドソンの解釈によれば、思考の条件をめぐる重要な事柄に触れている。――ワイスのストーリーは以下だ。アーサーを観察する或るひとが以下のように報告する。宇宙から卵の形で地球に到来した犬型の生命体アーサーは地球のさまざまなことを研究している。われわれが見るところ、彼はひとこともしゃべらない。その理由は会話の相手がいないことだろうか（このあたりはよく分からない）。さてある日アーサーはピカピカ光る金属を見つける。彼はそれを火の中に入れハンマーで叩く。彼は自分の行動の結果に不満足のようだ。そして――ワイスの言葉を引用すれば――、

アーサーは、続けて、彼の居住地の周りを動揺した様子で歩きまわる。彼は突然座り込む。そして同じくらい唐突に、彼はふたたび立ち上がる。彼は前の方に歩いていき、そして後ろの方に歩いていく。さらにもういちど彼は座り込む。ただし今回はずっと座ったままだ。同じ姿勢で十五分が経過。アーサーの目はじっと正面を見据えている。そのとき、突然、彼はぱっと跳び上がる。そしてそのあとすぐさま大量の木材を火にくべる。（Donald Weiss, "Professor Malcolm on Animal Intelligence," *Philosophical Review*, 84, 1975. ただしデイヴィドソンの論考の一六九頁からの孫引き）

アーサーは火から金属を取り出して叩く。金属は延びる。今度は満足そうである。そして彼は打って変わってくつろいだ様子で食事の準備を始める。

以上のストーリーに関する問いは次である。はたしてアーサーは思考をしているか。この問いに答

えるにあたって注意すべきは、アーサーの行動に関する報告における「論点先取的な」部分を無視せねばならない。すなわち、先に紹介した報告には《アーサーが思考していること》を含意するような記述があるが、そのうちの不必要なもの（すなわち思考への含意なしに記述可能な事柄を敢えて思考への含意をもって描写しているもの）は無視されねばならない、ということだ。そしてこうした制限をしたうえで《アーサーは思考しているか》を問うてみよう。

デイヴィドソンが注目するのは、はじめにアーサーが火に金属を入れてハンマーでたたいたときの不満足な様子、そして――とりわけ――彼がぱっと跳び上がって火力を強め始めた行動である。こうした振る舞いを合理的に説明するさい、私たちは《アーサーは驚いている》と考えるだろう。すなわち、はじめは《熱した金属はたたけば延びる》というもともとの信念が裏切られたことによって驚き、そして次に《金属に応じて延びるために必要な火力は異なる》という発見によって驚いている、ということだ。このようにして私たちはアーサーを〈驚きうる存在〉と見なす。そしてこのことを根拠に彼を〈思考する存在〉と見なすのである。

ここからデイヴィドソンの議論がどこへ向かうのかと言うと、それは《驚きうるための条件は何か》の検討である。この哲学者によれば、驚くためには自己の信念に対する反省的思考が必要である。曰く、

驚きに必要なことは、これまで信じていたこととあらたに信じるようになったこととのあいだの対照性を、私が気づいて意識することである。ところがそのような気づきは、信念についての信念にほかならないのである。つまり私が驚いているとすれば、私は、とりわけ、自分のもともとの信念が偽であったと信じるようになっているわけである。（二七一頁）

ここでは何かに驚くという命題的態度が〈所有していた信念がじつは偽であったことが発見されること〉として説明されている。かくして、デイヴィドソンによれば、第一階の信念だけでは驚きが生じるのに不十分である。そして、驚きが生じるためには、信念に関する信念という第二階の信念が必要なのである。

以上は——敢えて強調するが——なかなか微妙な議論である。思うに、デイヴィドソンの言いたいことを好意的に理解するためには、ここでの「驚き」はいささか限定的な意味で用いられていると考える方がよい。それはいわば知的驚きであり人間的驚きである。おそらく「動物的驚き（animal surprise）」と呼ばれうる現象も存在するだろうが、デイヴィドソンが論じたいものはそれとは区別される。こうなると彼の議論は相当に「論点先取」に思われてくるが、話がここまで突き詰められれば《そもそもこの哲学者は何がしたいのか》の理解が重要になってくるだろう。すぐ後でもう一度強調するように、デイヴィドソンがやりたいことは、ひとつに、「人間的思考」と呼ばれうるものの次元の確保であろう。

残りの議論は手短に済ませることができる（デイヴィドソンはそれなりに踏み込んで論じているが）。さきほど、驚くためには信念への反省が必要だ、と指摘された。他方で信念への反省は言語能力を要求する。なぜなら、言語という信念媒体（すなわち信念を表現するメディア）のないところでは、信念への反省はできないだろうからだ。デイヴィドソン自身はこの点を「コミュニケーション」との関連で論じているのだが、この点は割愛したい。

以上がデイヴィドソンの議論の紹介である——最後に私の所感を手短に述べたい。

思うに、本ノートで見てきたデイヴィドソンの枠組みは内的に整合的であるが、それは〈人間とその他の動物の区別を明確化したい〉という目的に適った枠組みである。逆に《人間以外の動物も思考可能だ》とする枠組みも構築可能だと思われる。そしてこうした枠組みもまた必要であろう。なぜなら例えばマルコムの紹介する犬は、たしかに人間とは異なる仕方であろうが、何かしらの意味で「思考している」にちがいないからだ。とはいえ、こうした枠組みを構想する場合には、《言葉をもたない動物が思考する》とはいかなる意味かが問題にならざるをえない。この点については、私はまだ検討に値するアイデアを得ていない。

私の考えでは、デイヴィドソンは少なくとも私たち人間がふだん行なっている「思考」の条件をかなり的確に指摘している。それゆえ彼の議論を追うことは相当に《私たちがどのような存在であるか》の理解（すなわち自己理解）に寄与する。その一方で、犬も何かしらの意味で「思考」するのだから、私たちはこの点についても考えを深める必要があるだろう。さもなければ犬（やその他の動物）は、デカルト派の思想においてそうであったように、〈ものを考えない自動機械〉に同化されかねない。

（2020/05/16）

＊　ドナルド・デイヴィドソン「合理的動物」、『主観的、間主観的、客観的』丹治信春監修、清塚邦彦・柏端達也・篠原成彦訳、春秋社、二〇〇七年所収

生物は自由か？

――機械論以外の余地

生物は自由に行動するか――これもまた自由意志の哲学にとって重要な問題である。ここでの生物には、人間だけでなく、ミツバチやトゲウオやゾウリムシなどの「言葉をもたない」動物も含まれる。植物や菌類は（より複雑な問題を引き起こすので）便宜的に排除しておきたい。

はじめに《生物は自由に行動する》という命題の意味を明確化するが、これは「主体」という語を用いて説明することができる。例えば次のふたつの事態を比較されたい。

・風が花粉を吹き飛ばす。
・ハナバチが花粉を食べる。

前者の出来事においては「風」が主語になっているが――ここが大事だが――風が主体として何かを行なっているわけではない。他方で、後者の事態には行動の主体が存在し、それは花粉を食べているところのハナバチである。そしてここでの「自由に行動する」は主体的な活動を指すことにする。かくして《生物は自由に行動する》という命題は、生物の行動は無主体的な出来事から区別された主体的活動だ、ということを意味する。

さて、冒頭で《生物は自由に行動するか》と問うたが、なぜこのようなことが問題になるのか。その理由は《生物は自由に行動するものではない》と結論する論証が存在するからである。この論証は本書で繰り返し参照された発想にもとづくが、それは以下のようなものだ。

生物はタンパク質や脂質などからできている。そしてこうした物質の相互作用において生じることは無主体的な出来事である。タンパク質や脂質などが組み合わさると細胞小器官ができる。核の中にはDNAの鎖を折りたたんでできた染色体があり、それがタンパク質合成を調整し生物の体の状態を整えている。こうした細胞小器官内の物質の相互作用もまた無主体的な出来事である。そして、こうした出来事が組み合わさる形で生物の活動は生じるのだが、こうなると生物の活動も無主体的な出来事に過ぎない。生物が主体性をもつように見えるのはまさしく「見かけ」だけであり、生物の活動もまた風が吹くのと同じ無主体的な現象に過ぎない。

以上が論証だが、この議論にまったく問題を見出さないひともいるはずだ。さらには、この種の議論を絶対的に正しいものとして歓迎するひとさえいると思われるが、そうしたひとは生物の活動の「ボトム・アップ式の」説明の守護聖人であるにちがいない。その考えによれば、生物のマクロ行動は遺伝子レベルの物質の相互作用によって完全に説明される。とはいえこうした考え方に問題点はないのだろうか。

本ノートの目標は《生物の活動は、遺伝子と同じくらいの大きさのレベルの物質の相互作用によって決定される》という見方についての批判である。とはいえ私は或る種の唯物論者であるので、例えば「生気」なるものの客観的実在を認めない。以下の議論は、実在そのものについてではなく、むしろ第一義的に〈生物に関する私たちの語り方〉に関わる。とはいえ根本的な次元においては、《私たちが語るところのものがじっさいにどのような仕方で存在しているのか》と《私たちは事物をどのように語るか》という問いは容易に区別できなくなるので、以下における〈語り方〉に関する議論はめぐりめぐって〈実在のあり方〉にも関わることになるだろう。本ノート全体の思想的バック・グラウンドはネルソン・グッドマンの多元主義的存在論である。

　では議論をはじめよう――できるかぎり具体的な話をするよう努める。

　思うに、生物学における個体レベルの研究のいくつかのものは《生物の行動は物質の相互作用に尽きる》という前提を必要としない。例えば――最近見た楽しいニュースだが――生物学者の西海望と森哲はカエルとヘビの膠着状態のメカニズムに関する説明を提示しているのだが、[i] この説明はかならずしも還元主義を必要としていない。

i　西海望・森哲「カエルとヘビの膠着状態のメカニズムを説明――双方にとって後手に回って行動することが有利となる――」
http://www.kyoto-u.ac.jp/ja/research/research_results/2019/200310_1.html

　まず彼らの発見の紹介である。「ヘビに睨まれたカエル」という言葉が示唆するように自然界には《カエルとヘビが互いに相手を観察し合いながら長時間動かない》という現象がある。西海と森によればこれは、たんにカエルが固まってしまっているのではなく、むしろ各プレーヤーが自らの最善の戦略に従っていることとの結果である。すなわち一方で、カエルはジャンプ中に方向転換できないために、ヘビの攻めより先に逃げ出すことはカエル自身にとって不利である。他方でヘビは咬みつくためにいったん身体を伸ばすと再度収縮させるのに時間がかかる――それゆえ、ヘビにおいても、カエルが逃げ出すより先に飛びかかることは不利である。かくしてカエルとヘビはどちらも後手をとろうとする。かくして彼ら／彼女らは睨みあったまま動かないというわけだ。

注目すべきは、第一に、以上のストーリーが物質レベルの還元的説明を必要としないという点だ。すなわちいま紹介された説明で使用される語彙は「戦略」や「先手／後手」などであり、これは「DNA」や「酵素」などの語彙群とレベルを異にしている。加えて――第二の点だが――カエルとヘビの高度な駆け引きに関する目下のストーリーを物質の次元へ還元しようとするさいには、生物を〈戦略的存在〉ではなく〈自動機械〉の一種と見なすことになる。これは西海と森のやっていることの意味を変えてしまうような一歩である。なぜならこうした観点の移動は、「戦略」や「後手」などを比喩に過ぎないものとしてしまい、西海と森の語りから〈事態の記述〉というステータスを奪ってしまうからである。

たしかに私たちは《物質のたいへん複雑な組み合わせがヘビやカエルの行動メカニズムを実現している》と述べることができるし、この命題に無視できない真理性があることも知っている。とはいえ、現実の生物学において、個体の行動の仕方を遺伝子レベルの物質の組み合わせで説明するモデルはいまだ組み立てられていない。この意味で個体のレベルと遺伝子のレベルの間には「認知的な裂けめ」がある。それゆえ、個体を語るさいのナラティブと遺伝子を語るさいのそれをつなぐ統一的な観点もまた存在していない。

なぜこうした点を強調するかと言えば、例えば生物学者のリチャード・ドーキンスが一般向けの本においてこうした「裂けめ」を跳び越すような叙述をしているからである。例えば彼は次のように書く。

［…］一腹子のうちの一匹がとくに小さな個体となる場合がある。このような子どもは、他の兄弟たちのように元気に食物を取り合うことができず、死んでしまうことも多い。このような子どもは死なせてしまったほうが、実際に母親にとって有利となることがある。いったいどんな条件のときにそうなるかは、先にも考察しておいた。直観的に考えると、当の育ちそこねの子ども自身は、最後まで努力しつづけるにちがいないとみなしてしまいそうである。しかし、遺伝子の利己性理論からは、必ずしもこのような予測は出てこないのだ。育ちそこねた子どもの余命が、小型化、衰弱化によって短くなり、親による保護投資が彼に与える利益が、同量の投資によって他の子どもたちの獲得しうる潜在的利益の½より小さくなってしまうなら、彼は自ら名誉ある死を選ぶべきなのである。そうすることによって彼は、自己の遺伝子に最も大きく貢献しうるからである。（『利己的な遺伝子〈増補新装版〉』日高敏隆他訳、紀伊國屋書店、二〇〇六年、一九四―一九五頁）

ここでドーキンスは、個体のレベルと遺伝子のレベルを同時に語りつつ、場合によっては自己の（個体的な）死が自己の（遺伝子的な）利益に繋がりうることを指摘する。そして――ここが問題だが――ドーキンスによれば、そうした場合、個体は遺伝子の命令に忠実に従って適切に死んでいく。こうした事態を彼は「ダーウィニズムの世界における個体は、あたかも自分の遺伝子にとって何が最善であるかの計算をしていると仮定されている」と表現する（x頁）。

これだけではない。ドーキンスはよりあからさまに次のようにも言う。

私は、母親というものを、ある種の機械として取り扱っている。この機械の内部には、遺伝子が制御者として乗り込んでいる。そしてこの機械は、その遺伝子のコピーを増殖させるべく、能力の限りあらゆる努力を払うようにプログラムされているのである。（一八二頁）

私は《こうした観点で生物を眺めるとき面白いものが見えてくる》という点を認めるが——じっさいドーキンスの本は私たちの目の鱗を落としてくれるところがある——それでもこれは唯一の見方ではないだろうし、生物学のあらゆる分野が必ずこの見方を共有せねばならないとも思わない。じっさいもんだい、先に紹介した西海と森の研究は、ドーキンス流の〈遺伝子のコピーのための機械である生物〉という見方を必ずしも必要としない（それを排除するわけでもないのだが）。なぜなら彼らの研究は、今から説明するように、《個体が自らの戦略が与える選択肢に従って自ら行動する》という「非機械的」生物観とも調和しうるからである。この生物観においては、個体は物質から組み立てられる機械ではなく、そもそも主体として存在する（このために「生気」などの怪しい前提は必要ない）。

じつに、西海と森の研究はいわば形而上学に関して無記である。それゆえたしかに、仮に生物が物質から成る機械（これは主体的に活動しない）であったとしても、西海と森の発見は成り立つ。とはいえこれは別の形而上学とも調和しうる。生物が、完全に無主体的な機械ではなく、自分で何かしらのことを選びうると仮定しよう。この場合にも生得的に与えられるであろう戦略セッティングは変わらないだろう。ヘビとカエルは、後手が有利という前提の中で、食べるためあるいは逃げるために最善を尽くす。それぞれの行動は、下位レベルの物質の運動が決定するのではなく、彼あるいは彼女自身が決定するものである。こうした語り方に内的不整合性はない。

強調すべきは《生物は自由に行動する》という命題が決して《個々の生物は何でも行なえる》ということを意味しない点だ。よくよく考えれば生物には制約の方が多い。ヘビやカエルはおそらく不定積分が行なえないだろうし、ヒトは道具なしに空を飛ぶことができない。物質的条件は個々の生物に限られた選択肢しか与えない、ということだ。とはいえ《与えられた選択肢のどれかを個体が自分で選ぶことはできるか》は未決の問いである。一方で遺伝子レベルの物質の作用が行動を決めてしまうとする「機械的」生物観もあれば、他方で生物を自律的な主体と捉える見方もあるだろう。少なくとも確実に言えるのは、生物学におけるいくつかの語りは必ずしもボトムアップ式の形而上学を必要としない、という点である。

私が生物の機械論的還元主義以外の見方の可能性を後押しすることの理由は、生物の次元と物質の次元を区別する語り方が欲しいからである（なぜこれが欲しいかの理由は複数ある）。私の考えでは——何度も例に挙げて恐縮だが——「生気」などのオカルト的な道具立てを用いなくても生物の非機械論的語り方は可能である。そのやり方は、本ノートで見たように、主体的個体をそれとして見る観点に留まることである。ここから遺伝子の次元へ下降すると主体は消滅するのだが。

（2020/05/13）

汎心論のひとつの魅力

「汎心論（panpsychism）」という立場には心を惹かれるところがあるのだが、その理由は形式的で理論的なものである。以下、簡単に説明したい。

心の哲学において汎心論と呼ばれる立場は、ひとつの定義に従うと、「基礎レベルの物理的存在が意識経験をもつ」[i]という立場である。具体的には――《何が物理的に基礎的な存在とされるか》は物理学の今後の進展に依存するのであるが――例えば《素粒子もまた意識経験をもつ》というのが汎心論の見方でありうる。もちろん、素粒子が人間ほどの複雑な意識をもつ、と言っているわけではない。むしろ、人間の意識を説明するような〈第一人称性〉や〈主体性〉や〈現象性〉の芽あるいは根を素粒子がもつ、と言われているのである。

i　David Chalmers, "The Combination Problem for Panpsychism," in G. Brünstrup and L. Jaskolla (eds.), *Panpsychism: Contemporary Perspectives*, Oxford: Oxford University Press, 2016: 179.

ではなぜ汎心論に心惹かれるのかというと、それはもっぱら或る点における理論的なエレガントさのためである。これを説明するためにまずは「通常の」意識観をおさらいしよう。

おそらく多くのひとは、宇宙の歴史には意識の存在しない初期の期間（これは相当に長かったであろう）と意識の存在する期間がある、と考えているだろう。すなわち、宇宙の誕生以来しばらくの間はたんなる物質の運動だけがあって、その後、物質が一定の仕方で集まり一定の運動パターンが生じ、それが一定の複雑さを得るに至って意識的存在が現われた、というわけだ。これはたいへん常識的に思えるのだが、理論的に「不格好」なところがある。

いったいどこが「不格好」か。問題の見方に従うと、宇宙のどこかの時点（これは「クリティカル・ポイント」と名づけられるかもしれない）で、それまで存在しなかった一人称的視点が現われることになる。すなわちそれまでは無視点的な「客観的」うごめきであった宇宙の中に突如として視点が現われるのである。こうしたことはありうるかもしれないが、よくよく考えれば「謎な」事柄である。いかにして無視点が有視点へ移行しうるのか。

他方で、汎心論の世界観においては、物質は宇宙の誕生以来つねに一人称的視点の萌芽を有している。素粒子やそれが集まってできる原子や分子もそれなりの「弱い」意識を有している。そして、物質の集まり方が複雑化するにつれて意識の強度も高まり、神経系の形成を通じて意識はより明晰になる。このような見方に従うと、宇宙の中に「謎な」クリティカル・ポイントは必要ない。宇宙はつねに斉一的であり、無機的意識が複雑化して有機的意識が構成される、というわけだ。視点の無い宇宙から視点の有る宇宙への相転移という事態は、汎心論においては要求されない。

以上が汎心論の（私にとっての）魅力的な点である。他方でこうした汎心論に理論的な難点がまったく無いというわけではない。例えば先に言及したチャーマーズの論考の主題である「組み合わせ問題（combination problem）」がそれだ。私は『現代思想』のもうじき公刊される号（二〇二〇年六月号）

においてこの論考を訳しているが、ここでは問題の概要を紹介しておく（関心を得た方は論考の方も読まれたい）。

じつに、たったいま考察した汎心論は、「弱い」意識が集まって「強い」意識ができる、という連関を認める。とはいえよくよく考えれば、小さな心が集まって大きな心ができる、というのは奇妙な考えである。なぜならひょっとしたら概念的に、心は（体積をもつ物体と違って）「足し合わせ」などを許容しない存在かもしれないからだ。複数の意識が集まってひとつの意識ができる――このようなことはありうるのか。

組み合わせ問題とは、汎心論の多くのタイプが認める〈心の加法〉という事態をどう理解するかという問題である。じつに組み合わせ問題に関してもいろいろなバージョンがあるのだが、その点についてはチャーマーズが詳しく論じている。ラディカルな唯物論者の私にも考えさせる点が多い。

（2020/04/21）

多心論を通じて相関的循環から抜け出すこと

——飯盛元章「ハーマン、ホワイトヘッドと汎心論*」を読む

いわゆる「人間中心主義」を私たちは相対化することができるのだが、こうした相対化の企てはそれほど頻繁に実行されることがない。哲学もまた長期にわたって人間中心主義の狭い圏域に「くつろいで」きた。この指摘が意味するのは以下である。

私たちは事物について考える。とはいえ、そうした事物は私たちがそれを考える仕方において現われるものであり、この意味でその事物は私たちの思考との関係において存在する。かくしてあらゆる事物は「人間的」事物である。なぜなら私たちが思考しうる事物はすべて人間的認識の枠組みという鋳型の中で形づくられていると言えるからである。私たちの周りには机や椅子や犬や惑星が存在するのだが、それらはどれも人間にとってのそれである。

以上の理路は内的に首尾一貫しており、いったんその中に入るとそこから出る必要性が消える。なぜなら、《世界は人間にとっての世界であり、そして人間にとっての世界が世界である》という見方には何らの不整合も存在しないからであり、その内部にいる限り抜け出すモチベーションが見出されないからである。かくして《世界は人間にとっての世界であり、そして人間にとっての世界が世界で

ある》という或る意味で「美しい」自己完結性――これを現代思想家の幾人かは「相関的循環」と呼ぶのだが――を抜け出そうとする者は複雑な戦いを強いられる。というのも、例えば全体主義に洗脳された集団の中で全体主義の悪性を説く者が周囲から白い眼で見られるように、反相関主義者の声はそもそも、それが単純には聞き入れられない構造の中で発せられるからである。とはいえ、冒頭で述べたように、人間は人間を相対化できる。

本ノートは、飯盛元章の論考「ハーマン、ホワイトヘッドと汎心論」の議論を追いつつ、〈汎心論によって相関的循環を抜け出す〉という可能性を手短に考察したい。飯盛によればグレアム・ハーマンの汎心論的な（あるいは多心論的な）存在論は人間的思考を相対化するような「弁証法的」ポテンシャルを具えている。飯盛の論考は複数の論点を含むが、本ノートは〈ハーマンによる相関的循環の超出〉という点に焦点を絞ってその議論を紹介したい。

本ノートは以下の順序で進む。はじめにハーマンの議論のひとつの側面を確認する（第1節）。そのうえで、この側面に注目しつつ《いかにして彼の議論が相関的循環を抜け出すことに寄与するのか》を説明する（第2節）。2節の最後には私の感想が述べられるだろう。なお、本ノートにおける論考の内容紹介は限定的なものなので、関心をもたれた方は是非原文を読まれたい。

1　木の知覚――ハーマンの実在論的な存在論

はじめにハーマンの存在論の内容の確認（ただし本ノートの目標に関連する部分のみの確認）である。もし私たちが周囲を見渡すならば、机や椅子や猫や木や人間が存在する――そして《こうしたものが存在するとはどういうことか》が存在論の主要な問いのひとつである。例えば、存在論としてのセンス・データ説[i]によれば、こうした存在はそれぞれセンス・データという基礎的な要素の複合物である。この種の存在論においては、机や猫や人間（対象としての人間身体）は構成素に依存した存在であり独立性を有さない。これに対してハーマンの存在論は個々の個物へより多くの自立性を付与するものである。

i　本ノートにおける「センス・データ説」は分かりやすさのための引き立て役である（それゆえ例えばセンス・データ説に帰せられうる「非相関主義的な」実在論的側面などは捨象されたい）。

ハーマンの存在論において、個体は「知覚」を通じて世界を開く。飯盛の叙述に従い、ふたつの個体を例にとって説明しよう（一五六―一五八頁）。私という個体と木という個体があるとする。私が木と出会うとき、私はそれを木として把握するのだが、同時に、木という個体それ自体は私に現前しない――それはいわば「背後」に「退隠（withdrawal）」する。木はいわば物自体の位置に留まり、物自体としての木は（現前のあり方によらず）それとして存在する。それゆえ木は、センス・データの集まりでもなければ、人間の認知枠組みの内部で構成されるものでもない（もちろん私に現われる木は私の構成物と言ってよいが、木そのものは独立の実在である）。むしろ私が木を知覚することは〈私という実在物と木という実在物の間のリアルな関係〉である。そして、かかる関係は木を起点としても考えられるので、木もまた私を知覚していると言える。先に「個体は知覚を通じて世界を開く」と述べたのはこの謂いである。

押さえるべきは以上の理説の「反還元主義的」側面である。人間が主体として、客体としての事物を知覚する、というモデルにおいては事物の側は何かしらの構成物になりがちである。これに対してハーマンは「知覚」を実在物間の関係として把握する。物と物との出会いが「知覚」である、ということだ。この場合、物はそれとして在る（すなわち現われに還元されず退隠するという仕方で自らに留まる）。——そしてこのような知覚観は木や机などの非人間的存在にも知覚の起点たりうる余地を残す。木もまた私や猫や机に対して実在的な関係をもつ。木はそれらに出会う。それゆえ木も「知覚する」のである。

まとめよう。ハーマンの存在論の特徴は以下である。第一に個々の事物は自立的な実在性を有する。それゆえ、或るタイプの存在論では木や机や猫などが人間による構成物や創造物になるのだが、ハーマンの立場ではこうした事態は生じない。第二に個物の出会いは個物同士の実在的関係である。ここから、論理的な帰結として、木が私に出会うこともありうる。これはもちろん《木が人間に特有の仕方で人間を知覚している》ということを意味しないが、木もまた何かしらの意味で「知覚する」。《人間しか存在しない》と考えることは、ハーマンによれば、「分類の誤謬（Taxonomic Fallacy）」なのである（一五八頁）。

飯盛によれば、ハーマンは自身の立場の先駆者としてホワイトヘッドを挙げる。曰く、

ホワイトヘッドは、人間の知覚から物体どうしの因果関係にいたるまで、あらゆる関係を平等に「抱握」（prehension）という一般的な関係によって説明している。ハーマン自身もホワイトヘッドに倣い、自らの知覚モデルを存在論的な基礎構造とみなし、それをあらゆるタイプの存在者へと一般化する方向へと進んでいく。（一五八頁）

ハーマンもまた、個々の事物が自立的に存在しており、それらが実在的な仕方で関係する、という発想をベースとして存在論を展開する。その結果、木もまた人間と出会い、木もまた人間を「知覚」す

る。かくして飯盛曰く「あらゆるタイプの存在者を同一の構造によって説明したいという欲望が、ハーマンを汎心論へと導く」のである（一五八頁）。

2　多心論による相関的循環の超出

以上は理論の紹介だが、ここからは話が「弁証法的」になる。なぜなら〈相関的循環から抜け出す〉というのは、決して静的な状態ではなく、むしろダイナミックな運動だからである。前節のハーマンの議論は――飯盛によれば――それ自体で相関的循環を抜け出す運動を形成する。出発点は、世界は人間にとっての世界であり、そして人間にとっての世界が世界である、という命題だ。とはいえ、ハーマンによれば、木が開く世界もある。そして椅子や机が開く世界もある。人間たちに独占されていた「世界」が他の存在へどんどんと開かれていく。このようにして存在論的平等が広がっていく。

飯盛自身は以上の運動を次のように記述している。

相関的循環における思考は、人間にだけ認められたものだ。人間だけが特権的な心的存在とみなされ、人間以外のものは非心的存在とされる。ここには、ハーマンがいう分類の誤謬がある。ハーマンは、あらゆる存在者が心的作用をもつ（あるいは、もちうる）という方向へ、自らのモデルを一般化していく。人間という心的存在に対しては、たとえば動物という非心的存在が対立している。そこで、動物もまた心的存在である、と一般化する。しかし、そこにまた植物という非心的存在が対立することになる。そこで、植物もまた心的存在のうちへと包摂する。このように心的作用を一般化し、さまざまなものを心的存在のうちへと包摂していく運動が、多心論における累進構造である。この構造はどこまでもつづいていく。ハーマンが目指すのは、もはや非心的存在が対立してくることがなく、あらゆるものが心的存在としてカバーしつくされる地点だ〔…〕。（二六七―二六八頁）

繰り返しになるが、引用の記述は運動の表現だ、という点には注意が必要である。ハーマンの存在論は〈世界の開けを特定の存在以外のものにも認める〉という側面をつうじて「分類の誤謬」を繰り返し超出するポテンシャルを具えている。それによって絶えず「閉鎖」しようとする思考の相関主義的傾向へ不断に抗うことができるのである。

飯盛によればカンタン・メイヤスーはハーマンの多心論を「主観論主義」と批判するらしい（二六八頁）。たしかに、仮にハーマンの立場がいわば「人間的主観」を汎化するようなものであったとすれば、それは批判されるべきだろう。とはいえハーマンの立場はそうした類ではなく、むしろ飯盛曰くこの立場は「人間の思考が有する特殊性を極限まで希釈し、そうして得られる最大限に一般化された心的特徴を他のあらゆるものに浸透させていく」というものだ（二六八頁）。木は木の仕方で世界を開く――これが木がひとつの実在として他の実在と出会うことの謂いである。言ってみれば、ハーマンの立場は「主観性」のダイバーシティを認めているのである。

ハーマンのやり方で世界を眺めれば、おそらく多くのひとによってこれまでとは違った展望が開けてくる。飯盛自身この点を強調している。曰く、

とはいえ、たとえばヒッグス粒子が具体的にどのような知覚をしているのかは、もちろん私たち

にはわからない。私たちの知覚と一般的な構造が共通するだけのまったく未知なる知覚が宇宙にはあふれているのだ。（一六八頁）

ここでの「知覚」は出会いであるので、世界にはまったく未知の出会いがあふれている。これはわくわくさせるではないか。かくして私たちは世界に対して「悟りきった」態度をとることができない。むしろ、不安と希望を感じながら、世界を〈可能性の場〉として見る方がふさわしい。世界には汲み尽くせぬ出会いがある、ということである。

以上が私の理解する限りの飯盛の議論である。この論文の註6に二〇一九年に国内で行なわれた汎心論のシンポジウムの情報が載っていた。「発表者は、高村夏輝、平井靖史、飯盛元章の三人」であり、コメンテーターは「鈴木貴之、國領佳樹、大厩諒」であったようだ（一七〇頁）。私はこのシンポジウムに参加しなかったので、何となくロンリネスである。というのも、ここで挙げられているひとの大半は『現代思想』の六月号にも関わっており、このひとたちの一体感にそこはかとないジェラシーを抱いてしまうからだ。私抜きで汎心論の討議をするなんて、ずるいではないか。

飯盛の論考には複数の思考のスレッドがあり、最少でも三つの異なる角度から読めるように工夫されている（と思う）。それゆえおそらく読者の側でも自分の最も関心のある角度から進入し自分にとって役立つ理路を引き出すのがよいだろう。本ノートでは例えば論考のホワイトヘッド論的な側面に触れることができなかった。いずれ機会があればその方面も検討してみたい。

（2020/05/31）

＊　飯盛元章「ハーマン、ホワイトヘッドと汎心論」、『現代思想』二〇二〇年六月号、一五二―一七二頁

第一一章
読むことと理解すること

賤吏に甘んずるを

李徴に欠けていたものは何か、とこれまで何度も考えてきた。『山月記』の話である。或る意味で「落ちぶれた」と言える李徴はたんなる鈍物やたんなる怠け者ではない。あるいは少なくとも私はそう考えている。それゆえ、才能の欠如や怠惰のために李徴は彼の思うような詩人になれなかった、という解釈を私は採用しない。他の読み方をしたい、ということだ。

私の読みでは、李徴は不幸にも或る能力が高い。それは客観視の能力である。彼はさまざまなものを一歩退いて見ることができる。その結果、官吏の生活もよくよく考えれば〈創造性のない安定〉にすぎないとか、師について地道な修練を積むことも結局は〈どうせ別の異才の者に圧倒される空しい努力〉であるとか、言ってみれば「広いパースペクティブから見られる真実」が見えてしまう。皮肉なことに李徴は、世界と自己を一歩退いて見る能力が秀でているがゆえに、却ってひとつのことに没頭することができないのである。

こう考えると、李徴にとっては〈ひとが何かに没頭すること〉が狂気のたぐいに見える、とさえ解釈できる。なぜなら彼は《なぜそのひとは自己を客観視して、自分のいま取り組んでいることがじつはどうでもよいことだという事実に目を向けないのか》が分からないからだ。とはいえ彼は同時にこう考えるだろう。何かに没頭できるとは、うらやましいことだ、と。

何かに打ち込むこと、「それを専一に磨」くこと、時間をかけて自らを育てること——そのためには一種の狂気が必要である。そして、こうした「狂気」というものは、そこに陥ろうと意図して陥ることのできるものではない。こうなると李徴は不運であったと言わざるをえない。いかなる狂気にも恵まれず、たまたま他の誰よりも「素面」であったことが彼を破滅へ追いやった主要な一因だからである。

現代にも少なからぬ李徴がいる。不運な客観視の能力を授けられたために、何事もなすことができず、日夜くすぶっている。その結果、そのひとなりの虎になる。こうしたひとが少なくない、ということだ。

——こう考えて私も自らを省みる。

（2020/04/05）

＊　中島敦『山月記・李陵』岩波文庫、一九九四年

性的興奮の孤独

――トマス・ネーゲル「性的倒錯*」より

私の議論にはいわば「ロマン主義的な」傾向があると指摘されることがあり、たしかにそう言われてみれば、例えば〈人生の意味〉という主題を論じたことのある哲学者のうちで戸田山和久や伊勢田哲治よりかは私の方が圧倒的にその性をそなえており、あるいはややその気のある古田徹也や長門裕介よりも私の方がより一層それであって、おそらく三谷尚澄と同じくらいにそうなのではないかと思われる。これが理由かどうか分からないが私はトマス・ネーゲルの有名な論考「性的倒錯」についても、ついついその文脈を無視して「ロマン主義的な」読みを行なってしまう。

ネーゲルの論考は《いわゆる性的倒錯（sexual perversion）とは何か》を考察するものであるが、本ノートはこの話題を論じるものではない。ここではむしろこの論文でネーゲルが提示する性的興奮のモデル――これは「相互認知モデル」と呼ばれうる――を取りあげて、それを多かれ少なかれ「ロマンチックな」仕方で批評したい。ひょっとしたらこれはネーゲルのモデルに対するありふれた感想かもしれない（調査していないため分からないが）。

問題の論文は多くの哲学者を楽しませてきたのだが、その理由のひとつはネーゲルが彼のモデルを説明するやり方にある。それがなかなか面白いわけだ。彼は次のような具体的事例を提示する。

カクテル・ラウンジの両端に座っている男女——名前はロミオとジュリエットとでもしておこう——がいるとしよう。そして、そのラウンジの壁には、鏡が張りめぐらされており、気づかれずに相手の様子を観察することができる。さらに、互いに相手に気づかれずに相手の様子を観察し合うことも可能である。彼らはそれぞれマティーニをすすりながら、鏡を使って他の人々を観察している。ある瞬間、ロミオはジュリエットに気づく。彼は、彼女の髪のしなやかさと彼女がマティーニをすする遠慮がちなしぐさに、なにかしらこころを動かされ、性的な刺激を受ける。XがYを性的欲望をもって見るならば常にXはYを感じていると言うことにしよう。（七三—七四頁）

これはよくあることである。ロミオは初見のジュリエットに惹かれている。そして好みの女性が独りで飲んでいることに性的興奮を感じている。ちなみに「XはYを感じている」は英語の原文では“X senses Y”であり、この文脈で定義される特殊な術語である（Nagel, *Mortal Questions*, Cambridge: Cambridge University Press, 1979: 45）。

先の引用はロミオがジュリエットに性的興奮を抱いていることの描写であった。とはいえ——ロミオがまだ気づいていないことだが——ジュリエットの側にもロミオに対する性的興奮が生じている。ネーゲルは次のように続ける。

今度はジュリエットの方も、反対側の壁の別の鏡を通してロミオを感じているとしよう。ただし、彼らは二人とも互いに相手から見られていることに気づいていない（鏡の角度は半横向きの映像を写し出している）。そのとき、ロミオは鏡に写ったジュリエットの中に、性的興奮を示す微妙な徴候——けだるそうな視線、大きく開いた瞳孔かすかに紅潮した頬——を認める。このことによって、もちろん彼女の肉体的存在は強烈なものとなり、彼はこうした彼女の興奮に気づいているだけではなく、それを感じてもいるのである。とはいえ、依然として彼の興奮は孤独なものである。（七四頁）

これもよくあることだ、と友人から聞いたことがある。注目すべきは、ここでロミオはジュリエットの様子から《彼女が誰かの存在に興奮している》という事実に気づいているという点だ。そしてロミオはジュリエットが何かに興奮していることに関して興奮しているのである。

——ここから話はどのように進むか。慧眼な読者はすでにお気づきのとおり、ロミオはジュリエットの興奮の対象が自分であることに気づく。これによって彼の興奮は次元を高める。ネーゲル曰く、

しかし今、ロミオはジュリエットの目を直接見ずに彼女の視線をうまく計算したところ、その視線が反対側の壁の鏡を通して自分に向けられていることに気がつく。すなわち、彼はジュリエットが自分を感じていることに気づいている、いやそのことを感じている。これは、明らかに新しい展開である。（七四頁）

第一に、ここでネーゲルが言いたいことを彼の意図どおり読み取ることが肝要である。まず——先の話を振り返ると——ロミオはジュリエットに関して第一階の興奮を抱いていた。とはいえ今やロミオ

はジュリエットが自分に第一階の興奮を抱いていることに関して第二階の興奮を抱いている。二人の興奮が相互に網目をなし始めたわけである。

ここからネーゲルは話をさらに次のように展開する。

ロミオに少し遅れをとったが、ジュリエットの方も今や彼が自分を感じていることを感じるとしよう。このことによってロミオは、彼自身によって感じられていることへのジュリエットの興奮に気づき、それによって興奮させられる立場に立つ。彼は、自分が彼女を感じていることを彼女が感じているということを感じているのである。（七五頁）

状況はだいぶ複雑化してきたがまだ理解の範疇にある。ここではまずジュリエットの方が、ロミオが彼女に第一階の興奮を抱いていることに関して第二階の興奮を抱く。これを受けて次にロミオの方が、彼女に関して彼が抱く第一階の興奮に関して彼女が抱く第二階の興奮に関して第三階の興奮を抱く。もう少し自然な仕方で言えば、ロミオは、自分の興奮が彼女を興奮させている、という事実に興奮しているのである。

以上の事例を踏まえてネーゲルは人間の性的興奮をいわば〈相互的認知の階梯〉によってモデル化する。すなわちこのモデルによると人間の性的興奮は――例えばより原初的な生物と異なり――

A senses B.

B senses that A senses B.

A senses that B senses that A senses B.

B senses that A senses that B senses that A senses B.

……

という網目状の階梯を形成する（同様にB senses A. から出発する階梯も存在する）。そして――この点に深入りはしないが――かかる相互性の欠如のためにいわゆるサディズムなどは「性的倒錯」と分類されるかもしれない、というのがネーゲルの主張である（この点に関心のある方は論文を読まれたい）。

以上がネーゲルのモデルの紹介であり、以下は私の「外在的な」批評である（ここで「外在的」と言うのはそれがネーゲルの意図をくんだ「内在的」批判ではないことを意味する）。ネーゲルのモデルには、思うに、性的興奮の「孤独さ（loneliness）」が現われている。なぜなら、右で形式化したAとBの相互的興奮の階梯の中には、《AとBが同じ事柄に興奮する》という事態が成立していないからである。AとBはいわばふたつのモナドのように互いを正しく写し合っているのだが、その間に実体的な交通はない。ネーゲルのモデルにおいてAとBは絶妙にかみ合った仕方で相互に興奮を高めているが、どこまでいっても或る種の「すれちがい」はつづく。

こうなると、A senses B. や B senses A. を飛び越して A and B sense each other. のような共同興奮の存在を認めるべきだ、と指摘するひとがいるかもしれないのだが、できる限りリアリスティックなロマンチストでありたい私はこれに与さない。むしろよくよく考えれば性的興奮は根本的に孤独なものではないだろうか。自分が興奮しているのと同じ事柄に相手も興奮している、と主張しうる根拠は存在せず、さらに言えばそのように主張する必要性すらない。なぜなら《原理的にモナド的な私たちが同一の事柄に興奮することなどありえない》と言えるかもしれないからである。

話がここまで進めば――彼の本来の意図と関わらないのだが――ネーゲルの議論は、人間のモナド的性愛の孤独さをモデル化するものだ、と言えるかもしれない。性愛は他者を必要とすることが多いのだが、そこで生じていることは根本的には〈他との一致のない孤絶的営み〉である。《相手の興奮を自らの中に映し出し、どんどんと相手に近づいたとしても、永遠に合致することはない》という事態が、ネーゲルのモデルが描写する性的興奮の注目すべき側面だ、とついつい私は考えてしまう。

（2020/04/07）

＊　トマス・ネーゲル「性的倒錯」、『コウモリであるとはどのようなことか』永井均訳、勁草書房、一九八九年所収

他者理解の四つの道

――岸政彦「鉤括弧を外すこと――ポスト構築主義社会学の方法*」を読む

或るひとがインタビューにおいて自分の体験を語る――ここからインタビュアーである私が〈このひとに起こったこと〉を文章として書き出す。このとき、何が起こっているのか。はたして、他者から事実についての情報が私へ伝えられ、私がその事実について書く、というような単純なことが生じているのか。いや、事態はもっと複雑なのではないか。そもそも、他者の用いる言葉は、私の用いるそれと同じなのだろうか。〈他者の言葉を理解してそこから事実に関する文章を書く〉というのは、よくよく考えれば、たいへん難しい作業なのではないか。ひょっとしたらそれは乗り越えがたいギャップを内蔵するのではないか。はたして「他者理解」なる企ては遂行可能なのか。いったいぜんたい、可能な「他者理解」があるとすれば、それはどのようなものか。

――社会学においては〈誰かのインタビューを踏まえて何かしらの問題を考察する〉という作業がときに避けられないからだろうか、社会学者の岸政彦は論文「鉤括弧を外すこと――ポスト構築主義社会学の方法」において前段落で列挙した諸問題へ取り組む。そこから学びうることは多い。本ノートで私は、岸の論考の内容をごく簡単に紹介したうえで、その感想を記したい。

本題に入る前に本ノートの叙述全体に関する注意である。私は哲学の研究者であって社会学に関して門外漢である――それゆえ《はたして、同論文で言及される三人の社会学者に対して、岸が「より優越的な」社会学方法論を提示できているか否か》に関して私は的確な判断を行なう素養を有さない。したがって以下では三人の社会学者のやり方（の岸の紹介）と岸自身のやり方をどちらかと言えば「並列的に」紹介することにする。いや、じつを言えば、それらは多かれ少なかれ並列的に理解される方がよいと積極的に考えているのだが。とはいえいずれにせよ当然のことながら、本ノートにおける紹介作業のメイン・パートは岸に関する部分である。

では本題へ進もう。

他者理解には四つの道がある（岸は第四の道を選ぶ）。この四つの道のそれぞれの特徴を摑むさいに便利なのが社会学者・八木晃介の行なった次のインタビューである。

僕が学生だった頃、僕は何度も、恩師の下請けのような形で各地の被差別部落に社会学調査のためにはいったことがありますが、大阪市内のある被差別部落で経験した衝撃は今も僕の脳裏からはなれることがありません。僕の聞き取りにおうじてくださったかなりの年配の女性が、次のようにはなされたのでした。「私は、生まれてから今まで、まったく一度もこのムラから外にでたことがないので、差別された経験は全然ありません」と。（『部落差別論――生き方の変革を求めて』批評社、一九九二年、五七頁、ただし岸の著作の七二頁からの孫引き）

社会学者はこうした〈他者理解の難しさが前面に出る瞬間〉を体験することがある。はたしてこの女性は差別されていないのか。彼女の言葉通り、差別された経験はないのか。はたして社会学者は、彼女の言葉を踏まえて文章を書くとき、事実をどのように表現すればいいのか。

八木の進む道は〈インタビューイーの言葉を文字通りには受け取らず、『差別』はあったと判断し、「差別はなかった」とするインタビューイーの言葉をいわば外的に合理化する〉というものである（「外的」の詳しい説明は後で）。すなわち八木は、そもそも「せまい被差別部落から一歩もでないという極端に限定された社会的交通圏の内部にとじこめられていること自体」を差別と判定し（それゆえ差別はあった！）、次のように論じる。

この年配の女性は、たぶん、差別を日常生活世界における対面的な差別、たとえば露骨な差別的言動に限定して理解していたようです。そして、いわば構造的な隔離による社会的遮断をも差別としてとらえるという感性力や認識力を、まさに差別によって剝奪されてしまった存在なのではないか、と僕には思えてなりませんでした。そうです、差別は感性の次元でも人間をそこなう物質力をもっているのです。（『部落差別論』五七頁、ただし岸の著作の七二頁からの孫引き）

ここで八木は《差別されていたにもかかわらず「差別されたことはない」と女性が言うのはなぜか》を説明している――じつに、彼の考えでは、差別は〈差別をそれとして捉える感性〉をも奪うのである。ちなみに岸はここでの八木のいわば"judgmental"な語り方を批判するのであるが（じっさい「……しまった存在なのではないか」などの言い回しは失礼である）、この点については後でまた取りあげられる。そして目下摑むべきは、八木の進む道の特徴である。それは説明あるいは合理化の或る意味の「外性」という特徴だ。

じつに八木は《女性が「差別はなかった」と述べることは理由のないことではない》と考えるが、その理由づけは「外的」である。すなわち八木は、《女性は自らの状態を合理的に判断できている》という命題を否定したうえで、女性にはアクセスできない外的事情のうちに女性の発言の原因を同定している。これが他者理解の（本ノートで紹介する）第一の道であるが、その特徴はまさしく〈インタビュイーの外側から理解しようとする〉という点である。とはいえ《こうした外的な理解は真の意味の「理解」ではない》という立場もありうる。そしてこのような立場をとる社会学者の谷富夫は別の道を進む。

谷の進む道は〈インタビュイーの言葉を文字通り受け取り、彼あるいは彼女の言葉をいわば内的に合理化する〉というものだ。例えば谷は、沖縄へのUターン経験者への聞き取りを行ない、そこに「差別されたから帰ったのではなく、故郷の共同体に帰りたくなったから、帰ったのだ」と類型化される語りを見出す。谷の研究を紹介する岸の文章を引いておこう。

> Uターン経験者三一人に対する聞き取りの結果、Uターンの理由として「差別されたから帰った」と語ったものはほとんどいなかった。むしろ、その生活史のなかで何度も何度も語られたのは、故郷沖縄に対する積極的な意味づけや、家族や地域社会への愛着の語りだった。ここから谷は、こう結論する。本土での差別は確かに存在するが、Uターンを経験した沖縄の人びとが、自らのUターンの「理由」として語ったのは、むしろ故郷の共同体だった。［…］最終的に谷は、沖縄社会の「社会学的」特性について、それが共同体規範にもとづく横のつながりによって成り立っている社会である、と述べている。（七七頁）

谷は、いわゆる「Uターン組」である沖縄のひとの言葉を文字通り受け取り、それをもとに社会の事実を記述しようとする。谷の方法においては、Uターン組は事実にアクセスできている（とされる）ので、彼女らあるいは彼らの言葉は「内的に」合理化可能である。というのも谷の道行きにおいては、Uターン組の面々は事実を認識の内部へ取り込む能力を有しているので、彼ら／彼女らの発言を合理化する事態（ここでは沖縄共同体はヨコのつながりが強いという事実）もまた彼ら／彼女らの認識圏内に入っているからだ。

――ここで、岸の議論を紹介するさいに用いられている「内的合理化／外的合理化」という術語（これは私が紹介の便宜として用いる術語である）の意味を踏み込んで説明しておきたい。端的に言えば、以下のような合理化が可能なさいには、その合理化は「内的」と言われうる。

　インタビュイーが「S」と発言したのは、Sだからだ。（Sは言明）

粗っぽく言えば――すなわち考慮すべきその他のファクターを無視すれば――関連する事実を「内面化」しているインタビュイーに関しては、こうした〈鉤括弧を外す〉という作業が可能である。というのも彼あるいは彼女は事実を語っているからである。そして、八木と谷の違いを抽象化して言えば、以下のようになる。一方で八木は、上述の被差別部落の女性の発言に関して、《これは内的に合理化されない》と考える――その結果、彼は女性の言葉を文字通り受け取らない。他方で谷は、Uターン組の面々の発言に関して、《これは内的に合理化されうる》と考える――その結果、彼はこうした面々の言葉を文字通り受け取る。

八木と谷の違いを以上のように定式化すれば、岸の問題意識もまたあらためて記述可能になる。すなわち岸の考えでは、《インタビュイーの言葉を文字通り受け取るか、受け取らないか》という単純な二者択一を維持する限り、私たちは「差別」を適切に語ることができない。問題の核心を岸は次のように語る。

社会問題の、あるいは被差別の当事者が自らの状況を否認するようなことを語るとき、おそらく社会学者にとって最大の困難が生じる。［…］もしその語りの「内容」を否定すれば、社会問題としてはそれは存続できるが、語り手の尊厳、あるいは能力を否定することになる。逆に、もしそれを肯定すれば、語り手の語りを尊重することにはなるが、そうすることで当の社会問題の「問題性」を消去してしまうのである。（七一頁）

形式化すれば以下だ。じつに、インタビュアーが被差別の当事者だと考えるインタビュイーの発言「S」が、文字通りには〈差別の不在〉を意味することがある。この場合、はたして、インタビュイーが「S」を発言したのはSだからだ、と言えるだろうか。一方で、そう言ってしまえば差別が無いことになる。他方で、そう言わないのであれば、インタビュイーの事実認識能力を否定することになる。ここにはジレンマがあり、アポリアがある。

社会学者の桜井厚は、第三の道として、〈鉤括弧を外さない〉という方途をとる。すなわち彼は、インタビュイーは「S」と発言する、という境域に留まったうえで、社会学的研究を行なうのである。以下、桜井のやっていること（の岸の紹介）を確認しよう。

桜井の問題意識は、差別問題に取り組む学者などが行ないうる「差別」などへも向かう。岸の説明によれば、桜井厚にとって差別は、あからさまな差別的言動や、職業や市民権からの構造的排除の問題だけではない。それはある人びとにたいする「カテゴリー化」である。一人ひとりの個性を持った存在に対し、その多様性や個別性を無視して、「部落」や「在日」というラベルを貼ること。これが桜井厚にとっての差別なのである。(八〇頁)

学者はときに或るひとの或る状況を「問題的」と見なす。とはいえここにもレッテル貼りの危険がある。いったい学者は、何の権利でもって、或るひとの個別的状況をいわば「逸脱的」と見なしうるのか。学者は自分の基準を「絶対」だと考えているのか。そして、そのうえで、その基準を満たさないひとを「弱者」や「支援が必要なひと」とジャッジするのか。

桜井は、こうしたレッテル貼りを避けるために、戦略的に〈インタビュイーの語りの鉤括弧を外すこと〉を拒む。すなわち、彼ら／彼女らの言葉が事実を語っているかの判断を留保し、《ひとびとがどう語るか》へ焦点を絞る。なぜならこうしたやり方こそがひとびとの多様性の尊重に繫がるからである。

じつに――岸の紹介するところだが――桜井のやり方をとれば被差別者（と学者が考えるところのひと）に関する語り方も変化する。桜井は、岸曰く、

例えば彼は、ある有名な論文のなかで、インタビューのプロセスを統制しようとするインタビュアーに対し、語り手がさまざまな戦略を使ってその統制を逃れようとしているところを描いている（桜井二〇〇〇「「語りたいことと聞きたいことの間で」、好井裕明・桜井厚編『フィールドワークの経験』せりか書房」）。

ある被差別部落での聞き取りの現場において、インタビュアーがしつこく語り手の生まれた年や出来事の起きた正確な年代を聞き出そうとしたのに対し、語り手はのらりくらりと逃れ続け、最後には「警察の尋問みたい」と述べたという。桜井はこのインタビュー時のスクリプトを詳細に分析し、インタビュアーだけでなく語り手もインタビューの進行に関与・介入しており、相互行為のなかで協働的に構築される聞き取りにおいて「多元的で多声的な語り」を理解するべきだと述べている。（八八頁、ただし角括弧内補足は引用者による）

桜井の描くところの被差別者（と学者が見なすひと）は、決してたんなる〈支援を必要とした弱者〉ではなく、むしろ〈自らの直面する状況に対して自らの戦略で対処するひと〉である。それゆえ、一方でインタビュアーはインタビュイーから〈自分が聞きたい言葉〉を聞こうとするのだが、他方でインタビュイーはそれに抗するような独自の「声」をもつ。桜井にとって社会学のやるべき仕事（のひとつ）は、こうした声をそれとして書き起こし、さまざまなひとの生の多様なあり方を描き出すことである。——こうした道行きは、単純なレッテル貼りとは対蹠的なものである。

桜井の進む道は、形式的には、〈インタビュイーは「S」と言う、という境地に留まって語りのあり方を記述する〉というものだ——これは先にも述べた通り〈鉤括弧を外さないこと〉を意味する。こうした「第三の道」に対して岸は批判を提示するのであるが、それは以下のようなものだ。はたして、先述の高齢の女性の「差別されたことがない」という発言に関して、桜井の進む道はどのようなことを語るのか。この点について岸曰く、

つまり彼［桜井］は、「差別されたことがない」という語りに対して、現実の社会で差別があ

るとも、ないとも結論をつけていないのである。かわりに桜井は、被差別部落の多様な生のあり方を描くことによって、その答えに代えようとしている。（八八―八九頁、ただし角括弧内補足は引用者による）

桜井は、〈語りのあり方を描き出すこと〉へ関心の焦点を置き、鉤括弧のつかない事実を直接語ることについてはいわば「禁欲的な」態度をとる。岸にとってこれは問題的である。なぜなら――ここは桜井と岸が根本的に対立しうる点だが――〈社会に存在する問題を鉤括弧なしの事実として語ること〉もまた社会学の仕事だからである。あるいは少なくとも岸は、これを必要な仕事と見なしている。

押さえるべきは、インタビューにもとづいて社会問題の研究にとりくむとき、〈鉤括弧を外すことの禁止〉は大きな副作用を生みうる、という点だ。岸自身、この点を問題にする。曰く、

桜井厚の対話的構築主義の問題点は［…］彼が語りを現実の社会から分離し、そしてその語りを引用文として扱いその鉤括弧をつけたままにしたことにある。非合理的な行為や語りの解釈の問題から始め、一方的な解釈が複雑なねじれを生み出すことから、桜井はそれを暴力として禁止したが、引用符を解除しないままで世界について述べようとするという、新たな水準での方法的問題につながった。（九一―九二頁）

じつに、社会問題へ何らかの仕方で対処したい社会学者は、研究のどこかの段階で、（鉤括弧なしで）《問題は……だ》と述べねばならない（さもなくば問題はリアルなものでなくなる）。他方で桜井の禁欲主義はこの道を閉ざしてしまう。なぜなら彼の研究は《インタビュイーは「S」と語る》という語

りの次元から離れることを拒むからである。だが――岸にとっては――これはあまりにも大きい副作用なのである。

岸は、インタビュイーの尊厳を守りながらも、鉤括弧なしで〈現に存在する社会問題〉についても語りたいのである。――はたして彼はどのような道を切り拓くのか。

岸の進む道は、最も粗っぽく言えば、〈自分の言葉づかいを変える〉というものだ。そして彼はこのやり方で著書『同化と他者化――戦後沖縄の本土就職者たち』（ナカニシヤ出版、二〇一三年）を書いた。彼の方法を具体的に説明する核心的なパッセージを引けば以下である。

語り手の語りを否定したり、あるいは差別の実在を否定したりするかわりに、あるいは、その両方を避けるために事実への道を閉ざすかわりに私は、「日本と沖縄との歴史的・構造的非対称性」に関する私自身の理論に変更を加えることを選んだ。明示的な差別をされたものが、後にUターンという道を選んだのであれば、それは理解しやすい。しかしもし、差別されたことがないと語る沖縄の人びとが、それでも帰郷の道を選んだとすれば、むしろそちらのほうが本土と沖縄を隔てる壁が高く厚いということではないだろうか。このように考えれば、差別という概念は「狭すぎる」のである。（一一一頁）

もともと岸は沖縄をめぐる問題を「差別」という語で概念化していた。とはいえ沖縄へ戻るひとたちは口をそろえて「差別はなかった」と言う。そうであれば――岸はこう考えるのだが――差別はなかったのであり、彼女ら・彼らをめぐる問題は「差別」という語では記述できない。現に存在する社会問題は、「差別」以外の言葉によって捉えられねばならない。かくして岸は問題を、「差別」ではなく、

「他者化」という概念で捉えようとする。

岸の進む道――これが第四の道である――は形式的には以下のようなものだ。「S」が、岸の言葉づかい（岸の理論）において或る社会問題の存在を主張する言明であるとしよう。ここでインタビュイーが「Sでない」と発言したとする。このとき岸は、そのように言うからにはSではないのだ、と考える（ここで鉤括弧は外れる）。そのうえで、現に存在するであろう社会問題を「S」以外の表現で再記述することを試みる。

要するに岸のやり方は次のようなものである。

インタビュイーが「S」と発言したのは、Sだからだ――を認めたうえで、社会問題をSと矛盾しない仕方で再記述する。

これは外的理解を試みる八木、内的理解を試みる谷、鉤括弧を外さない桜井のいずれも採らなかったような道である。かかるやり方について岸は「私たちは、事実性への回路を残したまま、理論の側に変更を加えることで、現実に対するさまざまな記述可能性を確保することができるのである」（二一一頁）と述べている。

――以上が岸の論考の内容（の私の手短な紹介）である。以下、若干の感想を加えたい。

岸の議論の価値は、おそらく、疑う余地はないだろう（それゆえ敢えてその点は強調しない）。とはいえ以上で紹介された理解の四つの道は、少なくとも社会学を離れた一般的な文脈では、ケース・バイ・ケースで使い分けるべきものだろう（岸もこの点は否定しないと思う）。すなわち場合によっては八木がやったように、インタビュイーの発言を文字通りには受け取らず、それを外的な仕方で合理化した方がよいときもある。岸の彫琢する方法論はたいへん重要だが、八木のとった道が完全に不要になるわけではない。

このように私は《四つの道は多かれ少なかれ並列的だ》と考えているが、同時に《岸の提案する道は、他者理解という企てに関して、特筆すべき重要性をもつ》とも考えている。なぜなら第四の道は、他の三つと異なり、他者理解の中に〈自己の変容〉の側面を明示的に組み込んでいるからである。じっさい、深い意味の「他者理解」は〈自己が前もって準備したカテゴリーを他者へ適用すること〉だけでは行なわれないだろう。いや、むしろ、自己の手もちの道具で安易に他者を分類することは、〈他者理解〉とは最も遠い作業だと言えるかもしれない。他者が他者である以上、自己が自己のままでとどまっていては、彼あるいは彼女を真の意味で「理解」することはできない。他者理解に自己変容が必要である所以である。

(2020/02/03)

＊　岸政彦「鉤括弧を外すこと――ポスト構築主義社会学の方法」、『マンゴーと手榴弾――生活史の理論』勁草書房、二〇一八年

第一二章

哲学のこれから

分析哲学とは何か
——ひとつの理解

分析哲学とは何か——これが気になっている方がおられるようなので私の考えをあらためて公にしておく。とはいえ私独自の見方だというわけではない。しかも、いささか申し訳ないことに、一定のバック・グラウンドがなければピンとこない説明でもある。

『現代思想』の二〇一七年一二月臨時増刊号は「分析哲学」特集であった。そこでは《寄稿者自身は分析哲学をどう捉えているのか》も問われていると理解したので、私は以下のように書いた。

> 一〇年ほど前に柏端達也が「分析哲学は［…］いまや陳腐化し、もともと希薄であった思想的ムーブメントとしてのアイデンティティを完全に消失させている」と書いたが、[2] 実際、現在「分析哲学とは何か」という問いにいわば本質解明的な答えを与えることは不可能になっている。そして「分析哲学者」という呼称は〈誰の著作で哲学を勉強してきたか〉や〈誰を主要な参照項として論文を書いてきたか〉に応じて使用されている。すなわち、例えばクワインやP・F・ストローソンやダメットやクリプキやデイヴィッド・ルイスやこの周辺の論者を読んで自らの哲学を鍛

え上げてきたひとたちが「分析哲学者」と呼ばれている、というわけだ。

こうした現状を受けて、本論考は「分析哲学者」という語で、一定の方法を共有する研究者集団を指すのではなく、むしろラッセルやムーアやウィトゲンシュタインやカルナップやオースティンやエアなどを読んできたひとたち（そしてかかる読者が自ら書いた論著を読んできたひとたち等々）を指したい。この約定には「分析哲学」という語の使い方に関する私の積極的提案が含まれているが、現に流布している用法を大幅には逸脱していないだろう。私もこの集団に属すので、この意味で分析哲学者を自認している。（『現代思想』二〇一七年一二月臨時増刊号 vol.45-21 一五一頁、ただし註2は「柏端・青山・谷川編訳『現代形而上学論文集』（勁草書房、二〇〇六年）、編訳者解説、三〇五頁」）

私の理解では例えば「分析哲学／フランス現代思想／ドイツ哲学」などの区別は現状において、多くの点で役立つのだが、それでも内容的・方法的な側面においては本質的な差異を伴わない社会的かつ歴史的な区別である。なぜこれらの分野の間に本質的な違いを措定しないのかと言うと――私の考えでは――それを置かないことによって例えば「分析哲学とフランス現代思想の本質的な違いは何か」という不毛な問いを避けられるからである。加えて、フランス現代思想が扱う問題は分析哲学も扱うそれになりうるだろう。交流の障害物が減る、ということだ。

このような理解においては、私は哲学修業時代にもっぱらクリプキやルイスを読むことで自らを鍛えたので「分析哲学者」になる。そして例えば千葉雅也はドゥルーズやガタリやラカンなどを読んだだろうから「フランス現代思想家」、竹内綱史はニーチェやハイデガーを読み込んで彼になったので「ドイツ系哲学者」だと言える。そして分野間のやりとりを禁じる本質的な壁は存在しない。

とはいえただちに付け加えるが「分析哲学」や「ドイツ哲学」やその他の看板は少なくとも現状に

おいては不可欠レベルの必要性をもつ。なぜなら私たちは事実問題として、完全な無を出発点として哲学することはできず、歴史・社会的な文脈の中でそれを始めざるをえないからである。

それゆえ――これは私の信条であり、明言すると説教臭くなるが――哲学研究者を目指すひとは、「絶対に」とは言わないが、特定の看板のもとでそこでの「伝統的な」形を徹底的に身につけるのがよいだろう。その形はいずれ少なくとも部分的には破壊すべきものになるのだが、そもそも破壊するためには形を習得しておらねばならない。月並みな言い方だが、形無しと型破りはちがう、ということだ。

(2020/04/16)

私の「分析哲学」についてのノート

――ワークショップ「分析哲学を振り返る／分析哲学のこれからを考える」での発表原稿

二〇一八年四月六日（金）に名古屋大学で「分析哲学を振り返る／分析哲学のこれからを考える」というワークショップがあった。もう二年も前の話だ。会の案内がまだインターネット上に残っており、そのurlは次である。

http://www.is.nagoya-u.ac.jp/dep-ss/phil/kukita/events/workshop-on-past-and-future-of-analytic-philosophy.html

この案内にも書いてある通り、私の考えでは、〈論証を通じて真理を発見する〉という分析哲学の自己イメージはこの知的営みがより良い方向へ伸長していくことの妨げになっている。それゆえ私は《分析哲学のベターなイメージが求められる》と考えている。他方でこの点についてはいろいろな意見があるはずであるから、何人か集まって《分析哲学とは何か》を再考することになった。登壇者は和泉悠・笠木雅史・久木田水生・森岡正博・山口尚であった。

この会で私が発表したさいの原稿が残っているので公にしておきたい。そこでの指摘は私の内部ではいささか古く感じるようになっているのだが、はじめて読まれる方には何かしらの刺激を与えるかもしれない。原稿のあとに簡単な「ポストスクリプト」を加える。現在の私の考えを書いておきたいからだ。原稿の題名は「私の「分析哲学」についてのノート」である。言わずもがなかもしれないが表題における「私の」の掛かり方は意図的に曖昧にしてある。

＞＞＞＞

日本語で書かれた「分析哲学的な」本の中で「最も分析哲学的な」もののひとつが拙著『クオリアの哲学と知識論証』（春秋社、二〇一二年）だと言えます。これは私だけがそう考えているわけではなく、例えばシノハラユウキさんがブログで本書について「これぞ分析哲学だよねーという感じの本」と述べてくれたり[1]、井頭昌彦さんが本書の議論を（括弧つきで）「「良質の分析哲学」の典型とも言える詳細な議論」と言ってくれたりしています[2]。

1 http://sakstyle.hatenadiary.jp/entry/20130105/p1
2 https://www.soc.hit-u.ac.jp/~soc_thought/seminar10.htm

とはいえ、この本を公刊してしばらく経つと、これと同じようなスタイルの論文や書物を著す気が起きなくなってしまいました。「分析哲学」という言葉にはいろいろな意味がありますが、私は、この《分析哲学的な著作をものした後に、同種の著作を生み出すモチベーションが失われた》という出来事を振り返って、それを私の研究人生における〈分析哲学から何か別のものへの転向〉と自己理解しています。

誤解のないように付け加えれば『クオリアの哲学と知識論証』をいま読んだとしても――たしかに

そこには探究姿勢に関する致命的な物足りなさが見出されるのですが――私は或る種の達成感を抱きます。これは私の哲学的成長にとって必要な一歩であったのだ、と感じられます。加えて、どのページにも当時の私の全力が見て取られ、それが現在の私を鼓舞してくれたりもするので、《物事に精一杯取り組むことは、後々には、それ自体が自分にとって褒美になるのだ》と思ったりもします。

私はこのノートにおいて「分析哲学」に対して批判的なことを述べるのですが、《それが現在分析哲学に取り組んでいるひとを意気消沈させないように》と願います。ひとは、人生のそのつどのステージで、自分にできることを全力でやり切る以外に道を持ちません。私は――分野は何であれ――哲学に、いいかげんをせずに、精一杯取り組むひとが好きです（中には付き合いにくいひともいるのですが）。だから、分析哲学に精一杯取り組むひとがいたとしたら、その「精一杯」という点に関して応援します。私の方もまた、自分自身を偽らないためにも、自分の考える「分析哲学」の問題点を指摘したいと思います。私は、どちらかと言えば、読むひとが前向きになれるようなものを（押しつけがましくなく）書きたいと考えているのですが、このノートではそれができるよう努めてみます。

私の考える「分析哲学」の問題点を説明するには、私がこれまでどのような研究人生を歩んできたのかを語ることが近道だと思われますので、以下、その点について。

私を何年も指導して下さった安井邦夫先生は専門を〈ドイツ観念論と分析哲学〉とされていましたが、私は学部の卒業論文と修士論文で『エチカ』を取り上げました。博士課程の途中まで私の専門は〈近世哲学〉であり、とくに〈スピノザ〉だった、ということです。

修士課程の頃は、学部の四回生のときに知り合った一つ上の先輩の川口茂雄さん（フランス思想／哲学）やその同級生の竹内綱史さん（ドイツ思想／哲学）の主催する読書会が主な勉強の場でした。川口さんや竹内さんの読書会では四年かけて *Sein und Zeit* を通読し、私の同級生の佐藤慶太くん（近世哲学・歴史哲学）とやっていた読書会ではカントの第一批判や第二批判を読みました。同じく私の同級生の山内誠くん（フランス思想／哲学）とはマルブランシュやナベールを読んだ記憶があります。

私が、もっぱらドイツ語・フランス語・ラテン語（そしてときに古典ギリシア語）を読む研究者から、現代の英語圏のテクストを読む研究者へ転向したのは博士課程の三年目、すなわち二〇〇五年あたりです。なぜ専攻を変えたかというと、当時の私は《古典の研究は権威主義に支配されていて風通しがよくない》と感じていたのですが、その辛さが限界に達したからです。私個人の研究人生においては、スピノザをやっていたころはまったくのびのびと論文を書くことができませんでしたが、分析哲学を始めてようやく自由に論文を書くという経験が得られたのです。

さて、分析哲学への遅れてきた新参者であった私は、できる限り急いで分析哲学の型を身につける必要がありました。私はすでに博士課程まで進んでいましたので《いかにスピーディに分析哲学で一仕事を行なうか》については自覚的に「戦略」を立てることができました。一般に、古典研究の経験者は《なぜパスカルよりもデカルトが、あるいはシェリングよりもヘーゲルが、研究対象として薦められやすいのか》をよく知っています。それは、対象の哲学的深みなどとは関係なく、むしろ《見通しのよい体系をもっているか否か》に関わります。分析哲学者の中にそうした体系をもつひとがいるかと言えば、少なくともひとりいる——デイヴィド・ルイスです。実際、ルイスに即せば、いろいろなトピックを取り上げて、統一感のある見方を提供する複数の論文を書くことができる。私は、（これはまったく倫理的に悪いことではないのですが）研究成果を量産するための方便として「意識的に」ルイスのスタイルを引き継ぐことを選び、二年ほど籠って勉強し、二〇〇七年から二〇〇八年にかけてこの哲学者の体系に即したうえで言語論や心の哲学や形而上学をめぐる論文を書きました。

二〇〇九年になると、博士課程に在籍して七年目になるので（そのうちの三年間は休学していたと記憶しています）、そろそろ博士論文を書かねばならないという気がしてきました。そして、主題を「知識論証」に決め、全文書き下ろすことにして、二〇〇九年の八月に執筆を開始し、一〇月の途中で完成しました。このように述べると私の筆が速いような印象を与えるかもしれませんが、三か月足らずで書き終えられた理由は、執筆開始時にすでに一切の準備が完了していたからです。

この点は本ノートの話題と密接に関係してくるのでじっくり説明します。

二〇〇九年ごろには、私は或るタイプの「分析哲学者」（これは分析哲学者一般ではないです）として完成していたと思います。二〇〇五年ころから英語圏の論著を読みつつ自らの「方法」を鍛え上げてきたことの総決算として私は（これも倫理的に悪いことではないのですが）博士論文の準備の戦略として「自覚的に」次のことを実践しました。

・学界で盛んに論じられているテーマの中で、ルイスも参戦しているテーマを選ぶ。
・そうしたテーマのうちで立場（イズム）の対立が分かりやすいものを選ぶ。
・そのテーマを論じる論文や書籍は手に入る限りすべて集める。
・手に入った論著を時系列的にすべて読み、論戦の展開の骨組みを抽出する。
・或る立場を自分の立場として選び（結果として私はルイスのそれを選んだが、これは作業以前に決定されていたかもしれない）、その立場にもとづく他の立場の論駁を組み立てる。

これだけ準備すれば、あとは「論戦の展開 ⇒ 自らの採用しない立場の各々の論駁」という順番で書き進めるだけです。

右のやり方は――ルイスの名を適当な哲学者の名に置き換えると――〈決して行き当たりばったりでないスキーム〉であり、或る意味で「完成された」スキームだと言えると思われます。実際、作業量の多寡の問題はあるのですが、テーマ選びが適切であれば、このスキームに従うと確実に「それなりの」論文が書けるような気がします。具体的には「中国語の部屋」や「ムーアの"Here is One Hand"論証」をテーマに選べば、後は論著を集めて読む「だけ」です（この「だけ」に時間やお金がかかるのですが）。

私は、右のやり方に従って、まず「知識論証」をテーマに選び、それに関連する文献をせっせと集めて、それを時系列順に読んでいき、相互の関係性を確認し……という作業を行なって、「物理主義とクオリア」と題された博士論文を完成させたのですが、それに取り組んでいる間はとても楽しかったことを記憶しています。なぜあれほど楽しかったのかを言語化すれば、「そのやり方を実行する一回目だったからだ」と言いたくなります。私自身にとっても《このやり方でうまくいくかどうか、自分はこのやり方を完遂できるかどうか》はやってみなければ分かりませんでした。初体験のドキドキ感があった、ということです。そして二〇〇九年に完成した私の博士論文は（二〇一〇年春に受理され）、二〇一二年に『クオリアの哲学と知識論証』として春秋社から出版されました。

――ここまでが本が出来上がるまでの話。ここからどうなるか。

だいぶ単純化して語ることになりますが、博士論文を書くことを通じて私が身をもって知ったことは《うえのスキームは整った論文を書くやり方のひとつだ》ということであり、その後もしばらく私はその方法で例えばレヴァインの「説明ギャップ」に関する論考を書いたりもしました（これは信原幸弘・太田紘史編『シリーズ新・心の哲学Ⅱ 意識篇』（勁草書房、二〇一四年）に収録されています）。しかしながら、だんだんとそうしたやり方で書くことができなくなってきたのです。その理由はある意味で「心理的な」ものであり、それは、《自分がこれ以上先のスキームで論考を書くことは、自分にとって人生の無駄だ》という、内から湧き上がってくる感覚と関わっていました。

はたして哲学の論文は何のために書かれるのか。もちろん答えはひとつではありません。私自身は論文を、ある程度まで他人（すなわち読者）のために書いていますが、同時にそれを自分のためにも書いています。そして、この「自分のため」の中には、当然のことながら〈キャリアのため〉という要素が多分に含まれていますが、やはり――無視できない側面として――自分の実存的成長のためというところもあります。

話を戻すと、先に挙げたスキームに基づいて論文を書くことは、私にとって、自分の実存的な成長にまったく寄与しないように感じられるようになってきました。これは、後でも強調するように、《私が分析哲学一般の問題点を見出した》という出来事ではありません。むしろこの話は〈或る種の執筆スタイルに対する私の感じ方〉に関わります。いずれにせよ、先の仕方でものを書く気が起こらなくなった、というのは、私の実体験として、とても「リアルな」出来事なのです（あくまで個人的な体験だという点に注意）。

このような出来事の結果として、私は先のやり方とは異なる論文の書き方を模索することになりました。その際――これもまた個別的な話ですが――、Facebook のノート機能が役に立った気がします。あまり羞恥心がないタイプなので、二〇一四年あたりから、実験的なスタイルで書かれた文章を Facebook 上にアップしたりして諸先輩方や友人の反応をうかがいつつ、新しい書き方を模索しました。そして、そうこうするうちに、だんだんと次のようなスキームに落ち着いてきました。

・自分にとって最も重要と思われる事柄を率直に書く。
・事柄を立場(イズム)の差異や対立に帰着させることを避ける。
・参考文献は、自分の言いたいことを言うのに必要な限りで取り上げる(網羅性や完備性を追求しない)。
・楽しく読めるように工夫する(長い文章を読ませるにはレトリック上の工夫が必要)。

急いで注記すれば、これは現在の私が論文を書く際に従っているだいたいのスキームであるに過ぎず、私は《これは良いやり方だ》とも述べるつもりはなく、《これに従えばいい論文が書ける》と言うつもりさえありません。とはいえ、私の研究人生において生じたひとつの事件として、私は、『クオリアの哲学と知識論証』のスタイルを捨てて、今挙げたようなやり方の書き方を採用するようになりました。そして例えば〈自由と物語〉をテーマとした論考「物語・行為・出来事――野家と井頭の物語論的自由論を媒介にして」(これは山口大学時間学研究所監修『時間学の構築II 物語と時間』(恒星社厚生閣、二〇一七年)に収録されている)などをものしました。

論文執筆の一般的スキームの違いは文体の差異に「象徴的に」現われるのですが(あくまで「象徴的に」です!)、私の研究人生における文体的変化は、思わず笑ってしまうような類のものだとも思われるので、変化の前後で比較してみます。次は変化前。

二元論は存在論的ギャップが開いていることを主張する立場である。この立場の正当化を試みる典型的な論証は以下の順序で進む。はじめに認識論的ギャップが存在することを主張する。すなわち、$P \wedge \neg Q$が思考可能だと主張し、例えばゾンビが思考可能だとする。そしてここから、《思考可能なものは形而上学的に可能である》という原理を用いて、ゾンビの形而上学的可能性を引き出す。この可能性は、定義に鑑みれば、存在論的ギャップが開いていることを意味する。（上記の信原・太田編の論集の四三頁）

そして次が変化後。

哲学者とは最も根本的な意味において「思索者」である。哲学者は、自由について思索することにおいて、様々な自由の物語を検討し、ひとつを自らの物語として選ぶ。こうしてひとつの〈自由の物語〉が生まれる。他方で、物語の選択もまた自由の行使である以上、物語の始源には自由がある。ここには〈物語の自由〉がある。かくして、哲学的自由論が展開される場には、注目すべき「自己参照的な」構造が見出される。それは、〈物語の自由〉の行使としてひとつの〈自由の物語〉が生まれると同時に、この〈自由の物語〉がその始源にある〈物語の自由〉を語る、という構造である。ここには驚くべき内的完結性がある。（上記の『時間学の構築Ⅱ』の二四頁）

内容と文脈が異なるので単純な比較はできないかもしれませんが、理屈の型・語彙・姿勢に関して有意な違いがあるような気がします。ここでふたつの間で優劣を語るつもりはありませんが、いずれにせよ私は現在後者のような文章を書いています。ちなみに、文体上の問題から、後者のような文章を読むことを避けるひとがいるかもしれない、などと懸念したりもします。とはいえ私は現在、真摯に書こうとすれば、どうしても後者のようなスタイルを採用してしまうのですが。

さて、書き方が変わると、何が変わるのか。これについても、これまでと同様に、一般的な話はできないのですが（そしてここではそうした話をするつもりもないですが）、以下、私自身に生じた変化（これは個別的な出来事です）を自己記述してみます。

二〇〇七年から二〇一二年あたりでは英語圏の書籍や同じく英語圏のジャーナル掲載の論文ばかりを読んでいましたが、執筆スタイルを変えた後、少なくとも二〇一四年くらいからは、そうしたものを読む機会が減りました。変化の原因は、これまた心理的なものであり、例えばフランクファート事例（すなわち他行為可能性がなくても責任は生じうると主張するハリー・フランクファートが用いた有名な思考実験）をめぐるテクニカルな議論を含む最新の論文を読んでも心が躍らなくなったからであり、そうした論文の書き手にほとんど共感しなくなったからです。そして、自由意志の問題（これは私にとって最も重要な哲学的問題です）を考えるときには、カントやベルクソンなどを読む方が知的興奮は大きい。とはいえ、現代の英語圏の書き手の中でもピーター・ストローソン、ネーゲル、ホンデリック、ダブル、ゲーレン・ストローソン、ソマーズなどはいまだに楽しく読めますが、人数はかなり減ってしまいました。

その一方で、書き方を先述の二番目のようなものに変えると、いわば「日本語で哲学する」書き手に対する共感が増大し、その結果として、そうした書き手の著作を以前よりも読むようになりました。もちろん「日本語で哲学する」という表現の意味も複数あるのですが、具体的な名前を挙げると私がここで言わんとしていることは何となく伝わるかもしれません。例えば、いわゆる「大森門下」の面々（田島正樹さんや野矢茂樹さん）、永井均さん、森岡正博さん、より若い世代だと青山拓央さんや古田徹也さん、國分功一郎さん、千葉雅也さん、あと「思想史」まで範囲を広げれば中島岳志さん、など。これは、《私はこのひとたちが好きだ》ということを言っているわけではなく、むしろ《私は、書き方を変えてから、これらのひとの著作を以前よりもじっくり読むようになった》と言っているわけです。

この変化の理由は何かと考えると――すぐ右で示唆しましたが――こうした哲学者あるいは思想家のやっていることが、私自身のやっていることに「照応」すると感じられるからでしょう。おそらく私は彼らを、〈業界的な議論の紹介者〉ではなく、〈自分にとって最も重要と思われる事柄を率直に書く書き手〉だと見なし、《彼らから自分にとって有意義な何かが得られるかもしれない》と期待しているのだと思います。

以上が私のこれまでの研究人生の（ある観点からの）自己記述であり、それは私自身の言葉づかいに纏いつく偶然性と恣意性を被っていますが（これは誰が自己記述しようと避けられない）、少なくとも私にとっては「リアルな」歴史物語です。

ところで、個別的記述を意図したここまでの叙述においてすら分析哲学に関する一般的批判のニュアンスが感じとられるのは、《私が何をどのような言葉で語るか》のうちに私の一般的な考え方が現われるからでしょう。このものを「このもの」と呼ぶや否やただちに普遍性が姿を現わす、と「感覚的確信」の章でヘーゲルが指摘したように、私があるものを「分析哲学的」と形容するとき、そこには分析哲学に関する私の一般的見方が顔を出さざるをえません。

私は、本ノートの冒頭で、私の研究人生において起きた上述の変化を「分析哲学から何か別のものへの転向」と呼びましたが、この呼び方に反対するひとがいるかもしれません。そうしたひとと私の対立は――ここはいささか独断的な印象を与えるかもしれませんがいずれにせよ私の「政治的な」言葉づかいで表現すれば――「言葉をめぐる政治」であり、ここにおいては《はたして或る出来事を「分析哲学からの転向」と呼ぶことは適切か》ということが私たちの間の「政治的」問題になっていると言うことができます。

本ノートの以下の箇所においては、先の自伝的叙述を踏まえて、「分析哲学的な」ものに対する政治的な批判を行なおうと思います。これは、分析哲学はダメだという「客観的事実」を証明するなどということを意図するものではなく、むしろ《できるだけ多くのひとが私のように考えるようになってほしい》という想いに導かれた実践です（この意味で「政治的」と形容されているわけです――ちなみに、こうした言説の運び方もまた分析哲学から転向した後で身についたものであり、分析哲学から離れることは、場合によっては、表現の幅を広げてくれると言えます）。

以下は私の「分析哲学」批判ですが、それは〈多くのひとに共有してもらいたい感覚を伝達する努力〉でもあります。感覚にはそもそも掌握しえないところがあるので、「手を変え、品を変え」という迂遠なやり方で何とかアプローチしてみたいと思います。

私自身は、分析哲学が具える或る種の「若々しさ」をいまだにかなりの程度好ましいものと感じていますが、こうした「若さ」には一種の陥穽が伴っているとも考えています。この点を理解して頂くにはここで分析哲学のどのような特徴が言及されているのかを摑む必要があるのですが、分析哲学の「若さ」に関わる文章として、ここではジョン・マーティン・フィッシャーの次の文を引きます。

私はかつてハリー・フランクファートが述べた次の不満がよく分かる。それは、彼の事例をめぐる文献はいまや「若者のスポーツ」だ、という不満である。（J. M. Fischer, "The Frankfurt Cases: The Moral of the Stories," *Philosophical Review*, 119, 2010: 315-336）

じつに――英語圏の自由意志論に触れたことのあるひとはみな知っているように――いわゆる「フランクファート事例」に関しては、それが提示された一九六九年以来、多数の研究文献が公刊されており、もはや「スポーツ大好きの若者」でなければそれに取り組む気も起こらないほどです。引用の（フィッシャーの紹介する）フランクファートの不満はこうしたスポーツで評価される知的能力の種類に関連するものとも解釈できます。すなわち、スポーツでは、知的なスタミナや、知的な俊敏さがモノを言いますが、それはそれとして、他にもっと大切にすべきことも存在するだろう、という不満です。

「分析哲学」と呼ばれるものに取り組むひとがすべて、ゲティア事例やフランクファート事例やメアリー事例や帰結論証やこれらと似たような何かで仕事をしている、というわけではありませんが、私は、能力の高い分析哲学者の多くに同様の〈スポーツ指向〉を見出します。そして「スポーツ」が得意なことは、それ自体では「徳」であると言えます。若い頃くらいは何らかの「スポーツ」に打ち込んだ方がいい、という考えもよく分かります。

さて「スポーツ」においては大量の情報（＝文献）をスピーディに処理することが求められ、そこでは例えば〈自分自身にとって重要と思われる問題にじっくり取り組むこと〉は場合によっては軽視されるのですが、その理由はそうした場合に《それほど多くの参考書が取り上げられない》という事態が起こりうるからです。これは分析哲学に特有のことではないかもしれませんが、以前私が〈参照文献が九個〉の論文を投稿すると「参照文献が少なすぎる」というコメントがついたことがあります。ちなみに*Journal of Philosophy of Life* の Vol.5 No.3に掲載された私の論文は〈参照文献が一個〉だったのですが、あれはあれで立派な論文だと自認しています（ちなみに、その論文の文献表のあたまに

“References”と書いていたら、編集から“Reference”の方が適切ではないかというコメントが届きましたが）。

もちろん、能力の高い分析哲学者の中にも「スポーツ嫌い」や参照文献の少ないひとも存在しており（例えば、「分析哲学者」と呼ばないひともいるかもしれませんが、ネーゲルはそうしたタイプだと言えます）、あるいは分析哲学以外の哲学分野——例えば現代ドイツ哲学や現代フランス思想など——においても「スポーツ好き」は存在するでしょう（雑誌の『現代思想』を繙くと、とくに若い書き手に多い気がしますが、ひとつのテーマに関してかなりたくさんの文献を集めているひとが見出されます）。それゆえ、以上のように分析哲学の「スポーツ性」を批判するとき、すなわち知的スタミナや知的俊敏さを「特権的に」重視する傾向性を批判するとき、私は分析哲学の本質を非難しているわけではありません。とは言うものの——いろいろな歴史的偶然性が作用しているのでしょうが——現在の日本の分析哲学において〈英語の文献を、よく調べて、よくまとめる〉というタイプの論著以外がめったに「まともなもの」と見なされない、という現状については《つまらない》という印象を抱いています。

例えば青山拓央さんの『時間と自由意志』（筑摩書房、二〇一六年）は時間・様相・自由意志に関する多くの文献に言及していますが、この本に関して最も価値ある部分のひとつは、〈英語の文献を、よく調べて、よくまとめる〉という点には依存せず、むしろそうした点とはかえって相反するような、彼自身の直感に関わる、いわゆる〈自由意志の二人称性〉についての叙述です。ここで私は、もっと多くのひとが《あの本の自由意志と人称性に関する議論は面白い》と述べるべきだ、という政治的主張を行なっているのですが、この考えは《現在の日本の分析哲学はあれを肯定的に評価する度胸がないのではないか》という疑念の裏返しでもあります。[3]

3　この部分を読んだ笠木雅史さんは「いや、青山さんはすでに十分評価されている」と指摘され、そう言われればたしかに或る意味ではそうだと思った。とはいえこうなると「評価」の意味が問題になってくる。［2020/04/28付す］

私はここまで現在の（とくに日本の）分析哲学の問題点を「若さ」・「スポーツ性」・「よく調べて、よくまとめる」などの言葉で表現しようとしてきましたが、私の言いたいことの要点に達するにはあと一歩です。そしてここについては「賭博性の隠蔽」というフレーズで説明できるかもしれません。かつて大森荘蔵は、帰納法には正当化は存在せず、むしろそこには《私たちは帰納法に命と生活を賭けている》という事実があるだけだ、と指摘しました（『物と心』の或る論考で）。私もまた、哲学的主張を行なうことは、その主張（およびそれが伴立する諸々の事柄）に命を、生活を、「生き方」を賭けることだ、と考えています。他方で、《先行文献を、よく調べて、よくまとめて、それで整った論考が出来上がる》と考えることは、哲学における「究極の」賭博性を隠蔽することに繋がるような気がします。

実際には――帰納法の事例が示唆しますが――私たちの取り組んでいる哲学という営みには、本質的に「無根拠な」ところが存在するのです。そして、哲学的主張はこうした「深淵」を跳び越すことを通じて行なわれるのですが、その際に必要なのは〈自らの足でジャンプすること〉だと言えます。思うに、〈よく調べて、よくまとめる〉という作業はうまく跳躍することの補助にはなるでしょうが、それは〈跳ぶこと〉それ自体を構成するものではありません。「スポーツ」に邁進することは、ともすれば、哲学の根底にある「賭け」の存在を忘れさせてしまいます。とはいえ――これも多くのひとに共有して頂きたい感覚ですが――《そうした「賭け」においてどのような仕方で賭けたか》こそが各人の哲学の最も面白い部分を形作るのではないでしょうか。

以上を踏まえると、私の現在の執筆スタイルにも一定の意味づけが与えられます。私は、今は「自分にとって最も重要と思われる事柄を率直に書く」というやり方を大事にしていますが、ここには〈賭けを賭けとして遂行する〉という意味があると言えるかもしれません。千葉雅也さんの語るところの「切断」がある、と言ってもよいかもしれません。

＞＞＞＞＞

ポストスクリプト

この原稿を書いてから二年が過ぎたが、基本的な考えは変わっていない。私は自分が戻ることのできない地点に来てしまっていると自己認識しており、例えば知識論証に関する「ストイックな」サーベイ（下記url）のような論文はもう二度と書くことができない。

https://repository.kulib.kyoto-u.ac.jp/dspace/bitstream/2433/120335/1/cap_1_1042.pdf

とはいえ――当時と現在の違いをひとつ述べれば――いまは全体的な状況がもう少し複雑であるとも考えている。例えば私は自分の執筆方針のひとつを〈自分にとって最も重要と思われる事柄を率直に書く〉と定めたが、じつに、自分にとって重要と思われる事柄を他人に理解してもらうためには何かしらの「信頼」が必要であり、かかる「信頼」を得るにはノーマルな研究へ真剣に取り組んでいるというバック・グラウンドの存在が役に立つ。あるいは場合によっては、孔雀が羽を広げるように、知識や教養を披瀝する必要さえあるかもしれない。じっさいに私は、標準的な分析哲学の研究に取り組んでいた過去によって、いろいろな面で助けられている。

以上のような留保があるにせよ、《私にとって読みたい文章が少ない》という事実についてはこの場を借りて嘆かせて頂きたい。私はどうしたって、血で書いたような文章を好む。そして魂の叫びがまったく聞こえない文章はただちに放り出したくなる。とはいえ、分析哲学者に関しては、実存を賭けて書く場合には発表媒体が減る（あるいはなくなる）という問題もある。このあたりはなかなか難しい。

今回の文章は研究モチベーションの話にも関わるので、この点についても独断的に論じておきたい。自らの研究のモチベーションをどう保つか（あるいはそもそも保つ必要はあるのか）はたいへん重要な問題である。例えば〈流行のリサーチ・プログラムに何かしらの新しいアイデアを付け加える〉という作業に飽きてしまえば――じつにひとはこれに飽きうるのである！――何を目標とすればよいのか。こうした点に関する私の直感的な意見は《哲学業界は多様なモチベーションを許容する空間であるべきだ》というものだが、じっさいのところそれでいいかどうかはまだ分からない。いずれにせよ確実に言えることは次だ。すなわち、業界が〈流行のリサーチ・プログラムに何かしらの新しいアイデアを付け加える〉という作業へ特化すればするほど、これに関わらない研究動機は行き場を失いがちになる、と。

私自身について言えば、先にも述べたように「実存的な」論究を好んでいるので、流行りのリサーチ・プログラムを追うような研究がますます増える場合には、反旗を翻すような何かを書くことになるだろう。実験的であったり、慣例に反していたり、特殊な個人的直観にもとづいていたりする論考は、読み手を不安にする。そして《これを高く評価してしまえば私の良識が疑われるのでは》と危険を感じさせることすらある。ただし、こうした論考の中にも、キラリと光る何かがあるときがある。粗削りの原石が見出されるときがあるのである。さて、どうするか。わが身を賭して「これは画期的なところを含む作品だ」と述べる——こうした決死の瞬間が業界にはあるべきだと思う。これをやっていれば安全かつ安心だ、というタイプの研究が仮にあるとするならば、それは「死んでいる」のと同じことである。

（2020/04/28）

あとがき

いま一度〈読むこと〉について考えてみよう。本書において私たちはいくつもの哲学的テクストを読んできた。だがなぜ私たちは哲学書を読むのか。

私自身のことを語らせていただきたい。ひとりの人間においても哲学的な文章を読むさいの動機はそのときどきで異なるのだが、大局的に見ると、私は哲学書がもつひとつの魅力に憑かれてきたと言える。それは、哲学書を読むことによって〈自己と他者の弁証法〉に参与できる、という事態に関わる。――どういうことだろうか。

私は他ならぬ私の人生を生きている。私が見るものや聞くものはすべて私というフィルターを通して現われる。私は私という観点に縛られており、私はいかなる努力をしようとも私という境界を抜け出すことができない。

こうした《私がどうあがいても私以外の何者でもない》という事態のいわばコインの裏面として、他者はどこまでいっても他者である。じっさい、あるひとの振る舞いを観察し、その言葉に耳を傾け、その書いたものに目を通したとしても、私の中にそのひとが同化されることはなく、むしろ〈分からなさ〉のほうが際立ってくる。もちろん私は、他者の言葉から自分に納得のいくところを削り取り、分からない部分を減らしていく。とはいえこうした過程において私は、それ以上掘り下げることができないような、他者の岩盤に突き当たる。他者は彼岸におり、私はそこへ入り込むことができない。私たちは互いに隔絶している。

こうした自己と他者の関係は何が起ころうと変化することはない。他者はあくまで他者であり、それと自己が完全な一致を見ることはない。とはいえ、あるひとの哲学書を読んで、そのひとの存在を賭した言葉を理解できたとき、自他の関係へ「ひねり」が付け加わる。というのも、一般に哲学のテクストには著者本人が現われるのだが、まさにそれゆえに私が哲学書を理解するさいには「他者が私の一部になる」というような或る種の奇跡が生じるからである。自他区別にひねりが生じる、ということだ。

とはいえここで生じていることは「融合」や「融和」の類ではない。他者の哲学的テクストを読む私は、自らの中にその他者を映し出すことによって新たな私になる。これは決して自他の境界を曖昧にすることではなく、むしろ自他関係のいわばエッジをより鋭いものにする。なぜならそうした場合に私は、他者の哲学書に関する「私の」理解を形成することによって、私自身の「彫り」をよりいっそう深いものにするからである。かくして、他者の哲学書を読むことによって、私はよりいっそう私になる。これによって私はますます個別的になり、ますます孤独になる。他者の助力のもとで私はいっそう他者と違った存在になる。その結果、私は他者に変容のきっかけを与えうる存在になる。そしてこのような仕方で私たちは互いに繋がる。

思うに、哲学書を読む者たちが作り上げる共同体は、必ずしも「一致」を理想とする場ではない。むしろ成員のそれぞれが徹底的に個別的な自己であり、そして各々の独位性でもって逆説的に連帯しうるような場――それが私の考える〈哲学書を読む者たちの共同体〉である。かくして、この共同体においては、意見の表面的な同意などは決して価値のある事柄ではない。とはいえ反発や衝突に価値が置かれるわけでもない。むしろここでは、それぞれの仕方で自己の中に互いを映し合うこと――すなわち根本的な意味で「理解すること」あるいは「コミュニケーションを行なうこと」――が重視されている。私は他者たちが書いたものを読み、そして私の仕方でリアクションする。あなたは私が書いたものを読み、あなたの仕方でリアクションするだろう。こうしたやり取りによって私たちの関係はより複雑で豊かなものになる。

それゆえ私は、本書を読むあなたが、私の文章をあなたの仕方で理解することを期待している。書き手は決して読み手に〈読み方〉を強制できないのだが、それでもやはり、表面的な同意は要らないと言いたい。むしろ、あなたが私の文章をあなたの仕方で読めば読むほど、あなたから私へ送られる応答は、私をいっそう変容させ、私をいっそう私にするだろう。哲学書を読む者たちの共同体は、対話の弁証法を愛する者たちの共同体でもある。自分の「主義」を他者に押しつけたところで得られるものは僅かである。なぜならそうした場合、自己はそれまでどおりの自己に留まるからだ。むしろ言葉を交わし合うことで互いに自己を更新できる方がいい。――これが私の価値観であり、本書の文章はすべてこうした価値観のもとで書かれている。

本書を生み出す過程において編集者の赤井茂樹氏は文字通り無くてはならぬ存在であった。そもそも本書は彼の発案であり、本書が現在の形で仕上がったのは、〈読むこと〉を徹底する哲学書を公刊したいという赤井氏の熱意のおかげである。

物理学に取り組む小野尾俊介氏は、ゲラができあがった段階で全体に目を通し、本書の質を向上させるご指摘を複数くださった。記して感謝の意を示したい。

本書のもとになる文章をnoteで公開したさいに〈読むこと〉を通じて私をエンカレッジしてくださった方々にも御礼を申し上げねばならない。もちろん読んだうえで「面白い」などと褒めていただければ情緒的な嬉しさがあるのだが、〈書く〉という作業への本質的なねぎらいは〈読むこと〉それ自体だろう。読んでくれるひとたちの存在のために、私の言葉はざらざらの大地にグリップすることができた。特定の話題について粘り強く議論を深めていくことができたのは、〈読まれている〉という感触があったからである。

〈読むこと〉に〈書くこと〉が連動すれば、書かれたものが読まれるというプロセスに終わりがなくなる。私は今後も、読みつつ書きたいと考えている。とはいえ束の間は、本書を世に問うことで私たちの対話空間をわずかながらもより豊かにすることができたという僥倖を素直に喜びたいと思う。

二〇二〇年　夏

山口尚

山口尚

やまぐち・しょう

1978年生まれ。京都大学総合人間学部卒業。
京都大学大学院人間・
環境学研究科博士後期課程修了。博士(人間・環境学)。
現在は大阪工業大学講師、京都大学講師。
専門は、形而上学、心の哲学、宗教哲学、自由意志について。
著書に、『クオリアの哲学と知識論証——
メアリーが知ったこと』(春秋社、2012年)、
『幸福と人生の意味の哲学——なぜ私たちは生きていかねばならないのか』
(トランスビュー、2019年)、共著書に、
信原幸弘・太田紘史編『シリーズ 新・心の哲学II 意識篇』(勁草書房、2014年)、
山口大学時間学研究所監修
『物語と時間——時間学の構築II』(恒星社厚生閣、2017年)、
共訳書に、デイヴィッド・ルイス『世界の複数性について』
(出口康夫監訳、名古屋大学出版会、2016年)
などがある。

note: https://note.com/free_will
Twitter: https://twitter.com/yamaguchi__sho
researchmap: https://researchmap.jp/free_will

哲学トレーニングブック

考えることが自由に至るために

発行日　2020年10月23日　初版第1刷

著者　山口尚

装幀　寄藤文平・古屋郁美（文平銀座）
編集　赤井茂樹

発行者　下中美都
発行所　株式会社 平凡社
〒101-0051　東京都千代田区神田神保町3-29
電話　(03)3230-6585［編集］　(03)3230-6573［営業］
振替　00180-0-29639

印刷・製本　中央精版印刷株式会社
DTP　キャップス

ISBN978-4-582-70362-7
NDC分類番号100　四六判(19.0cm)　総ページ464

平凡社ホームページ　https://www.heibonsha.co.jp/